AI 디지털 활용 상호작용 교수법

INTERACTIVE TEACHING METHODS USING AI BASED DIGITAL TOOLS

최명숙 · 이애화 공저

학지사

머리말

2022년 11월, 챗GPT(ChatGPT)가 공개되면서 인공지능(Artificial Intelligence: AI) 기술은 교육을 포함한 다양한 분야에서 빠르게 주목받기 시작하였다. 누구나 AI를 직접 경험할 수 있는 시대가 열렸고, 교육 또한 이 변화의 흐름에서 예외가 아니다. 학습자와 교수자 곁에는 이제 AI가 자연스럽게 자리 잡고 있다. 우리는 과연 AI 시대에 걸맞은 교수학습 환경을 얼마나 준비하고 있는가?

디지털 기술은 이미 수업의 구조와 운영 방식을 바꾸어 왔다. 여기에 AI가 더해지면서 교수자는 수업을 설계하고 그에 맞는 자료를 개발하며, 수업 중에는 학습자의 반응에 실시간으로 대응하면서 수업 흐름을 유연하게 조율할 수 있게 되었다. 그동안 교수자는 설명 중심 수업에서 벗어나 상호작용과 참여를 확대하기 위한 다양한 시도를 이어 왔다. AI 기반 도구는 이러한 흐름을 가속화하며, 학습자의 특성에 맞춘 수업을 실현하는 데 실질적인 도움을 주고 있다.

저자들은 코로나19 시기를 지나며 에듀테크(edutech)의 가능성과 한계를 직접 경험하였다. 이를 계기로, AI 기술의 빠른 발전과 교육 현장의 요구를 반영해 이번 집필 작업을 진행하였다. 여러 AI 도구를 사용하여 수업을 새롭게 설계하고 실행하며, 학습자들이 보다 주도적으로 수업에 참여할 수 있는 환경을 탐색하였다.

AI를 접목한 에듀테크는 더 이상 부가적인 도구가 아니다. 교수자와 학습자의 사고방식과 수업의 흐름을 변화시키는 중심 도구로 자리 잡고 있다. 저자들은 집필 과정에서 도구의 기능이 빠르게 바뀌고 새로운 도구가 지속적으로 등장하는 과정을 반복적으로 경험하였다. 어떤 도구를 어떤 맥락에서 어떻게 적용할지를 고민하는 일은 이제 교수자의 핵심 역할 중 하나가 되었다.

이 책을 마무리하는 지금도 AI 기술은 계속 진화하고 있으며 디지털 교육 환경 또한 빠르게 변화하고 있다. 교수자와 학습자는 이러한 환경 속에서 함께 수업을 만들어 가고 있으며, 이를 어떻게 이해하고 실천에 옮길지는 앞으로의 교육에서 중요한 과제이다.

저자들은 이 책을 통해 교수자가 AI 기반 디지털 도구의 가능성을 탐색하고, 이를 수업 현장에 실제로 적용해 보는 데 실질적인 도움이 되기를 바란다. 개념 설명에 머물지 않고, 구체적인 수업 사례와 적용 아이디어를 중심에 두었기에 교육 현장의 맥락에 따라 유연하게 활용되기를 기대해 본다.

마지막으로, 집필하는 과정에서 아이디어와 현장 사례를 공유해 준 정미애 박사님과 여러 학생에게 진심으로 감사드린다. 또한 출판을 기꺼이 허락하고 지속적으로 지원해 주신 학지사 관계자 여러분께도 깊은 감사를 전한다.

계명대학교 성서캠퍼스에서
저자 일동

차례

제 1 장

AI 시대의 디지털 리터러시 교육

AI 기술의 발전은 교육 방식과 교수자와 학습자의 역할에 큰 변화를 가져올 것으로 예상하고 있으며, 디지털 환경에서 정보를 이해하고 활용하는 역량은 중요한 과제가 되고 있다.

이 장에서는 AI의 개념과 작동 원리를 바탕으로 에듀테크와 결합된 교육 환경의 주요 특징을 살펴본다. 디지털 리터러시와 AI 리터러시의 개념 및 구성 요소를 정리하고, 이러한 역량이 왜 필요한지 교육적 맥락에서 조명한다. AI 시대에 무엇을 배우고, 어떻게 교육 과정에 통합하여 실천할 수 있을지를 중심으로 그 방향을 제시한다.

1 AI의 등장과 발전

최근 디지털 기술의 발전은 인공지능(Artificial Intelligence: AI)을 중심으로 빠르고 다양한 형태로 진행되고 있다. AI는 인간의 지적 능력을 모방하여 학습, 추론, 판단할 수 있는 컴퓨터 시스템으로 산업 전반에 걸쳐 혁신적인 변화를 이끌고 있다. 특히 빅데이터와 고성능 컴퓨팅 기술의 발전으로 AI의 성능이 비약적으로 향상되었으며, 이는 업무의 자동화와 생산성 향상으로 이어지고 있다. 이러한 변화 속에서 AI에 대한 이해와 적응은 더욱 중요해지고 있으며, 교육 현장에서는 AI를 활용한 새로운 교수학습 방법의 개발과 함께 발생 가능한 윤리적 문제에 대한 대비가 필요한 시점이다.

1.1 AI의 정의

AI는 컴퓨터가 인간의 지능적 행동을 모방하도록 하는 기술이다. 이는 인간이 가진 사고, 학습, 추론, 자기 계발 등의 능력을 컴퓨터 시스템을 통해 구현하고자 하는 시도에서 출발하였다.

AI는 크게 약인공지능(weak AI; narrow AI), 강인공지능(strong AI; Artificial General Intelligence: AGI), 초인공지능(superintelligence; Artificial Superintelligence: ASI)으로 나뉜다.

약인공지능은 특정 분야의 제한된 작업을 수행하도록 설계된 시스템으로, 자아나 의식 없이 단순히 결과만 모방한다. 예를 들어, 챗봇 서비스, 음악 추천 시스템, 음성 비서 등 일상에서 쉽게 접할 수 있는 기능들이 이에 해당한다.

반면, 강인공지능은 사람처럼 자아와 의식을 가지고 인간과 유사한 방식으로 사고하고 행동할 수 있는 시스템으로 범용 AI라고도 한다. 예를 들어, 인간과의 자유로운 대화나 복잡한 문제 해결을 수행할 수 있는 AI 어시스턴트나 로봇이 이에 해당한다.

초인공지능은 인간의 모든 지적 능력을 뛰어넘는 AI로 자기 인식과 자율적 발전이 가능하며 인간이 이해하지 못하는 수준의 창의력과 문제 해결 능력을 갖출 것으로 예측된다. 이는 예술 작품 창작, 과학 이론 제안, 독창적 기술 발명과 같은 고차원적 사고 영역까지 아우를 수 있는 AI를 의미한다.

〈표 1-1〉은 AI의 발전 수준에 따라 약인공지능, 강인공지능, 초인공지능으로 구분되는 세 가지 유형의 개념과 대표적인 활용 예시를 비교한 것이다.

〈표 1-1〉 AI의 분류

구분	개념	특징	활용 예
약인공지능	특정 작업을 수행하도록 설계된 AI	인간 지능의 일부 기능을 모방하며, 자의식이나 범용성을 갖추지 않음	챗봇, 음악 추천 시스템, 음성 비서, 이미지 분류 등
강인공지능	인간과 동등한 수준의 일반 지능을 갖춘 AI	다양한 상황에서 스스로 학습하고 추론하며 문제를 해결할 수 있음, 자의식을 가질 수 있음	지능형 로봇, 고급 AI 어시스턴트, 범용 AI 시스템 등
초인공지능	인간의 모든 지적 능력을 초월하는 AI	자율적 자기 개선과 고도의 창의력, 문제 해결 능력을 갖추며, 인간의 이해 범위를 넘는 사고를 수행할 수 있음	예술 작품 창작, 과학 이론 제안, 독창적 기술 발명 등

AI는 [그림 1-1]과 같이 머신러닝(machine learning), 딥러닝(deep learning), 신경망(neural networks), 자연어 처리(natural language processing), 컴퓨터 비전(computer vision), 전문가 시스템(expert systems) 등 다양한 세부 기술로 구성된다. 이 기술들은 서로 유기적으로 결합되어 AI의 발전을 견인하고 있다.

머신러닝은 데이터에서 규칙이나 패턴을 학습하여 미래의 데이터를 예측하거나 결정을 내리는 기술이다. 일반적으로 스팸 필터, 추천 시스템 등에 사용되며 맞춤형 학습 경로 설정과 학생의 성취도 예측에도 활용된다.

딥러닝은 머신러닝의 하위 분야로, 여러 계층의 인공신경망을 통해 복잡한 패턴을 학습하는 기술이다. 이미지 인식, 음성 인식, 자율주행 자동차에서 사용되며 학생의 감정 분석 및 학습 콘텐츠의 개인화를 구현하는 데 적용된다.

신경망은 인간 뇌의 뉴런 구조를 모방한 알고리즘으로, 데이터 처리 및 패턴 인식에 사용된다. 이미지 및 음성 처리 분야에서 널리 활용되며 학습자의 데이터 분석을 통한

[그림 1-1] AI의 핵심 기술

맞춤형 피드백 제공에도 적용된다.

자연어 처리는 인간의 언어를 이해하고 생성하는 기술로, 번역, 챗봇, 텍스트 분석 등에서 사용된다. 지능형 튜터링 시스템과 언어 학습 앱에서 효과적으로 활용된다.

컴퓨터 비전은 이미지와 동영상 등 시각적 데이터를 분석하고 해석하는 기술이다. 의료 영상 분석과 자율주행 자동차에 사용되며 학생의 참여도 모니터링과 증강현실(Augmented Reality: AR) 및 가상현실(Virtual Reality: VR) 기반 교육 콘텐츠 개발에 적용된다.

전문가 시스템은 특정 분야의 전문가 지식을 기반으로 의사결정을 지원하는 시스템이다. 의료 진단, 법률 자문 등 다양한 분야에서 사용되며 전문 지식을 기반으로 한 자동화된 학습 지원과 상담 서비스에도 활용된다.

AI의 각 기술은 고유한 기능을 바탕으로 교육 현장에서 상호보완적으로 작동한다. 교수자는 이를 활용해 맞춤형 교육을 설계하고 학습자의 참여도를 실시간으로 모니터링하며 몰입감 있는 학습 경험을 제공할 수 있다. AI는 교육 운영의 효율성을 높이고 접근성을 확장하는 데 기여하며 학습자가 자신의 잠재력을 발현하도록 지원한다.

1.2 AI의 발전

AI는 1956년 다트머스 회의에서 'Artificial Intelligence'라는 용어가 처음 사용되면서 독립된 학문 분야로 출발하였다. 이후 AI는 수차례의 기술적 진보와 응용 확장을 거치며 지속적으로 발전해 왔다. 초기에는 인간처럼 사고하는 기계에 대한 개념을 중심으로 연구가 이루어졌고, 전문가 시스템, 기계 학습의 초기 모델, 단순한 논리 프로그램 등의 상징 기반 AI가 등장하였다. 하지만 이 시기의 AI는 복잡한 사고와 인간 수준의 이해를 구현하는 데 한계를 보였고, 1970년대에는 AI에 대한 관심과 연구가 줄어들면서 기술 개발이 한동안 주춤했다.

1980년대에는 전문가 시스템이 의료, 금융, 법률 등의 분야에서 실용적으로 활용되며 다시 주목받았다. 이는 규칙 기반의 '만약-그렇다면' 논리에 따라 작동하며, 특정 도메인의 문제 해결에 특화된 형태였다. 그러나 지식을 수동으로 입력하는 방식의 한계와 예외 처리의 어려움은 AI 기술 확산에 제약을 주었다.

2000년대 이후에는 인터넷 확산과 데이터 증가, GPU 기반 컴퓨팅의 발달로 머신러닝과 딥러닝 기반의 AI가 주류로 부상하였다. 2012년 국제 이미지 인식 대회인 이미지넷(ImageNet)에서 알렉스넷(AlexNet)은 사람이 직접 특징을 추출하던 기존 머신러닝 방식과 다르게 딥러닝을 통해 이미지의 특징을 스스로 학습하여 훨씬 높은 정확도를 기록하였다. 이를 계기로 딥러닝 기술이 본격적으로 주목받기 시작했고 음성 인식, 번역, 자율주행 등의 분야로 빠르게 확산되었다.

2020년대에 들어서면서는 생성형 AI(generative AI)가 주목받고 있다. 오픈AI(OpenAI)의 GPT-3, GPT-4, 챗GPT는 대규모 언어 모델(Large Language Model: LLM)을 기반으로 텍스트 생성 능력을 보여 주었으며 다양한 콘텐츠 생성에 활용되고 있다. 이와 함께 텍스트, 이미지, 음성 등 다양한 데이터 유형을 통합해 처리하는 멀티모달 AI(multimodel AI), 사용자 기기 내에서 실시간으로 작동하는 온디바이스 AI(on-device AI) 등도 실용화되고 있다. 또한 단백질 구조를 예측하는 알파폴드(AlphaFold), 얼굴과 음성을 합성하는 딥페이크(deepfake) 같은 기술들은 생명과학, 감시 및 윤리 이슈까지 AI 응용 범위를 넓히고 있다.

[그림 1-2]는 AI의 발전 흐름을 시각적으로 정리한 타임라인으로, 1950년부터 최근

까지의 주요 기술과 응용 사례를 핵심 영역별로 제시한다. 통합과 상호작용(integration & interaction), 학습(learning), 인식(perception), 계획(planning), 추론(reasoning), 서비스(services), 의사소통(communication), 윤리와 철학(ethics & philosophy)이라는 여덟 가지 범주는 AI 기술이 기능 중심에서 사회적·윤리적 영역까지 확장되어 온 다면적인 진화 과정을 보여 준다.

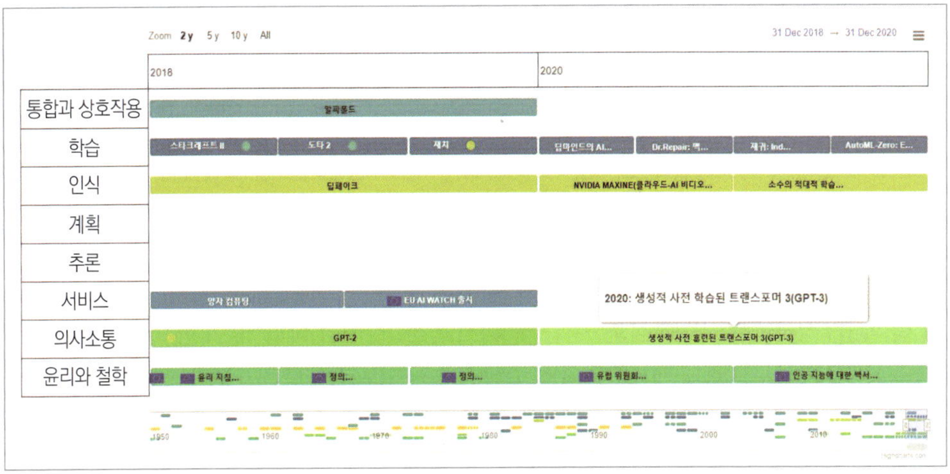

[그림 1-2] AI의 역사 흐름도

출처: European Commission AI Watch (2025).

특히 사전 학습을 통해 문장을 생성하는 언어모델 GPT-2와 GPT-3, 얼굴·음성을 인물 영상으로 합성하는 딥페이크 기술, 단백질 구조를 예측하는 생명과학 기반 알파폴드, 화상 회의 중 배경 소음 제거, 얼굴 영상 보정 등 실시간 화질과 음성을 개선하는 엔비디아 맥신(NVIDIA Maxine) 등 2018~2020년 사이의 주요 사례를 중심으로 최근 AI가 창의성, 판단, 사회적 영향력까지 아우르는 기술로 확대되고 있음을 알 수 있다.

1.3 AI의 작동 원리

AI가 어떻게 작동하는지 이해하는 것은 AI를 실제 수업이나 교육 환경에 효과적으로 적용하기 위한 출발점이다. AI는 사람처럼 정보를 받아들이고, 학습하고, 판단하는 과정을 모방하여 일련의 절차를 따른다. 이 절차는 일반적으로 데이터 수집 및 전처리, 모델 선

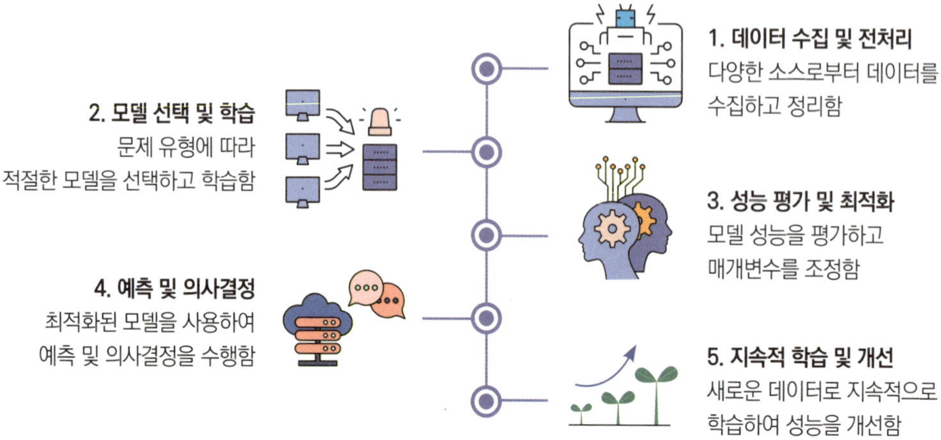

[그림 1-3] AI 작동 과정

택 및 학습, 성능 평가 및 최적화, 예측 및 의사결정, 지속적 학습 및 개선으로 구성된다. [그림 1-3]은 이러한 AI 작동 과정을 시각적으로 보여 준다.

먼저, AI는 센서나 인터넷, 데이터베이스 등을 통해 다양한 데이터를 수집하고, 이를 분석 가능한 형태로 전처리한다. 이후, 문제의 유형에 따라 적절한 모델을 선택하고 데이터를 바탕으로 학습을 진행한다. 이 단계에서는 AI가 입력과 결과 간의 규칙을 반복 학습하면서 점점 더 정확한 판단을 내릴 수 있도록 조정된다. 학습이 완료되면 성능 평가를 통해 정확도 등을 확인하고, 필요한 경우 매개변수를 조정하여 성능을 최적화한다. 이후, 최적화된 모델은 실제 상황에서 예측하거나 결정을 내리는 데 사용되며 새로운 데이터를 활용한 반복 학습을 통해 지속적으로 성능을 개선할 수 있다.

이러한 작동 원리는 생성형 AI에도 동일하게 적용된다. 생성형 AI는 기존 AI의 구조를 바탕으로, 학습한 데이터를 활용해 텍스트, 이미지, 음성 등 새로운 콘텐츠를 생성할 수 있다는 점에서 차별화된다. 즉, 기존의 분석·예측 중심 AI에 '창의적 생성' 기능이 더해진 형태라 할 수 있다.

[그림 1-4]는 생성형 AI가 작동하는 과정을 단계별로 요약한 것이다.

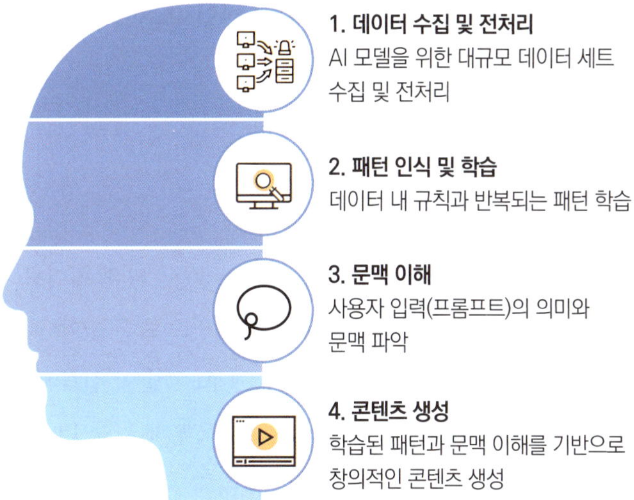

[그림 1-4] 생성형 AI 작동 과정

생성형 AI는 먼저 AI 모델 학습을 위한 대규모 데이터를 수집하고 전처리한다. 이어서 수집된 데이터 내 규칙과 반복되는 패턴을 학습하며 사용자의 입력[프롬프트(prompt)]에 담긴 의미와 문맥을 파악한다. 마지막으로, 학습한 패턴과 문맥 이해를 바탕으로 텍스트, 이미지, 음악 등의 창의적인 콘텐츠를 생성할 수 있다. 이 과정은 AI가 단순 반복이 아닌 인간의 창의적 사고 일부를 재현할 수 있도록 하는 기술적 기반을 제공한다.

2 AI와 에듀테크의 융합

에듀테크는 AI 기술과 결합되면서 교육의 질 향상과 학습자 중심 환경 구축에 핵심적인 역할을 하고 있다. AI는 학습자의 데이터를 기반으로 개별화된 학습 경로를 제공하고 교수자의 반복 업무를 자동화함으로써 교육의 효율성을 높인다. 이러한 기술의 융합은 학습자에게는 자기 주도적 학습을, 교수자에게는 체계적인 수업 설계를 가능하게 한다.

향후 에듀테크와 AI의 결합은 단순한 기술 지원을 넘어 새로운 교육 생태계를 형성하는 기반이 될 것으로 기대된다.

2.1 에듀테크의 개념과 특성

에듀테크(edutech)는 '교육(education)'과 '기술(technology)'의 합성어로, 정보 통신 기술(Information and Communication Technology: ICT)을 기반으로 교수학습 활동을 지원하는 다양한 도구와 시스템을 의미한다. 최근에는 생성형 AI 기술이 접목되면서 교육 콘텐츠의 자동 생성, 학습 분석(learning analytics), 실시간 피드백 제공 등 더욱 고도화된 기능을 수행하게 되었다.

에듀테크는 교수자와 학습자 모두에게 유의미한 학습 경험을 제공하는데, 다음과 같은 특성을 중심으로 교육 현장에 적용되고 있다.

첫째, AI 기술을 기반으로 학습자의 수준, 관심사, 학습 속도에 따라 맞춤형 학습 경로를 제공한다. 예를 들어, 스노클(Snorkl)은 텍스트, 이미지, 음성 등 다양한 입력을 분석하여 학습자의 응답을 해석하고, 멀티모달 피드백을 제공함으로써 학습자의 사고 확장과 자기 성찰을 유도한다.

둘째, 학습자의 반응을 실시간으로 분석하고 피드백을 제공하여 학습 효과를 높인다. 브리스크티칭(Brisk Teaching)은 수업 중 학습자의 답변을 AI 챗봇이 자동으로 분석하고 수준별 피드백을 제공함으로써 학습자의 이해도에 기반한 수업 진행이 가능하도록 돕는다.

셋째, 시간과 장소의 제약 없이 학습이 가능한 환경을 제공함으로써 교육 접근성을 확대한다. 구글클래스룸(Google Classroom)과 에드퍼즐(Edpuzzle)을 연계하면 온라인 수업에서도 동영상 콘텐츠 시청과 퀴즈 활동을 통합할 수 있으며, 이는 자기 주도적 학습 환경 조성에 기여한다.

넷째, 학습 과정에서 생성되는 데이터를 수집·분석하여 교수자가 수업을 개선하고 학습 성과를 관리할 수 있도록 한다. 구글앱스크립트(Google Apps Script)를 활용하면 퀴즈 결과나 수업 참여 데이터를 자동 수집하고, 이를 기반으로 실시간 피드백과 맞춤형 학습 지원이 가능하다.

다섯째, 교수자와 학습자의 디지털 역량(digital competence)을 함께 강화한다. 북크리에이터(Book Creator)는 학습자가 텍스트, 이미지, 음성 등을 활용하여 디지털 콘텐츠를 직접 제작하도록 함으로써 표현력과 창의성을 높일 수 있다. 슬라이도(Slido)는 프레젠테이션 중 실시간 퀴즈, 질의응답, 워드클라우드(Wordcloud) 등 다양한 상호작용 기능을 통해 학습자의 참여도를 높이고 교수자가 수업을 능동적으로 운영할 수 있도록 돕는다.

에듀테크는 단순한 도구를 넘어 교육의 구조와 문화를 바꾸는 핵심 요소로 자리 잡고 있다. 특히 AI와의 융합은 미래 교육 환경을 재구성하는 데 있어 중심축으로 작용할 것이며, 이를 수업에 효과적으로 적용하기 위해 교수자의 설계 및 실천 역량이 요구된다.

2.2 에듀테크의 진화

에듀테크는 ICT의 발전과 함께 지속적으로 변화해 왔으며, 최근에는 AI의 도입으로 그 변화의 속도와 방향이 크게 달라지고 있다. 에듀테크는 교수자에게는 수업 설계를 지원하고, 학습자에게는 능동적이고 개인화된 학습 경험을 제공하는 도구로 활용되고 있다.

에듀테크는 시대별로 다양한 기술과 교수 방법의 변화에 따라 다음과 같은 단계로 발전해 왔다. [그림 1-5]는 컴퓨터 보조 수업(Computer Assisted Instruction: CAI)에서 시작해 웹 기반 수업(Web-Based Instruction: WBI), 모바일 및 유비쿼터스 학습, 학습 분석 및 개인화 학습, 생성형 AI 기반 학습까지의 주요 변화를 시기별로 정리한 것이다.

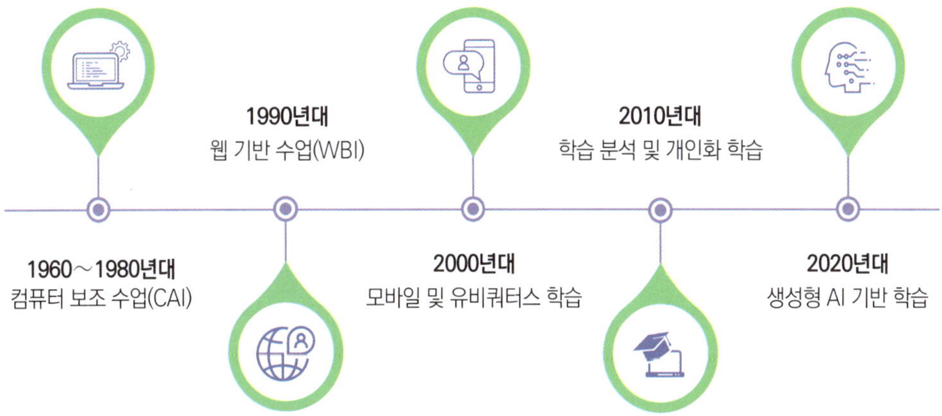

[그림 1-5] 에듀테크의 발전 과정

CAI(1960~1980년대)

에듀테크의 초기 단계에서는 컴퓨터를 활용한 보조 수업이 주를 이루었다. 교수자는 컴퓨터를 통해 학습 내용을 제시하고 학습자가 스스로 내용을 확인하며 학습할 수 있도록 지원하였다. 이 시기에는 컴퓨터가 교수자의 역할을 돕는 수단으로 사용되었고 학습의 일관성과 반복 학습의 효과를 높이는 데 목적이 있었다.

WBI(1990년대)

1990년대에는 인터넷 보급과 함께 WBI가 활발해졌다. 온라인 수업 플랫폼이 등장하면서 학습자는 시간과 장소에 구애받지 않고 학습 자료에 접근할 수 있게 되었고, 교수자는 학습 내용을 체계적으로 구성하고 관리할 수 있었다. 이 시기에는 학습 관리 시스템(Learning Management System: LMS)을 중심으로 온라인 강의, 과제 제출, 토론 등 다양한 활동이 가능해졌다.

모바일 및 유비쿼터스 학습(2000년대)

2000년대 이후에는 스마트폰과 태블릿PC의 보급으로 모바일 기기를 활용한 학습이 가능해졌다. 클라우드 기반의 자료 공유와 모바일 기기를 활용한 학습이 보편화되면서 학습자들은 보다 유연하게 학습할 수 있게 되었다. 동영상 강의, 게임형 학습, 소셜 미디어를 활용한 학습 등 다양한 방법이 등장하였으며, 이는 학습 방식의 다양성과 접근성을 동시에 확대시켰다.

학습 분석 및 개인화 학습(2010년대)

2010년대부터는 AI와 빅데이터 기술이 교육에 활용되기 시작하였다. 학습자의 활동 데이터를 수집·분석하여 학습 수준과 학습 경향을 파악하고, 이를 바탕으로 개인화된 학습 경로를 제공하는 시스템이 도입되었다. 교수자는 데이터를 활용해 수업 흐름을 조정하거나 학습자의 어려움을 조기에 파악할 수 있게 되었고, 일부 행정적인 업무는 자동화되었다.

생성형 AI 기반 학습(2020년대)

최근에는 생성형 AI 기술이 학습과 수업 전반에 적용되고 있다. 생성형 AI는 텍스트, 이미지, 음성, 영상 등 다양한 형태의 콘텐츠를 자동으로 만들 수 있으며, 이를 통해 교수자는 강의자료나 평가 문항 등을 손쉽게 제작할 수 있다. 학습자는 AI 챗봇과 상호작용하며 피드백을 받고, 스스로 학습을 점검하고 보완할 수 있다.

예를 들어, 챗GPT는 수업 자료 초안 작성과 질문 구성을 돕고, 브리스크티칭은 학습자의 응답을 분석해 맞춤형 피드백을 제공하며, 스노클은 텍스트, 이미지, 음성 등 다양한 입력을 통합해 학습자에게 최적화된 피드백을 지원한다.

2.3 에듀테크 도구와 플랫폼 활용

에듀테크는 디지털 기술과의 융합을 통해 교육의 접근성과 질을 동시에 향상시키고 있다. LMS, 온라인 공개 플랫폼, 게임 기반 학습 도구, AR 및 VR 기반 교육 플랫폼 등 다양한 도구가 등장하였다. 이러한 기술은 맞춤형 학습 환경과 몰입형 교육 경험을 제공함으로써 미래 교육의 방향을 이끌고 있다. 특히 학습자 중심 교육으로의 전환을 가속화하며 새로운 교육 패러다임 형성에 기여하고 있다.

LMS

LMS는 교수자가 학습 콘텐츠를 구성하고 배포하며, 학습자의 진도, 과제 수행, 평가 결과 등을 체계적으로 관리할 수 있도록 설계된 교육 플랫폼이다. LMS는 출결 확인, 공지사항 전달, 질의응답, 과제 제출 및 피드백 제공 등 수업 전반의 운영을 디지털화하여 오프라인 수업과 온라인 수업을 유기적으로 연결하는 기반을 제공한다. 최근에는 AI 기술이 결합되면서 LMS의 기능이 단순한 학습 관리 도구를 넘어 지능형 교육 지원 시스템으로 확장되고 있다. 예를 들어, 무들(Moodle), 블랙보드(Blackboard), 캔버스(Canvas) 등 전통적인 LMS는 학습자의 학습 행동 데이터를 실시간으로 수집·분석하여 학습 참여도, 진도율, 성취도 등 다양한 지표를 시각화하여 제공한다. 또한 구글클래스룸은 생성형 AI 어시스턴트를 통해 과제 피드백을 자동화하고, 개별 학습자의 이해도와 학습 격차를 진단하여 교수자에게 맞춤형 지원 전략을 제안한다. 향후에는 메타버스 기반 가상 교실과의 연계를 통해 3D 아바타 간의 상호작용 데이터까지 통합 분석하는 다차원 학습 분석 체계로의 진화가 기대된다.

온라인 공개 플랫폼

온라인 공개 플랫폼은 인터넷 기반의 디지털 학습 환경으로, 시간과 장소의 제약 없이 다양한 학습 기회를 제공하는 시스템이다. 코세라(Coursera), 에드엑스(edX) 등 대표적인 플랫폼은 세계 유수 대학 및 기관과 협력하여 마이크로디그리(Microdegree), 기업 맞춤형 콘텐츠 등 실무와 직결된 다양한 강좌를 제공한다. 코세라는 AI 기반 진로 코칭을 통해 학습자의 이력과 수강 패턴을 분석하고 필요한 역량과 맞춤형 학습 경로를 제안한다. 칸아카데미(Khan Academy)는 오프라인 환경에서도 학습이 가능하도록 기능을 확장하여 인터넷 환경이 제한적인 상황에서도 지속적인 학습을 지원한다. 이러한 플랫폼들은 고등 교육뿐 아니라 실무와 연결된 학습 경험을 제공하며 글로벌 학습자에게 양질의 교육 콘텐츠를 확대하고 있다.

VR 및 AR 기반 교육 플랫폼

VR 및 AR 기반 교육 플랫폼은 학습자가 실제와 유사한 몰입형 경험을 통해 개념을 직관적으로 이해하고 복잡한 현상을 체험적으로 학습할 수 있도록 지원하는 기술이다. 이러한 기술은 특히 추상적 개념의 시각화, 위험하거나 고비용의 실험 대체, 원격 협업 환경 구축에 효과적으로 활용되고 있다. 예를 들어, 랩스터(Labster)는 STEM(Science, Technology, Engineering, and Mathematics) 교육 분야에서 가상 실험실을 제공하여 안전하고 비용 효율적인 과학 실습을 가능하게 하며, 구글익스페디션스프로(Google Expeditions Pro)는 역사적 사건이나 지리적 공간을 AR 기반으로 탐색할 수 있는 체험형 학습을 지원한다. 또한 마이크로소프트메쉬 교육용(Microsoft Mesh for Education)은 3D 모델을 기반으로 교수자와 학습자가 동일한 가상 공간에서 실시간으로 상호작용할 수 있는 협업형 수업 환경을 구현하고 있다. 이처럼 확장 현실(eXtended Reality: XR) 기술을 활용한 교육 플랫폼은 현실과 가상의 경계를 넘나드는 새로운 형태의 수업 모델로 확장되고 있으며 미래형 교수학습 환경 구축의 핵심 요소로 부각되고 있다.

AI-인간 교사의 협업 모델

AI-인간 교사의 협업 모델은 AI가 단순한 보조 도구를 넘어 교수자의 전략적 의사결정을 지원하는 교육 파트너로 기능하는 새로운 교수학습 체계를 의미한다. 최근에는 AI가 수업 중 촬영된 영상 데이터를 기반으로 학습자의 표정, 자세, 목소리 등의 비언어적 신호를 분석하여, 집중도나 정서 상태와 같은 학습 참여 지표를 산출하는 기술이 활용되고 있다. 교수자는 이러한 분석 결과를 바탕으로 학습자의 반응을 객관적으로 파악하고 수업 내용, 전달 방식, 피드백 전략 등을 조정함으로써 학습자의 이해도와 몰입도를 높일 수 있다. 이처럼 AI는 방대한 학습 데이터를 실시간으로 처리하고 시각화하여 교수자에게 제공하며, 교수자는 이를 수업 설계에 반영함으로써 데이터 기반의 협업적 수업 운영이 가능해지고 있다.

블록체인 기반 학습 생태계

블록체인 기반 학습 생태계는 학습 이력과 성과를 위·변조 없이 안전하게 기록하고, 다양한 교육 주체 간에 신뢰를 기반으로 학습 정보를 공유할 수 있는 구조로 주목받고 있다. 특히 블록체인의 탈중앙화 특성은 학습자의 자율성과 소유권을 강화하는 데 기여하며, 이력 관리의 투명성과 검증 가능성을 높이고 있다. 예를 들어, 매사추세츠 공과대학교(Massachusetts Institute of Technology: MIT)는 오픈소스 인증 시스템인 블록서트(Blockcerts)를 활용하여 메타버스 기반 학습 활동에 대한 이력을 안전하게 저장하고 있으며, 이를 통해 학습자의 참여와 성취를 공식적으로 인증하고 있다. 국내에서는 한국디지털배지포럼(Digital Badge Forum)이 마이크로크리덴셜(micro-credential) 체계를 도입하여 특정 역량을 디지털 배지 형태로 발급하고 있으며, 이러한 디지털 배지는 블록체인 조회 시스템을 통해 진위를 검증할 수 있도록 설계되어 있다. 향후에는 이러한 기술이 국가 차원의 평생학습 계좌제와 연계되어 개별 학습자의 역량과 성과를 일관되고 체계적으로 관리할 수 있는 기반으로 활용될 것으로 기대된다.

초개인화 학습

초개인화 학습은 학습자의 주의 집중이나 정서 상태 같은 학습 상황을 실시간으로 파악하여 학습 경로나 콘텐츠를 유연하게 조정하는 방향으로 발전하고 있다. 이는 단순히 수준별 학습이나 선호 기반 추천을 제공하는 기존의 개인화 학습과는 구별된다. 개인화 학습이 과거의 성취도, 선호도, 선택한 과목 등 비교적 고정된 데이터를 중심으로 학습 경로를 설정했다면, 초개인화 학습은 현재의 상태, 즉 학습 도중 변화하는 주의력, 피로감, 정서 반응 등을 실시간으로 감지하고 즉각적으로 대응한다는 점에서 차별화된다.

예를 들어, 집중도가 높으면 더 어려운 문제를 제시하거나 학습 시간을 늘리고, 피로나 스트레스 신호가 감지되면 휴식 활동이나 간단한 과제를 제공하여 학습 부담을 조절한다. 이러한 방식은 학습자의 상태에 따라 적절한 개입이 이루어질 수 있도록 하여 학습 몰입과 효율을 높이는 보다 정밀한 형태의 적응형 학습(adaptive learning)으로 주목받고 있다.

3 디지털 리터러시와 AI 리터러시 교육

디지털 기술이 일상 전반에 깊이 스며들면서, 디지털 리터러시(digital literacy)가 중요한 역량으로 부각되고 있다. 이는 정보의 탐색과 활용 능력뿐만 아니라 비판적 사고와 창의적 문제 해결 능력을 포함하는 개념이다. 동시에 AI의 알고리즘 이해와 데이터 분석 능력, 이에 따른 윤리적·사회적 영향을 고려하는 AI 리터러시(AI literacy)의 중요성도 점차 커지고 있다.

이러한 변화 속에서 교육 현장은 디지털 및 AI 기술을 단순히 활용하는 수준을 넘어, 미래 사회가 요구하는 복합적 역량을 함양하는 방향으로 나아갈 필요성이 제기되고 있다. 디지털 리터러시와 AI 리터러시 교육은 학생들이 다양한 환경에서 적절한 의사결정을 내리고 창의적으로 문제를 해결하며, 기술의 윤리적 측면까지 고려할 수 있는 통합적 역량을 갖추도록 지원하는 중요한 과제로 인식되고 있다.

3.1 디지털 리터러시의 개념과 구성 요소

디지털 리터러시는 디지털 환경에서 정보를 탐색하고 활용하며, 이를 비판적으로 사고하고, 책임감 있게 디지털 기술을 사용하는 종합적 역량을 의미한다. 이는 단순한 기기 사용 능력을 넘어서, 디지털 도구의 효과적인 활용, 정보의 신뢰성 평가, 윤리적이고 책임 있는 디지털 문화를 형성하는 능력을 포함한다.

정보 과잉 시대에 디지털 리터러시는 필수 역량으로 자리 잡았다. 인터넷과 소셜 미디어의 발달로 정보량이 폭증함에 따라 유용한 정보를 선별하고 효과적으로 활용하는 능력의 중요성이 더욱 커졌다. 단순한 정보 수집을 넘어, 정보를 분석·평가하고 그 신뢰성을 판단하는 과정은 학습자의 비판적 사고력과 문제 해결 역량을 강화한다. 아울러 디지털 환경에서 능동적으로 참여하고, 윤리적 문제에 책임 있게 대응하는 시민의식도 요구된다.

디지털 리터러시는 정보 리터러시(information literacy), 컴퓨터 리터러시(computer literacy), ICT 리터러시(ICT literacy), 미디어 리터러시(media literacy) 등 다양한 용어로 논의되고 있으며, 유럽연합(European Union)에서는 이를 '디지털 역량'이라는 개념으로 정립하고 있다. 디지털 리터러시가 정보 탐색과 활용 중심의 기본 능력을 강조한다면, 디지털 역량은 이를 바탕으로 디지털 기술을 일상생활, 학습, 직장, 사회 참여 등 다양한 맥락에서 주체적이고 책임감 있게 활용하는 능력까지 포괄한다.

이러한 관점에서 유럽연합의 디지털 역량 프레임워크(DigComp)는 디지털 리터러시를 포함하는 상위 개념으로, 디지털 사회에서 모든 시민이 갖추어야 할 다섯 가지 핵심 역량을 [그림 1-6]과 같이 제시한다.

첫째, 정보 및 데이터 리터러시 역량은 디지털 환경에서 정보를 탐색하고 평가하며, 이를 저장·관리하는 능력을 의미한다. 신뢰할 수 있는 정보를 선별하고 비판적으로 활용하는 데 필수적인 역량이다.

둘째, 소통 및 협업 역량은 이메일, 소셜 미디어, 온라인 플랫폼 등 다양한 디지털 도구를 활용하여 타인과 효과적으로 소통하고 협력하는 능력을 포함한다.

셋째, 디지털 콘텐츠 창작 역량은 텍스트, 이미지, 멀티미디어 등 다양한 디지털 자료를 창의적으로 제작하고 편집하며, 저작권 및 라이선스를 준수하는 책임 있는 창작 활동

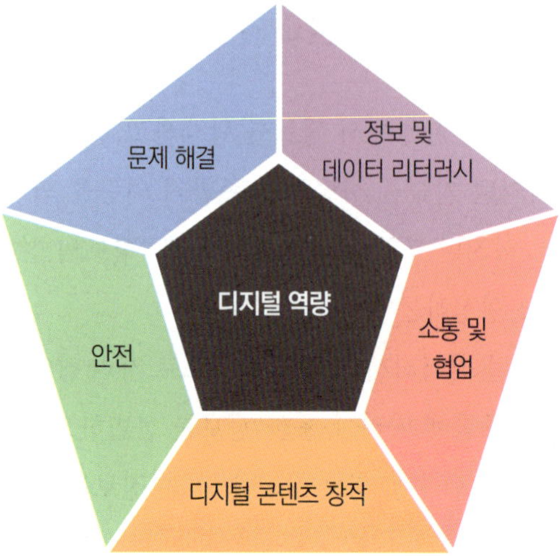

[그림 1-6] 유럽연합에서 제안한 디지털 역량 프레임워크(DigComp 2.2)
출처: European Commission, Joint Research Centre (2022).

을 수행하는 역량을 말한다.

넷째, 안전 역량은 개인정보 보호와 사이버 범죄 예방뿐 아니라 온라인에서의 안전한 행동 원칙을 익히고 신체적·정신적 건강을 유지하는 포괄적 안전 의식을 포함한다.

다섯째, 문제 해결 역량은 디지털 환경에서 발생하는 다양한 문제를 인식하고 적절한 기술과 도구를 활용하여 창의적으로 해결하는 능력으로, 자기 주도적 역량 개발과 최신 디지털 트렌드에 대한 지속적인 학습 태도도 이 범주에 속한다.

이러한 다섯 가지 디지털 역량은 서로 유기적으로 연결되어 있으며, 학습자가 디지털 사회에서 비판적으로 사고하고, 책임 있게 행동하며, 디지털 기술을 효과적으로 활용할 수 있도록 돕는다. 디지털 리터러시와 디지털 역량은 단순한 기술 활용을 넘어 현대 사회에서 모든 시민이 갖추어야 할 핵심 역량으로서 교육, 일상생활, 사회 참여 등 다양한 영역에서 그 중요성이 커지고 있다.

3.2 AI 리터러시의 개념과 구성 요소

AI 리터러시는 AI의 기본 원리와 작동 방식을 이해하고, 이를 비판적으로 분석하며, 사회적·윤리적 영향을 고려하여 AI를 책임감 있게 활용할 수 있는 역량을 의미한다. 최근 AI 기술의 확산에 따라 교수자와 학습자 모두에게 이러한 이해뿐 아니라 실제 상황에서 AI를 적용하고 문제를 해결할 수 있는 역량의 중요성이 강조되고 있다.

AI 리터러시는 단순한 기술 사용을 넘어, 알고리즘과 데이터 구조, 윤리적·법적 쟁점에 대한 통합적 이해를 포함한다. 이러한 과정은 AI를 창의적이고 책임 있게 활용하는 실천적 역량으로 확장될 필요가 있다. 이에 따라 국제기구들은 발달 단계와 역할에 따라 리터러시를 포함한 AI 역량 프레임워크를 제시한다.

유네스코(UNESCO)는 학생들이 AI 시대에 포용적이고 지속 가능한 사회의 공동 설계자로 성장할 수 있도록 학생용 AI 역량 프레임워크를 마련했다. 〈표 1-2〉는 이 프레임워크의 내용을 정리한 표로, 네 가지 역량이 '이해' '적용' '창조'의 세 단계로 구성되어 있음을 보여 준다.

첫째, 인간 중심 마인드셋 역량은 이해 단계에서 인간의 주체성을 배우고, 적용 단계에서 인간의 책임감을 강조하며, 창조 단계에서 학생들이 AI 시대에 필요한 시민의식과 사회적 책임을 갖추도록 한다.

둘째, AI 윤리 역량은 이해 단계에서 윤리의 기본 개념을 익히고, 적용 단계에서 AI를 안전하고 책임감 있게 사용하는 방법을 실천하며, 창조 단계에서 AI를 설계하고 구현하는 과정에 윤리적 기준이 적용되도록 하는 데 중점을 둔다.

셋째, AI 기술 및 응용 역량은 이해 단계에서 AI의 기초 원리를 배우고, 적용 단계에서 다양한 현장에서 활용하는 기술을 익히며, 창조 단계에서 직접 AI 도구를 만들어 보는 경험을 쌓는다.

넷째, AI 시스템 설계 역량은 이해 단계에서 AI 시스템의 문제 범위를 정하고, 적용 단계에서 시스템의 구조를 설계하며, 창조 단계에서 반복적인 실험과 피드백을 통해 시스템을

〈표 1-2〉 유네스코의 학생용 AI 역량 프레임워크

역량	이해	적용	창조
인간 중심 마인드셋	인간의 주체성	인간의 책무성	AI 시대의 시민의식
AI 윤리	실천적 윤리	안전하고 책임 있는 사용	설계 단계에서의 윤리 구현
AI 기술 및 응용	AI 기초 이해	AI 기술 적용	AI 도구 생성
AI 시스템 설계	문제 이해	구조 설계	반복 설계

출처: UNESCO (2025a).

발전시키는 과정을 경험하도록 한다.

또한 유네스코는 AI 시대에 교사의 역할이 근본적으로 변화하고 있음을 강조하며, 교육 현장에서 AI를 윤리적이고 효과적으로 활용하기 위해 교사들이 갖추어야 할 역량 프레임워크를 마련했다. 〈표 1-3〉과 같이, 다섯 가지 핵심 역량은 '습득' '심화' '창조'의 세 단계로 구성되어 교사들의 단계별 역량 개발을 지원한다. 각 역량은 기초 지식과 이해의 '습득' 단계에서 시작해, 적용 능력을 높이는 '심화' 단계를 거쳐, 새로운 가치와 변화를 만들어 내는 '창조' 단계로 이어지는 구조로 설계되어 있다.

첫째, 인간 중심 마인드셋 역량은 인간의 주체성에 대한 이해에서 출발해, 책임감을 기르고, 궁극적으로 사회적 책임까지 실천할 수 있도록 돕는다.

둘째, AI 윤리 역량은 AI의 윤리 원칙을 익히고, 안전하고 책임 있게 AI를 활용하는 실천 역량을 강화하며, 더 나아가 윤리적 규범을 함께 만들어 가는 능력을 기르도록 한다.

셋째, AI 기초 및 응용 역량은 AI의 기본 기술과 응용 방법을 익히고, 실제 교육 현장에 적용하는 능력을 심화하며, 직접 AI를 활용해 창의적인 교육 실천으로 확장할 수 있게 한다.

넷째, AI 교수법 역량은 AI를 활용한 수업 기획 및 교수법과의 통합, AI를 활용한 교수 혁신을 실현하는 역량을 핵심으로 한다.

다섯째, AI 기반 전문성 개발 역량은 AI를 활용해 전문성을 지속적으로 발전시키고, 동료와 협력해 전문성을 심화하며, 교육 현장의 변화를 이끄는 능력을 말한다.

〈표 1-3〉 유네스코의 교사용 AI 역량 프레임워크

역량	습득	심화	창조
인간 중심 마인드셋	인간의 주체성	인간의 책무성	사회적 책임
AI 윤리	윤리 원칙 이해	안전하고 책임 있는 사용	윤리 규칙 공동 설계
AI 기초 및 응용	AI 기초 기술 및 응용 이해	AI 기술 활용	AI 도구 개발
AI 교수법	AI 기반 수업	AI와 교수법 통합	AI 기반 교수 혁신
AI 기반 전문성 개발	AI 기반 지속적 전문성 개발	AI 기반 협력적 전문성 개발	AI 기반 창의적 전문성 개발

출처: UNESCO (2025b).

3.3 디지털 리터러시와 AI 리터러시의 교육적 적용

디지털 기술이 일상과 학습 환경 전반에 빠르게 확산되면서 디지털 리터러시와 AI 리터러시는 현대 교육에서 기초 소양으로 자리 잡고 있다. 디지털 리터러시는 정보의 탐색과 활용, 온라인 소통, 디지털 콘텐츠 제작, 사이버 윤리 및 보안, 문제 해결 능력 등 디지털 환경에서 요구되는 기본 역량을 의미하며, 정보를 비판적으로 이해하고 윤리적으로 활용하는 태도를 포함한다. AI 리터러시는 AI의 개념과 작동 원리, 알고리즘 기반 의사결정 구조에 대한 이해를 바탕으로, AI 기술의 사회적 영향과 윤리적 쟁점을 비판적으로 분석하는 고차원적 역량을 포괄한다. 디지털 리터러시는 AI 리터러시의 기초가 되며, AI 리터러시는 디지털 리터러시의 내용을 확장·심화한다는 점에서 두 리터러시는 상호 연계성과 계열성을 지닌 것으로 볼 수 있다.

2022 개정 교육 과정에서는 초등학교 전 교과에 걸쳐 디지털 기초 소양이 강조되고 있다. 특히 국어과에서는 '매체' 영역이 신설되어 다양한 매체 자료를 이해하고 활용하는 능력이 성취 기준에 반영되었으며, 사회, 과학, 실과 등에서는 정보 탐색, 데이터 해석, 디지털 윤리 실천과 같은 역량이 교과별 목표에 포함되어 있다. 실제 수업에서는 영상 콘텐츠를 비판적으로 감상하고 직접 제작하거나, 정보의 신뢰성을 판단하는 활동과 온라인상에서 책임 있는 행동을 실천하는 프로젝트 수업 등이 이루어지고 있다.

중학교에서는 디지털 리터러시와 AI 리터러시가 더욱 심화된다. 정보과와 사회과에서는 데이터 기반 문제 해결, 디지털 시민의식, AI의 구조와 활용, 알고리즘의 이해 등이 성취 기준에 포함되며, AI 기술의 사회적 영향과 윤리적 쟁점에 대한 탐구가 강조된다. 예를 들어, 정보과 성취 기준에는 '데이터를 수집하고 분석하여 문제 해결에 활용하며, 그 과정에서 발생하는 윤리적 문제를 탐색한다'는 내용이 포함되어 있다. 수업에서는 AI 도구를 활용한 실습, 사회적 영향 분석, 데이터 기반 프로젝트, 윤리적 딜레마에 대한 토의 활동이 진행된다.

고등학교에서는 정보과의 'AI 기초' 'AI 수학' 등 전문 선택 과목을 통해 AI 모델 구현, 데이터 분석, 실생활 문제 해결, 윤리적 성찰 등이 학습 목표로 제시된다. 또한 국어과 '매체 의사소통' 사회과 '사회와 문화' 등에서는 복합 매체 해석, 비판적 정보 수용, 디지털 시민성, AI 활용 능력 등이 통합적으로 다루어진다. 수업에서는 생성형 AI를 활용한 글쓰기, AI 윤리 토론, 진로 탐색 활동, 출처 분석 과제 등 프로젝트 중심의 활동이 운영된다.

대학 교육에서는 전공에 관계없이 AI 리터러시를 교양 수준의 필수 역량으로 설정하려는 움직임이 확대되고 있다. 최근 다수의 대학에서는 실생활에서의 AI 활용 능력뿐 아니라, 디지털 윤리 및 사회적 영향에 대한 이해를 포함한 통합적 교육 내용을 교양 과목에 반영하고 있다. 특히 비전공자를 위한 AI 교양 과목에서는 AI의 과학기술적 원리와 더불어 사회적·인문적 함의에 대한 비판적 사고를 함께 다루며, 수업에서는 팀 프로젝트, 토론, 발표 등 학습자 참여 중심의 수업 방식이 적극적으로 활용된다.

이처럼 디지털 리터러시와 AI 리터러시는 초·중·고 교육 과정에 따라 체계적으로 통합되어 있으며, 발달 단계에 따라 정보 활용에서부터 데이터 분석, 디지털 윤리, AI 이해 및 사회적 영향 탐구까지 점진적으로 심화된다. 이러한 교육적 구조는 디지털 시대에 요구되는 학습자의 기초 소양을 체계적으로 형성하는 데 도움을 주며, 학습자가 미래 사회의 핵심 역량을 갖출 수 있도록 지원하고 있다.

제2장

디지털 학습 플랫폼 활용

1. 디지털 학습 플랫폼의 유형과 특징
2. Google Classroom을 활용한 온라인 강의실 구축
3. Padlet을 활용한 협업 수업 공간 구축

디지털 학습 플랫폼은 시간과 공간의 제약을 넘어 교수자와 학습자 간의 상호작용을 효과적으로 지원하는 디지털 교수학습 환경을 제공한다.

이 장에서는 디지털 학습 플랫폼의 유형과 주요 특징을 바탕으로, 각 플랫폼이 제공하는 기능과 교육적 의미를 살펴본다. 구글클래스룸을 활용한 온라인 강의실 구축 사례를 통해 수업을 체계적으로 운영하고 학습자의 참여를 촉진하는 방안을 살펴보고, 패들렛을 활용한 협업 수업 공간 구축 사례를 통해 상호작용 중심의 학습 환경을 설계하는 방법을 제시한다. 이를 통해 교수자는 다양한 플랫폼을 교육 목적에 맞게 선택하고 활용할 수 있는 방법을 탐색할 수 있다.

1 디지털 학습 플랫폼의 유형과 특징

디지털 학습 플랫폼은 온라인 강의, 모바일 학습, AR 및 VR 콘텐츠, AI를 활용한 맞춤형 학습 지원 등 다양한 형태로 발전하고 있다. 이러한 플랫폼은 학습자가 시간과 장소에 구애받지 않고 학습 자료에 접근할 수 있도록 하며 학습자의 수준과 속도에 따라 개별화된 학습 경로를 제공한다. 또한 데이터 기반 학습 분석을 통해 학습자의 참여도와 이해 수준을 파악하고, 그에 따라 교수자가 수업을 조정하거나 피드백을 제공할 수 있도록 지원한다.

1.1 디지털 학습 플랫폼의 유형

디지털 학습 플랫폼은 디지털 기술을 활용하여 학습 자료의 제공, 관리, 평가 및 상호작용을 지원하는 시스템이다. 이러한 플랫폼은 20세기 후반 CAI에서 출발하여 인터넷과 모바일 기술의 발전과 함께 LMS, 학습 콘텐츠 관리 시스템(Learning Content Management System: LCMS), 대규모 공개 온라인 강좌(Massive Open Online Course: MOOC) 등 다양한 형태로 발전해 왔다. 디지털 학습 플랫폼은 학습자 주도의 온라인 교수학습을 지원하는 핵심 도구로 인식되며, 정보 통신 기술의 발전과 함께 그 역할과 범위가 지속적으로 확장되고 있다.

대학에서는 자체 LMS와 MOOC 플랫폼 등을 활용하여 강의자료 배포, 과제 관리, 평가 및 상호작용 등 전반적인 학습 과정을 체계적으로 지원하고 있다. LMS는 교수자와 학습자 간의 수업 운영을 효율적으로 관리하고, 학습자의 자기 주도 학습을 촉진할 수 있는 환경을 제공한다. MOOC 플랫폼은 전 세계 학습자에게 다양한 교육 콘텐츠를 제공하여 시간과 장소의 제약 없이 학습할 수 있는 기회를 확대하고 있다.

초·중·고등학교에서는 구글클래스룸이나 교육청 단위에서 개발한 자체 시스템을 활용하고 있다. 구글클래스룸은 사용의 용이성과 구글(Google)의 다양한 서비스와의 연계성을 바탕으로, 교사와 학생 간의 실시간 소통, 과제 제출 및 피드백 제공 등 효율적인 학습 지원을 가능하게 한다. 더불어 일부 교육청에서는 자체적으로 운영하는 통합 학습 지원 시스템과 LCMS를 도입하여, 교과서 및 보조 자료의 디지털화, 온라인 학습 자료 제공 및 실시간 피드백 기능을 통해 학생들의 학습 효과를 높이는 데 기여하고 있다.

이와 같이 디지털 학습 플랫폼은 학습자와 교수자 모두에게 효율적인 교육 환경을 제공하는 핵심 도구로 자리매김하였으며, 초·중·고등학교와 대학에서 각각의 특성과 교육 환경에 맞추어 다양한 형태로 활용되고 있다.

1.2 디지털 학습 플랫폼의 주요 특징

디지털 학습 플랫폼은 단순히 학습 자료를 전달하는 도구를 넘어, 교수학습 활동을 지원하는 다양한 기능을 포함하고 있다. 주요 특징은 [그림 2-1]과 같다.

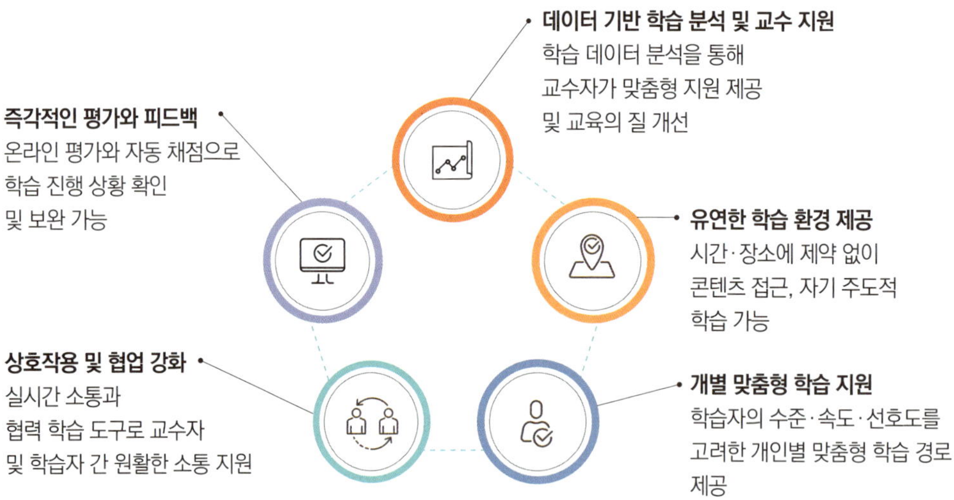

[그림 2-1] 디지털 학습 플랫폼의 주요 특징

첫째, 유연한 학습 환경을 제공한다. 디지털 플랫폼은 시간과 공간의 제약 없이 학습 콘텐츠에 접근할 수 있도록 하여 전통적인 교실 수업의 한계를 극복하고 학습자의 자기 주도성을 높인다.

둘째, 개별 맞춤형 학습 지원이 가능하다. 학습자의 수준과 선호도에 따라 개인화된 콘텐츠와 학습 경로를 제공함으로써 각 학습자에게 최적화된 학습 경험을 설계할 수 있다.

셋째, 상호작용과 협업을 촉진한다. 실시간 채팅, 화상회의, 공동 편집 도구 등을 통해 교수자-학습자 간, 학습자 상호 간의 소통과 협력 학습이 가능하다.

넷째, 즉각적 평가와 피드백 기능을 갖추고 있다. 온라인 평가와 자동 채점 시스템을 활용하여 학습자가 자신의 이해 정도를 실시간으로 확인하고 부족한 부분을 즉시 점검할 수 있도록 돕는다.

다섯째, 학습 분석 기반 수업 개선이 가능하다. 플랫폼은 학습 데이터를 수집·분석하여 학습자의 참여도와 성취도를 시각화하고, 이를 바탕으로 교수자가 보다 정교한 수업 전략을 수립할 수 있도록 지원한다.

이처럼 디지털 학습 플랫폼은 유연한 접근성, 맞춤형 학습 지원, 협업 강화, 실시간 평가와 피드백, 학습 분석 기반 개선이라는 핵심 기능을 통해 학습 효과를 높이고 교육의 질을 향상시키는 중요한 수단으로 작용하고 있다.

2 Google Classroom을 활용한 온라인 강의실 구축

구글클래스룸은 클라우드 기반 교육 플랫폼으로 교육 현장에서 온라인 강의실 구축에 활용되고 있다. 이 플랫폼은 사용이 간편하고 구글드라이브(Google Drive), 지메일(Gmail), 구글캘린더(Google Calendar) 등 다양한 구글 서비스와의 연계를 통해 교수자와 학습자 간의 소통을 강화하며 과제 배포, 제출, 평가 및 피드백 제공 등의 기능을 지원한다. 또한 구글클래스룸은 실시간 알림과 자료 공유 기능을 통해 학습 참여도를 높이고 협업 도구를 활용하여 팀 활동 및 토론을 활성화함으로써, 전통적인 교실 수업의 한계를 넘어선 새로운 교수학습 환경을 구현하고 있다.

2.1 구글클래스룸의 주요 기능

구글클래스룸은 수업 운영 및 관리를 효율화하고 학습자의 참여를 증진하는 데 효과적인 플랫폼으로 자리 잡고 있다. 수업의 전체적인 흐름을 한눈에 파악하고 수업 진행을 체계적으로 관리할 수 있도록 지원함으로써 교수자의 업무 부담을 줄일 수 있다.

구글클래스룸의 주요 기능은 다음과 같다.

- **클래스 생성 및 학생 초대** 교수자는 새로운 수업을 개설하고 고유한 코드로 학생들을 초대할 수 있다. 학습자는 이 코드를 사용하여 언제 어디서든 수업에 접근하고 참여할 수 있다.
- **교수학습 활동 계획 및 자료 제공** 구글클래스룸은 강의계획에 따른 공지사항, 강의자료, 선행학습 확인 활동 등을 포함하여 학습에 필요한 자료를 제공한다. 이를 통해 학습자는 자신의 학습을 체계적으로 관리하고, 교수자는 수업 준비와 자료 공유를 간편하게 처리할 수 있어 효율적인 수업 운영이 가능하다.
- **교수학습 상호작용 및 협력 지원** 구글클래스룸은 수업 게시판과 실시간 채팅 기능을 통해 교수자와 학습자 간 또는 학습자들 간의 원활한 소통을 지원한다. 이러한 기능은 팀티칭, 토론, 발표, 프로젝트 학습, 협력 학습 등 다양한 교수학습 방법을 적용할 수 있게 한다.
- **학습 과제 및 성적 관리** 교수자는 구글클래스룸을 통해 과제를 배포하고 학습자별 제출 여부를 확인할 수 있다. 구글폼(Google Forms)과 연동하면 자동 채점이 가능한 퀴즈를 운영할 수 있으며, 제출된 과제에는 평가 점수와 피드백을 제공할 수 있다.
- **구글미트 활용** 구글미트(Google Meet)를 이용한 실시간 온라인 수업을 진행하여 원격 학습 환경에서도 교수자와 학습자 간의 원활한 소통을 가능하게 한다.

구글클래스룸의 온라인 강의실 인터페이스는 [그림 2-2]와 같이 직관적이고 체계적으로 설계되어 있다. 왼쪽 메뉴에서는 '홈' '수업' 등의 메뉴를 통해 주요 기능에 접근할 수 있다. 상단에는 현재 수업의 이름과 주요 옵션이 탭 형식으로 배치되어 있어 수업 관련 정보와 자료를 손쉽게 관리할 수 있다. 화면의 중앙에서는 선택한 주차의 학습 자료와 활동이 목록 형태로 정렬되어 있으며, 각 항목 옆에는 해당 자료의 유형을 나타내는 아이콘이 위치해 있어 빠르게 자료 종류를 식별할 수 있다. 이러한 구성은 교수자와 학습자 모두가 수업 진행 상황과 자료를 쉽게 찾고, 효율적으로 관리하는 데 도움을 준다.

[그림 2-2] Google Classroom: 주차별 교수학습 활동 공지 화면

2.2 구글클래스룸을 활용한 수업 사례

주차별 수업 준비와 학습 자료 제공

구글클래스룸은 주차별 수업 준비와 강의자료를 체계적으로 제공하고, 학생들이 효율적으로 학습할 수 있도록 지원한다. 각 주차에 맞춰 수업 내용, 학습 자료, 수업 활동 계획을 한눈에 파악할 수 있게 구성하며, 학생들은 수업 준비와 학습 진행 과정을 쉽게 확인할 수 있다. 교수자는 강의계획에 따라 수업 준비사항을 공지하고 강의자료를 배포하며 구체적인 수업 활동을 안내할 수 있다.

[그림 2-3]은 3주차 수업에서 팀별 활동을 위한 자리 배치 안내, 복습 활동, 강의자료,

개인 및 팀별 학습 활동, 수업 성찰 설문 등이 게시된 화면을 보여 준다. 각 자료는 문서 유형에 따라 아이콘으로 구분되어 학생들이 수업 내용과 진행 과정을 한눈에 파악할 수 있다.

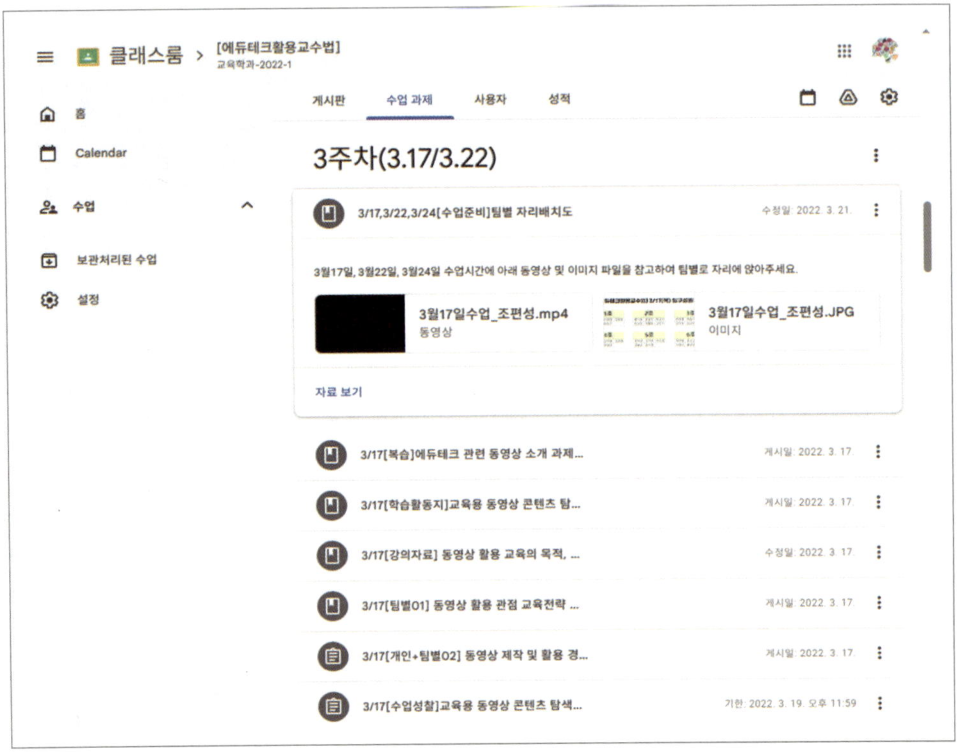

[그림 2-3] Google Classroom: 주차별 수업 준비와 안내 화면

다양한 학습 자료 제작 및 공유

구글클래스룸은 교수자가 과제, 질문, 공지사항 등을 체계적으로 관리하고, 유튜브(Youtube) 영상을 포함한 다양한 학습 콘텐츠를 직접 제작하고 공유하는 기능을 제공한다. 교수자는 강의나 설명 영상을 업로드하거나 링크를 통해 공유하며, 학생들은 이러한 자료를 언제 어디서나 쉽게 접근할 수 있다. 예를 들어, [그림 2-4]와 같이 문서 파일, 유튜브 영상 링크, 구글드라이브 내 파일, 구글폼 링크 등을 포함할 수 있다. 이들 자료는 아이콘과 함께 시각적으로 구분되어 학생들이 필요한 정보를 쉽게 찾을 수 있게 한다.

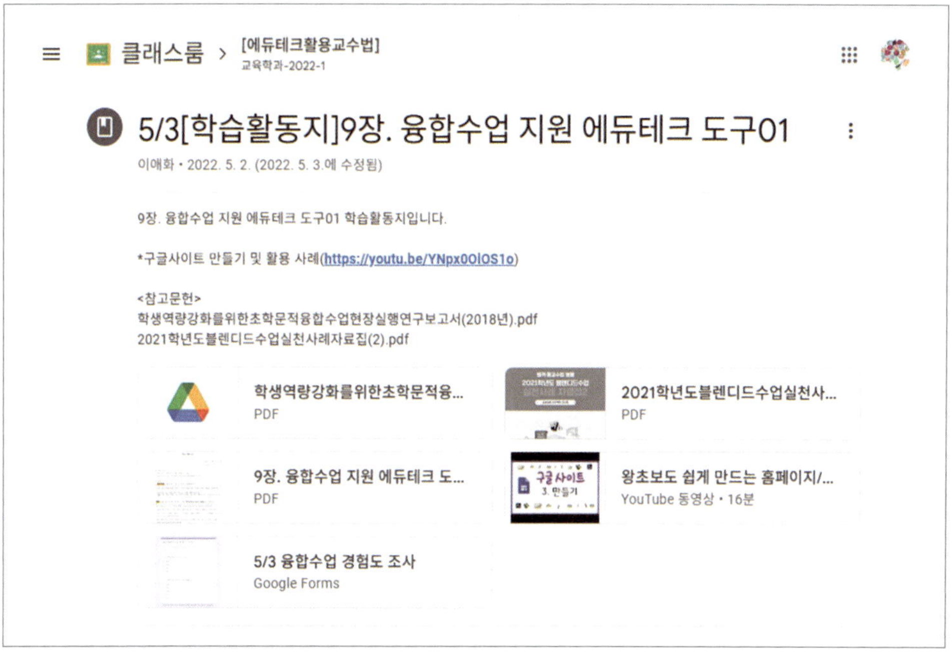

[그림 2-4] Google Classroom: 다양한 학습 자료 제공 및 공유 화면

교수자와 학습자 간 상호작용 강화

구글클래스룸은 교수자와 학습자 간의 원활한 상호작용을 지원하며 협력적인 학습 환경을 조성한다. 교수자는 다양한 토론 주제를 설정하여 학생들이 의견을 나누고 토론할 수 있는 공간을 마련할 수 있다. 또한 실시간 채팅 기능을 통해 수업 외에도 손쉽게 소통할 수 있으며 학생들의 질문에 즉각적인 답변과 추가 자료를 제공할 수 있다.

예를 들어, 학생들은 [그림 2-5]와 같이 구글폼으로 이동하여 수업 활동 후 의견 수렴을 진행할 수 있다. 이 과정은 학생들이 수업 내용을 반영하여 자신의 의견과 피드백을 제출하도록 유도하며, 교수자는 이를 통해 학생들의 반응을 실시간으로 파악하고 수업 운영에 반영할 수 있다.

[그림 2-5] Google Classroom: 수업 활동 후 의견조사 화면

과제 관리 및 피드백 제공

구글클래스룸은 교수자가 각 과제마다 마감 기한을 설정하여 학습자의 과제 제출을 효율적으로 관리할 수 있도록 돕는다. 교수자는 과제 검토 기능을 통해 학생들의 과제를 평가하고 점수를 부여하며 각 학생에게 맞춤형 피드백을 제공한다. 또한 자동 채점 기능으로 온라인 퀴즈와 시험 결과를 신속하게 확인하고 분석할 수 있어 학습자의 진도와 이해도를 체계적으로 관리할 수 있다.

예를 들어, [그림 2-6]의 과제 안내 화면에서는 상단에 과제 제목과 제출 기한이 명시되어 있고, 하단에는 '과제 검토' 버튼이 표시되어 있다. 학생들은 '수업 과제' 메뉴를 통해 과제를 제출하며, 교수자는 제출 현황을 실시간으로 확인할 수 있다. 이후 교수자는 '과제 검토' 메뉴를 통해 학생들의 과제를 열람하고, 과제를 채점하며 피드백을 제공한다. 이 과정은 학습자의 진도를 효과적으로 파악하고, 각 학생에게 맞춤형 피드백을 제공하는 데 중요한 역할을 한다.

[그림 2-6] Google Classroom: 과제 안내 및 검토 화면

2.3 구글 도구와 연동한 구글클래스룸 활용 사례

구글문서를 활용한 팀 활동 수업

구글문서(Google Docs)는 여러 학습자가 동시에 작업할 수 있는 효과적인 협업 도구로, 프로젝트 수행, 팀별 보고서 작성, 토의·토론 활동 등 다양한 교수학습 활동에 활용될 수 있다. 교수자가 공동 작업을 위한 문서 양식을 제작하여 공유하면, 수업에 참여하는 모든 학습자가 동일한 문서에 실시간으로 접속하여 작업할 수 있다. 학생들은 자신의 과제를 공유 문서에 직접 제출하며 동료의 작업을 실시간으로 검토하고 피드백을 제공할 수 있다. 이를 통해 학생들은 자신의 과제와 동료의 과제를 비교 평가하면서 강점과 개선점을 발견할 수 있다.

[그림 2-7]은 학생들이 하나의 공동 구글문서에 접속하여 과제를 제출하는 예시이다. 학생이 제출한 내용은 동료들이 실시간으로 확인하고 피드백을 제공할 수 있어 협력 학습이 효과적으로 이루어진다. 특히 팀을 구성하여 공동 문서 작업을 진행할 때, 각 학생이 작업한 내용이 실시간으로 표시된다. 이때 버전 기록 기능을 통해 교수자는 학습 과정을 효과적으로 모니터링할 수 있다. 이 기능은 각 학생의 적극적인 참여를 유도하고, 무임승차를 방지하여 팀 구성원 간의 상호협력을 촉진할 수 있다. 팀 구성원은 댓글 추

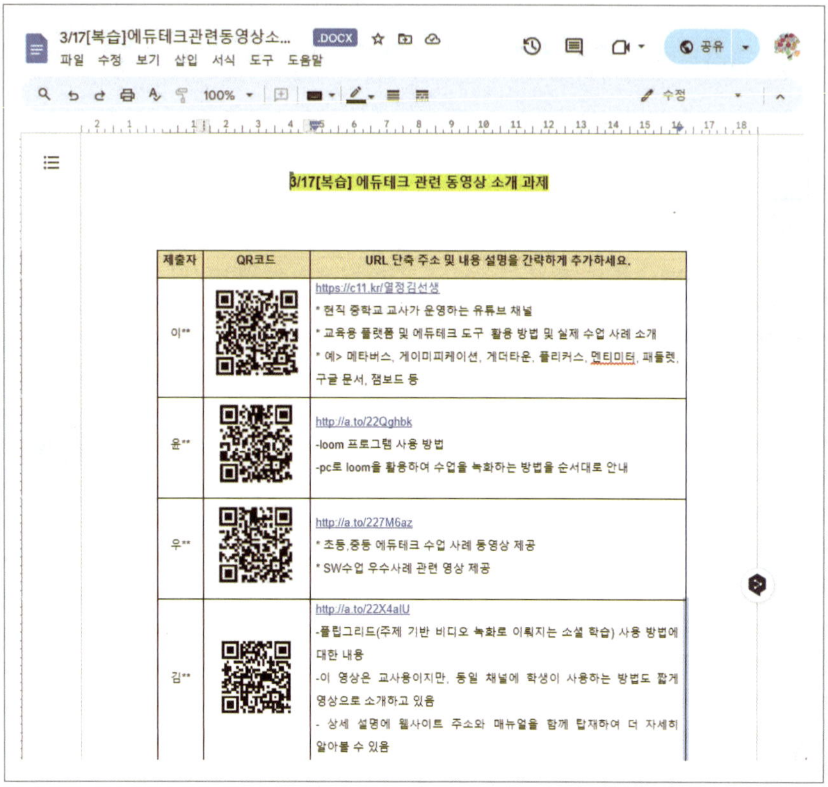

3/17[복습] 에듀테크 관련 동영상 소개 과제

제출자	QR코드	URL 단축 주소 및 내용 설명을 간략하게 추가하세요.
이**		https://c11.kr/열정김선생 * 현직 중학교 교사가 운영하는 유튜브 채널 * 교육용 플랫폼 및 에듀테크 도구 활용 방법 및 실제 수업 사례 소개 * 예> 메타버스, 게이미피케이션, 게더타운, 플리커스, 멘티미터, 패들렛, 구글 문서, 잼보드 등
윤**		http://a.to/22Qghbk -loom 프로그램 사용 방법 -pc로 loom을 활용하여 수업을 녹화하는 방법을 순서대로 안내
우**		http://a.to/227M6az * 초등,중등 에듀테크 수업 사례 동영상 제공 * SW수업 우수사례 관련 영상 제공
김**		http://a.to/22X4alU -플립그리드(주제 기반 비디오 녹화로 이뤄지는 소셜 학습) 사용 방법에 대한 내용 -이 영상은 교사용이지만, 동일 채널에 학생이 사용하는 방법도 짧게 영상으로 소개하고 있음 - 상세 설명에 웹사이트 주소와 매뉴얼을 함께 탑재하여 더 자세히 알아볼 수 있음

[그림 2-7] Google Docs: 학생 개인별 과제 제출 및 공유 화면

가 및 수정 제안 기능을 활용하여 본문을 변경하지 않고도 질문을 하거나 의견을 전달할 수 있다.

[그림 2-8]은 버전 기록 보기 기능을 통해 팀별 토론 활동 결과를 확인하는 예시이다. 화면 오른쪽에는 버전 기록이 시간순으로 표시되어 각 팀원의 작업 내용과 수정사항을 쉽게 추적할 수 있다. 화면 왼쪽에는 팀원들의 의견과 피드백이 다양한 색상으로 표시되어 협력 과정을 쉽게 확인할 수 있다.

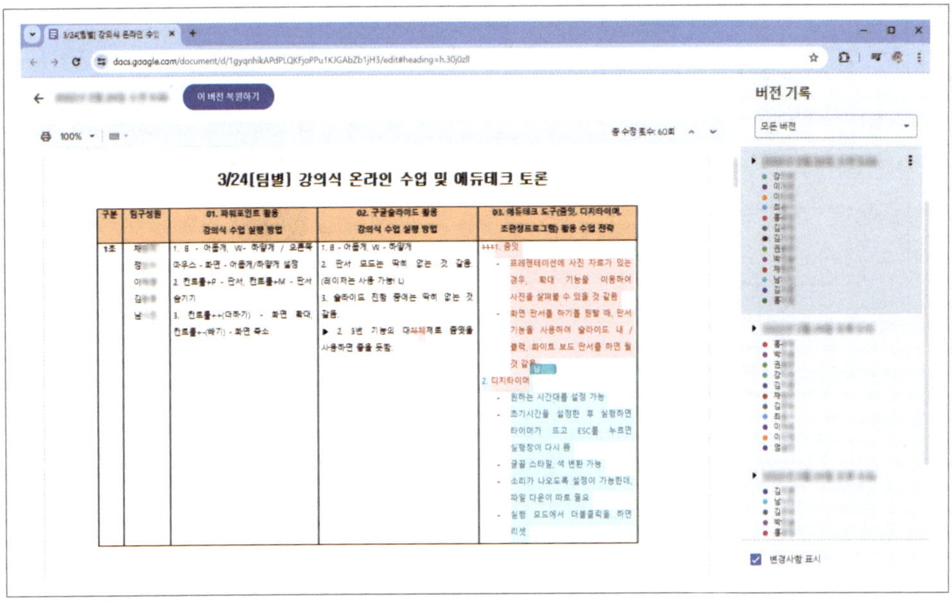

[그림 2-8] Google Docs: 팀별 토론 결과 작성 및 버전 기록 확인 화면

구글슬라이드를 활용한 강의자료 제작 및 공유

구글슬라이드(Google Slides)는 프레젠테이션 자료를 제작하고 발표할 수 있는 도구로, 파워포인트(Power Point)와 유사한 기능을 제공하며 모든 변경사항이 자동으로 저장되는 장점이 있다. 교수자는 이 도구를 활용하여 강의자료를 제작하고 수업에 참여하는 학습자와 자료를 공유할 수 있다.

[그림 2-9]는 구글슬라이드의 공유 설정 화면으로, 교수자가 자료 공유 권한을 간편하게 설정할 수 있는 구성이 있다. 교수자는 '뷰어' '댓글 작성자' '편집자' 등의 권한을 활용하여 학습자의 참여 수준을 조정할 수 있다. 또한 학생들은 팀 구성원과 함께 구글슬라이드를 활용하여 프로젝트 계획, 진행 과정 기록, 결과 정리 및 발표 등 전 과정을 협력적으로 수행할 수 있다. 이 도구는 구글문서처럼 '버전 기록' 기능을 제공하며 교수자는 이를 통해 각 학생의 역할 수행과 참여도를 평가할 수 있다.

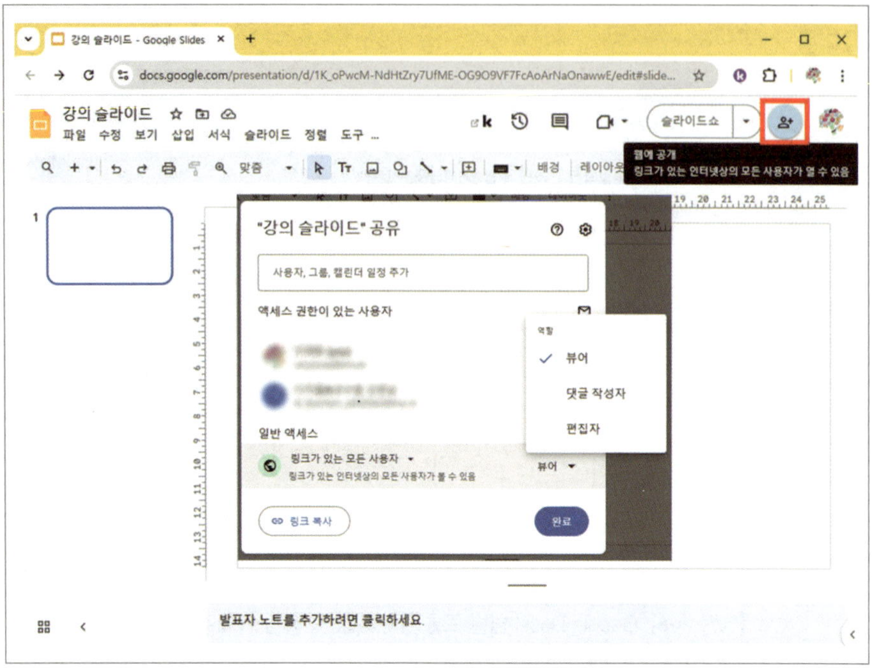

[그림 2-9] Google Slides: 구글슬라이드 공유 설정 화면

구글폼을 활용한 학생 의견조사

구글폼은 설문조사, 온라인 퀴즈, 수업 만족도 평가, 학습 과제 제출, 온라인 참가 신청 등 다양한 용도로 활용할 수 있는 도구이다. 교수자는 수업 시작 전 학생들의 사전 지식, 수업 관련 경험, 기대사항 등을 조사하여 수업 주제와 관련된 학생들의 다양한 배경과 특성을 반영한 자료 및 학습 활동을 효과적으로 구성할 수 있다.

[그림 2-10]은 구글폼을 활용한 수업 활동 예시이다. 구글클래스룸에서 수업 과제로 설문조사와 관련 자료가 게시되어 있으며, 학생들은 구글폼 링크를 통해 해당 설문에 참여할 수 있다. 교수자는 구글폼으로 수집된 응답 결과를 실시간으로 확인하고 분석할 수 있어 학생들의 이해도나 요구사항에 즉각적으로 대응할 수 있다.

[그림 2-10] Google Forms: 수업 관련 학생 경험 설문조사 화면

[그림 2-11] Google Forms: 수업 성찰 의견조사 화면

또한 구글폼은 수업 중 학습 이해도를 평가하기 위한 온라인 퀴즈로 활용되며 자동 채점 기능을 통해 즉각적인 피드백을 제공한다. 교수자는 학습자의 퀴즈 응답 현황을 파악하여 이해가 부족한 부분에 대해 추가 설명이나 보충 자료를 제공할 수 있다.

[그림 2-11]은 구글폼을 활용한 수업 성찰 의견조사 예시이다. 설문지에는 수업에 대한 난이도와 분량, 배운 점, 느낀 점, 성찰한 점 등을 조사할 수 있도록 구성되어 있다. 이 구글폼은 객관적인 평가뿐만 아니라, 학생들이 학습 내용을 정리하거나 성찰 일지를 작성하는 등 자기 평가 기회를 제공하는 데에도 효과적이다.

수업이 끝난 후에는 구글폼을 활용하여 수업 만족도 평가를 진행하고, 학생들의 피드백을 토대로 향후 수업 개선에 반영할 수 있다. 또한 각종 교육 프로그램, 워크숍, 세미나 등 교육 활동 관련 참가 신청서를 온라인으로 간편하게 수집할 수 있다.

3 Padlet을 활용한 협업 수업 공간 구축

패들렛(Padlet)은 텍스트, 이미지, 영상, 오디오, 링크 등 다양한 형태의 콘텐츠를 직관적으로 게시하고 공유할 수 있는 온라인 플랫폼으로, 협업 수업을 위한 디지털 학습 공간을 손쉽게 구축할 수 있도록 지원한다. 교수자는 패들렛을 활용하여 수업 계획서, 학습 자료, 과제 안내 등을 체계적으로 정리하여 학습자와 공유할 수 있으며, 학습자는 이를 바탕으로 자신의 의견을 게시하거나 동료와 협력하여 작업을 진행할 수 있다.

실시간 댓글, 좋아요, 파일 첨부 등의 상호작용 기능은 학습자 간 피드백과 협업 활동을 자연스럽게 유도한다. 별도의 설치 과정 없이 웹 기반으로 누구나 쉽게 접근할 수 있어 교수자와 학습자 모두 활용도가 높으며, 칼럼형, 캔버스형, 타임라인형 등 다양한 레이아웃을 지원하여 수업 목적과 활동 유형에 맞춘 맞춤형 학습 공간을 설계할 수 있다.

패들렛은 자료 공유, 팀 프로젝트, 아이디어 브레인스토밍, 결과물 발표 및 피드백 등 협업 학습 전 과정에서 유용하게 활용할 수 있다.

3.1 패들렛을 활용한 수업 강의실 운영

패들렛은 온라인 수업 강의실 공간을 구축하고 운영하는 데 매우 유용한 도구이다. 교수자는 수업 계획서, 강의자료, 과제 안내, 토론 게시판 등 다양한 수업 요소를 하나의 통합된 공간에서 관리할 수 있으며, 학습자는 이를 통해 수업 내용을 한눈에 파악하고 필요한 자료를 손쉽게 확인할 수 있다.

[그림 2-12]는 수업 초기에 오리엔테이션 목적으로 운영되는 패들렛 강의실의 예시이다. 수업 계획서, 수강생 요구조사, 수업 활동 미리보기 등의 항목이 정리되어 있어 학습자가 수업 초반에 필요한 정보를 한눈에 확인할 수 있다. 이는 학습자가 아직 구글클래스룸, LMS 등 학교에서 주로 사용하는 LMS에 익숙하지 않은 상황에서도, 별도의 회원가입이나 복잡한 절차 없이 수업 내용과 흐름을 쉽게 파악하고 교수자와 소통할 수 있도록 돕는다.

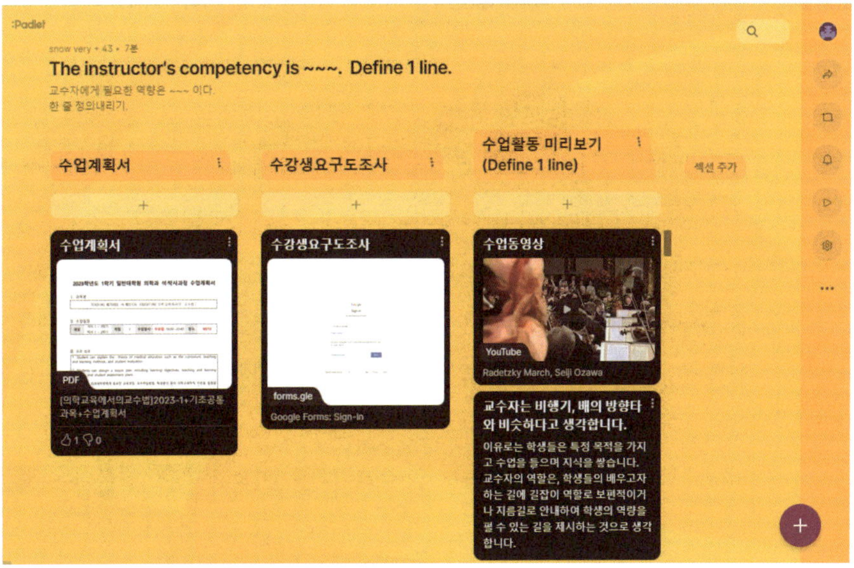

[그림 2-12] Padlet 도구: 강의 오리엔테이션용 수업 활동 화면

[그림 2-13]은 학기 전체의 주차별 수업 자료와 활동 내용을 통합 관리하는 패들렛 예시이다. 주차별 강의자료, 과제 제출 링크, 활동 결과물, Q&A, 피드백 공간 등이 체계적

[그림 2-13] Padlet 도구: 주차별 수업 자료와 학습 활동의 통합 관리 화면

으로 정리되어 있다. 교수자는 매주 수업 자료를 업데이트하고 학생들의 과제를 수합하며, 학습자는 언제든지 필요한 정보를 찾아볼 수 있다. 이처럼 패들렛은 주차별 강의실 운영, 과제 및 자료 관리, 학습자 참여를 유도하는 협업 공간으로서 효율적인 수업 운영을 가능하게 한다.

3.2 패들렛을 활용한 팀 프로젝트 학습 활동

패들렛은 팀 프로젝트 중심 수업에서 학습자들의 협업과 소통을 지원하는 효과적인 학습 도구이다. 교수자는 패들렛의 레이아웃 형식을 조정하여 팀별 게시 공간을 구성하고, 각 팀이 주어진 주제에 대한 아이디어를 정리하고 자료를 공유하며, 진행 상황을 체계적으로 기록할 수 있도록 지원한다. 이를 통해 학생들은 자신들의 팀 활동을 시각적으로 관리하고, 동료와 실시간 혹은 비실시간으로 소통하면서 공동의 목표를 효율적으로 수행할 수 있다.

[그림 2-14]는 '미래 공동체를 위한 덕목 실천 프로젝트' 수업에서 패들렛 선반 템플릿을 활용해 팀별 학습 활동을 정리한 사례이다. 각 팀은 자신들의 주제에 대한 아이디어,

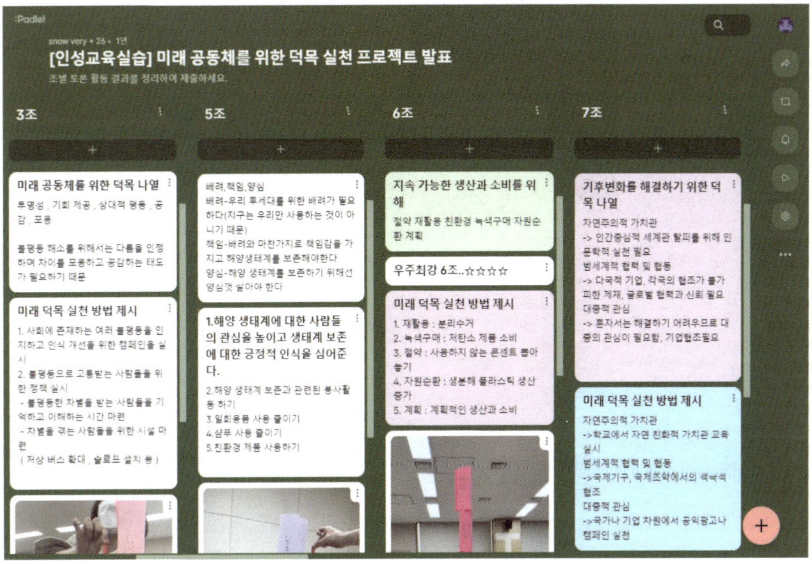

[그림 2-14] Padlet 도구: 팀별 프로젝트 수행 결과 공유 화면

실천 계획, 활동 결과물을 카드 형태로 정리하고 있으며, 교수자와 다른 팀원들의 피드백을 받을 수 있다. 텍스트, 이미지, 링크 등 다양한 자료를 게시할 수 있어 팀원 간 정보 공유와 협업이 원활하게 이루어진다.

패들렛을 통한 팀 프로젝트 활동은 학생들이 다른 팀의 활동 내용을 비교하거나 참고할 수 있는 기회를 제공하고, 이를 통해 학습자는 협업 역량, 창의적 사고력, 문제 해결 능력을 기를 수 있다.

3.3 패들렛을 활용한 상호피드백 및 성찰 활동

패들렛은 협업 수업에서 상호피드백 및 성찰 활동을 효과적으로 지원하는 도구로 활용된다. 학생들은 자신이 제작한 과제나 프로젝트 결과물을 게시하고, 동료 학습자와

[그림 2-15] Padlet 도구: 개인별 과제 제출과 피드백 화면

교수자로부터 다양한 의견과 조언을 받을 수 있다. 이를 통해 학생들은 자신의 결과물에 강점과 보완점을 인식하고 보다 나은 결과물을 완성하기 위한 개선 방향을 고민하게 된다.

[그림 2-15]는 학생들이 제작한 동영상을 패들렛에 공유하고, 동료 학생들이 댓글과 '좋아요' 기능을 통해 피드백을 제공하는 사례이다. 학생들은 패들렛에서의 상호피드백을 통해 자신의 생각과 과제 수행 과정을 성찰할 수 있다.

[그림 2-16]은 '교육 프로그램 제안서' 활동에서 교수자와 학습자 간 피드백이 이루어지는 장면을 보여 준다. 각 팀은 자신들의 제안서를 공유하고 교수자로부터 구체적이고 현실적인 개선 의견을 받는다. 동시에 학생들끼리도 서로의 결과물을 검토하고 의견을 주고받으며 협업적 시각에서 문제점을 도출하고 보완하는 과정을 경험할 수 있다.

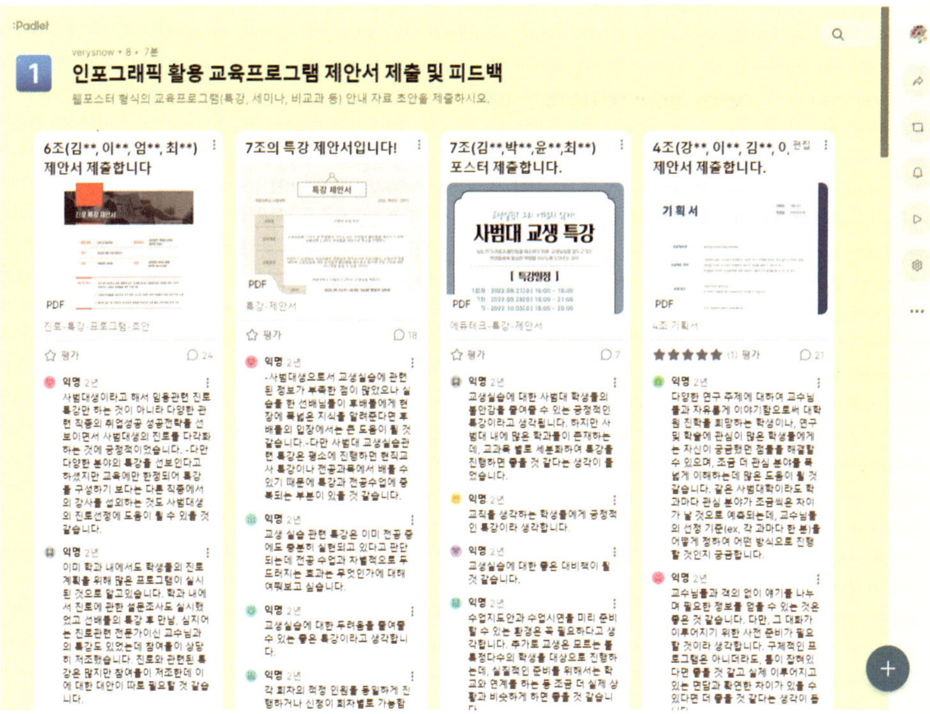

[그림 2-16] Padlet 도구: 팀별 프로젝트 과제 제출 및 피드백 댓글 활동 화면

[그림 2-17]은 앞서 주고받은 피드백을 바탕으로 팀별로 개선 방향을 정리하고, 이를 체계적으로 정돈하여 공유하는 장면이다. 학생들은 교수자와 동료들로부터 받은 피드백을 분석하고 이를 반영하여 팀 과제의 수정 방안을 마련할 수 있다.

교수님 피드백 내용 및 수정 사항

<전체 피드백>

- 프로그램 제목에 대한 고민이 필요함 (프로그램의 주요 내용과 특징이 잘 들어날 수 있도록)
->제목을 진로 다각화 특강에서 사범대생의 진로 A부터 Z까지로 변경하였습니다. 제목의 딱딱함을 없애면서도 프로그램의 목적이 무엇있지 들어날 수 있도록 하였습니다. 추가적으로 프로그램 설명에 진로 다각화 프로그램임을 한번더 언급하여 무엇인지 더 잘 파악할 수 있도록 하였습니다.

- 프로그램에서 기존의 유사한 프로그램이 있다면, 그것과 내가 구상하는 프로그램과의 차별화된 내용은?
-> 기존 사범대생 대상 특강이라면 교사에 초첨을 두고 이루어졌다면 이 특강 프로그램은 교사가 아닌 이밖의 직업을 대상으로 특강 내용을 구성하여 차별점을 두었습니다.

- 해당 프로그램이 어떻게 운영되고 어떠한 활동을 전개하는지에 대한 내용 보완이 필요함.
-> 운영 방법과 활동 내용에 대하여 보완을 하여 포스터에 더욱 구체적으로 기입하였습니다.

학생들 피드백 내용 및 수정 사항

- 사범대학하면 너무 모두가 교사라는 생각을 가지고 있어서, 또 다른 진로의 방향을 희망한느 학우들이게는 많이 기회가 업지 않나라는 생각을 했는데 그런점을 해소할 수 있어 좋다고 생각합니다. 하지만 학과 내에서도 다양한 선배들과의 만남을 추진하고 있는데도 불구하고 저조한 참여율과 관심은 어떻게 해결할 것인지에 대해 더 설명해주시면 좋을 것 같습니다.
-> 우선 참여 혜택으로 참여를 많이 할 수 있도록 하였으며 온라인 참여를 가능하게 함으로 쉽고 편하게 집에서도 특강에 참여할 수 있도록 하였습니다.

- 이미 나와있는 진로특강과 차별점을 더 강조하면 좋을 듯 합니다. 이미 재학생을 대상으로 졸업생이나 다양한 현장에서 근무하는 직장인의 특강은 존재하는 것 같습니다.
-> 이와 같은 특강이 존재할 수는 있으나 특강에서 다루는 내용, 강사님이 누구인지에서 다르므로 차별점을 가지고 있다고 생각합니다.

[그림 2-17] Padlet 도구: 팀별 프로젝트 피드백 활동 후 성찰 활동 화면

제3장

생성형 AI 발전과 활용

생성형 AI는 개인 맞춤형 학습을 지원하고 교사의 업무를 자동화하여 교육 방식을 혁신할 것으로 전망된다.

이 장에서는 생성형 AI의 개념과 발전 과정을 살펴보고 대표적인 플랫폼의 기능과 특징을 중심으로 주요 내용을 정리한다. 효과적인 프롬프트 작성 전략을 통해 교수자가 원하는 결과물을 도출하는 방법을 설명하고, 다양한 수업 설계 및 자료 제작 사례를 통해 생성형 AI의 실제 적용 방안을 구체적으로 제시한다. 이를 바탕으로 교수자는 AI 도구를 수업에 창의적으로 활용하여 학습자 중심의 능동적인 학습 경험을 설계할 수 있다.

1 생성형 AI의 등장과 발전

AI 기술의 발전은 단순한 데이터 분석을 넘어, 새로운 콘텐츠를 직접 만들어 내는 단계로 확장되고 있다. 이러한 흐름 속에서 등장한 생성형 AI는 대규모 데이터를 학습하고, 그 속에서 패턴과 구조를 학습하여 인간이 작성한 것과 유사하거나 새로운 형태의 텍스트, 이미지, 음성, 영상 등을 생성할 수 있는 AI 기술로 주목받고 있다. 특히 딥러닝 기술의 발전, LLM의 등장, 컴퓨팅 성능 향상은 생성형 AI의 발전을 가속화하며 다양한 산업과 학문 분야에서 창의적 도구로 인식되고 있다. 생성형 AI는 사람의 창작 활동을 보완하거나 새로운 아이디어 발굴을 지원하는 등 활용 가능성을 빠르게 넓히며 AI 기술의 중요한 축으로 자리 잡고 있다.

1.1 생성형 AI의 발전

생성형 AI는 규칙 기반의 단순한 대화 프로그램에서 출발하여, 현재는 텍스트, 이미지, 음악, 영상 등 다양한 형태의 콘텐츠를 생성할 수 있는 기술로 발전해 왔다.

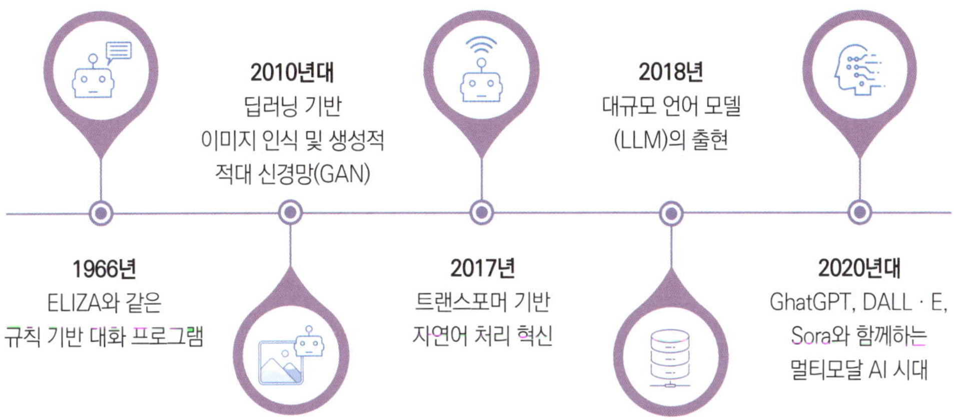

[그림 3-1] 생성형 AI의 발전 흐름도

[그림 3-1]은 생성형 AI가 규칙 기반 시스템에서 시작해 딥러닝, 자연어 처리, LLM을 거쳐 멀티모달 AI로 확장되기까지의 주요 기술 발전 과정을 시기별로 도식화한 것이다.

그 출발점은 1966년에 개발된 엘리자(ELIZA) 프로그램이다. 이 프로그램은 사용자의 문장에서 핵심 단어를 추출하고, 미리 설정된 문장 구조에 따라 응답을 생성하였다. 예를 들어, "나는 불안해요."라는 문장에 "왜 그렇게 느끼나요?"라고 되묻는 방식이다. 겉보기에 상담자와 대화하는 것처럼 보이지만, 실제로는 의미를 이해하지 않고 단순한 규칙에 따라 작동하는 것이다.

[그림 3-2]는 노르베르트 란트슈타이너(Norbert Landsteiner)가 2005년 웹상에 재현한 엘리자 챗봇 화면이다. 사용자의 문장을 반복하거나 반문하는 방식으로 구성되어 있으며, 생성형 AI의 초기 형태가 어떻게 작동했는지를 보여 준다.

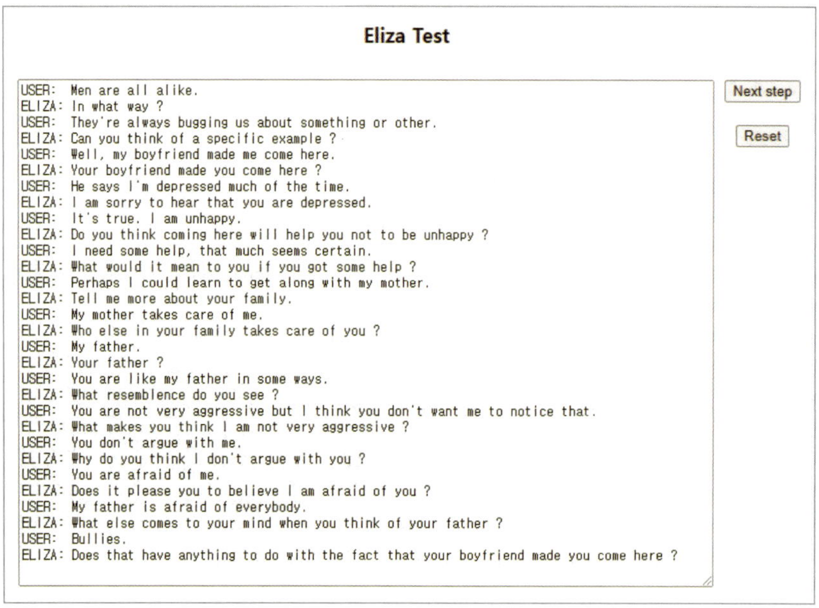

[그림 3-2] ELIZA 챗봇 화면

2010년대에 들어서면서는 딥러닝 기술이 본격적으로 확산되었다. 2012년 이미지 분류 경진대회에서 발표된 '알렉스넷'은 이미지 인식 성능을 크게 향상시킨 딥러닝 모델로, AI가 대규모 데이터를 바탕으로 패턴을 스스로 학습할 수 있다는 가능성을 보여 주었다. 2014년에는 생성적 적대 신경망(Generative Adversarial Network: GAN)이 발표되었다. GAN은 데이터를 생성하는 '생성자'와 이를 판별하는 '판별자'가 서로 경쟁하며 학습을 반복하는 구조로, 점차 더 정교한 데이터를 만들어 낼 수 있도록 설계된 기술이다. 이 방식은 합성 이미지, 예술, 의료 데이터 생성 등 다양한 분야에 활용되고 있다.

2017년에는 구글이 발표한 트랜스포머(transformer) 구조가 자연어 처리 성능을 크게 향상시켰다. 이 구조는 문장을 순차적으로 처리하는 기존 방식과 달리, 전체 문맥을 동시에 분석할 수 있도록 설계되었으며, 이후 GPT(Generative Pre-trained Transformer; 오픈AI가 개발한 대규모 언어 생성 모델), BERT(Bidirectional Encoder Representations from Transformers; 구글이 2018년에 발표한 자연어 처리를 위한 사전 학습 기반 딥러닝 언어 모델) 등 LLM의 기반이 되었다. GPT는 문장을 생성하는 데 강점을 보이며, BERT는 문장의 의미를 정밀하게 이해하는 데 주로 활용된다.

2018년부터는 LLM이 본격적으로 등장하였다. 이러한 모델은 방대한 양의 텍스트를 학습하여 문장을 생성하고, 질문에 답하거나 요약을 수행하는 등 사람과 유사한 방식으로 언어를 처리할 수 있게 되었다.

2020년대에 들어서면서 생성형 AI는 멀티모달 AI로 진화하고 있다. 멀티모달 AI는 텍스트뿐 아니라 이미지, 음성, 영상 등 다양한 데이터를 통합적으로 처리한다. 예를 들어, 글을 입력하면 이미지를 생성하는 달리(DALL · E), 대본만 입력하면 영상과 자막을 자동 구성하는 픽토리(Pictory), 음악을 생성하는 수노(SUNO) 등이 있다. 이러한 기술은 콘텐츠 제작, 교육, 예술 등 다양한 분야에서 창의성과 생산성을 높이는 데 활용되고 있다.

1.2 생성형 AI의 유형과 특성

생성형 AI는 생성 결과물의 형태에 따라 다양한 유형으로 구분된다. 텍스트, 이미지, 음성, 영상 등 생성 대상에 따라 사용되는 도구와 기능이 달라지며, 각 유형은 활용 목적과 방식에도 차이를 보인다. 〈표 3-1〉은 생성형 AI의 유형별 도구와 활용 예시를 정리한 것이다.

〈표 3-1〉 생성형 AI의 유형별 도구와 활용 예시

AI 유형	대표 도구	활용 예시
텍스트 생성형	챗GPT, 클로드, 제미나이, 뤼튼, 하이퍼클로바 X	글쓰기 지원, 문장 요약, 질문 응답, 이메일과 보고서 작성, 문법과 표현 개선 등
이미지 생성형	달리, 미드저니, 냅킨, 리크래프트, 스테이블디퓨전	삽화 제작, 프레젠테이션 이미지 생성, 도식화 정리, 그래픽 콘텐츠 디자인, 이미지 스타일 변환 등
음성 및 음악 생성형	클로바노트, 일레븐랩스, 사운드로우, 수노, 타입캐스트, 웨이브넷	내레이션 음성 생성, 감정과 화자 스타일 음성 출력, 회의록 자동 작성, 배경음악 제작 등
비디오 생성형	픽토리, 런웨이, 소라, 신세시아, 브루	영상 요약, 자동 자막 삽입, 발표 영상 제작, AI 아바타 영상 생성 등
코드 생성형	코드긱스, 깃허브코파일럿, 탭나인	자연어 기반 코드 생성, 반복 구조 자동 완성, 함수 및 스크립트 제안 등
멀티모달 생성형	브리스크티칭, 챗GPT, 제미나이, 스노클	텍스트, 이미지, 음성, 영상 결합 콘텐츠 제작, 멀티모달 피드백 생성 등

텍스트와 이미지 생성형 AI는 언어와 시각 정보를 기반으로 새로운 콘텐츠를 생성하는 데 활용된다. 챗GPT나 뤼튼(Wrtn)은 글쓰기 지원, 문장 요약, 질문 응답, 이메일 작성 등에 사용되며 문체 변환이나 표현 개선 기능도 제공한다. 달리, 리크래프트(Recraft) 등은 설명 문장을 바탕으로 삽화, 프레젠테이션 이미지, 도식화, 그래픽 디자인 등을 자동으로 생성한다.

음성 및 음악 생성형 AI는 텍스트를 음성으로 변환하거나 음악을 자동으로 생성한다. 타입캐스트(Typecast), 클로바노트(Clova Note), 수노 등은 감정과 스타일을 반영한 음성 생성, 회의록 작성, 영상용 배경음악 제작 등에 활용된다.

비디오 생성형 AI는 다양한 입력을 바탕으로 동영상 콘텐츠를 자동으로 구성하며, 브루(Vrew)나 신세시아(Synthesia)는 자막 삽입, 장면 구성, AI 아바타 영상 생성 등을 자동으로 처리한다.

코드 생성형 AI는 자연어로 작성된 설명을 기반으로 코드나 스크립트를 자동 생성하거나 보완하는 데 사용된다. 깃허브코파일럿(GitHub Copilot)이나 탭나인(Tabnine)은 반복 구조, 함수, 코드 블록 등을 자동 완성하여 프로그래밍 효율을 높여 준다.

멀티모달 생성형 AI는 텍스트, 이미지, 음성, 영상 등 다양한 형태의 입력 데이터를 통합적으로 분석하고, 학습자의 특성과 상황에 맞춘 피드백을 자동으로 생성하는 데 활용된다. 브리스크티칭과 스노클은 다양한 입력을 받아 학습자의 반응과 활동을 분석하고, 개별 이해 수준에 따라 맞춤형 피드백이나 설명 자료를 제공할 수 있다. 한편, 챗GPT와 제미나이(Gemini)는 초기에는 텍스트 중심의 생성 기능에 초점을 두었으나, 현재는 이미지 생성, 음성 인식, 영상 처리 기능이 통합되며 멀티모달 방식으로 확장되고 있다.

2 생성형 AI와의 상호작용

생성형 AI와의 상호작용은 사용자가 원하는 결과를 얻기 위해 프롬프트를 작성하는 과정에서 시작된다. 프롬프트는 AI에게 수행할 작업의 목적, 조건, 방식 등을 전달하는 입력 문장으로 생성 결과의 내용과 방향에 영향을 줄 수 있다. 텍스트, 이미지, 음성, 영상 등 다양한 형태의 생성형 AI가 있는데, 이들과 효과적으로 상호작용하려면 프롬프트를 구체적이고 명확하게 작성하는 것이 유리하다. 예를 들어, 텍스트 생성형 AI는 어조, 형식, 분량, 대상 등을 분명히 제시했을 때 보다 목적에 부합하는 응답을 얻을 수 있고, 이미지 생성형 AI는 주제, 스타일, 색감 등을 텍스트로 설명하거나 참고 이미지를 함께 제시하면 원하는 방향에 가까운 결과를 도출할 수 있다. 음성 및 음악 생성형 AI는 명령어나 샘플을 활용해 목소리나 리듬을 조정할 수 있으며, 비디오 생성형 AI는 장면 설명이나 편집 방향 등을 입력해 영상의 구성을 조율할 수 있다.

프롬프트를 통해 생성형 AI와 상호작용하는 과정은 단순히 요청을 입력하는 데 그치지 않고 생성된 결과를 검토하고 피드백을 제공하며, 필요에 따라 내용을 수정해 가는 단계로 이어진다. 〈표 3-2〉는 이와 같은 상호작용을 보다 효과적으로 수행하기 위해 프롬프트 작성 시 고려할 수 있는 구성 요소와 예시를 정리한 것이다. 사용자는 자신의 요구를 어떻게 전달할지 고민하고, 결과를 분석하며, 원하는 방향으로 조정해 나가는 과정을 통해 AI 활용의 효과를 높일 수 있다.

〈표 3-2〉 프롬프트 구성 요소와 작성 예시

구분	설명	예시
역할 부여	AI가 특정 역할을 맡아 그에 맞는 시각과 전문성을 반영하도록 한다.	"당신은 교육 공학을 전공하는 대학 교수입니다. 대학생 대상 환경 교육 프로그램 설계 시 고려할 점을 설명해 주세요."
배경 정보 제공	질문의 배경과 목적을 알려 AI가 맥락에 맞는 답변을 하도록 한다.	"대학생을 대상으로 기후위기 교육 프로그램을 기획하려 합니다. 프로그램의 대상은 대학생 3학년이며, 5차시로 운영하려고 합니다."
형식 지정	원하는 답변 형식을 미리 정해 결과물을 효율적으로 활용할 수 있다.	"표로 정리해 주세요." "각 주제당 3줄 이내로 요약해 주세요."
키워드 사용	반드시 다뤄야 할 내용이나 키워드를 명확히 제시해 누락을 방지한다.	"대학생 대상 봉사 활동 프로그램을 기획할 때 고려해야 할 다섯 가지 요소를 제시해 주세요."
단계별 질문	복잡한 요청은 단계별로 나눠 구체적이고 논리적인 답변을 유도한다.	"먼저 대학생 대상 봉사 활동의 필요성을 설명해 주세요." "다음으로 지역사회와 연계한 봉사 활동 프로그램 사례 세 가지를 소개해 주세요."
결과물 기반 프롬프트 요청	특정 문서, 표, 이미지, 음악 등의 결과물을 기준으로 동일한 형식이나 스타일을 재현하도록 프롬프트를 요청한다.	"첨부한 이미지와 같은 분위기와 구도로 봉사 활동 포스터를 생성할 프롬프트 문장을 작성해 주세요." "○○음악과 유사한 분위기와 스타일의 노래를 만들 수노 프롬프트를 만들어 주세요."

3 생성형 AI 활용 사례

최근 생성형 AI 기술의 급속한 발전과 함께 이를 기반으로 한 다양한 플랫폼과 서비스가 등장하고 있다. 생성형 AI 플랫폼은 LLM을 기반으로 텍스트 생성, 정보 검색, 콘텐츠 기획, 번역, 요약, 데이터 분석 등 폭넓은 작업을 지원하며, 일상생활부터 비즈니스, 연구, 교육, 창작 활동에 이르기까지 다양한 영역에서 활발히 활용되고 있다.

대표적인 생성형 AI 플랫폼으로는 오픈AI의 챗GPT, 구글의 제미나이, 마이크로소프트(Microsoft)의 코파일럿, 앤트로픽(Anthropic)의 클로드(Claude), 메타(Meta)의 라마(LLaMA) 등이 있으며, 국내에서도 네이버의 하이퍼클로바 X(HyperCLOVA X)와 뤼튼테크놀로지의 뤼튼과 같이 한국어와 한국 문화에 최적화된 서비스들이 주목받고 있다. 각 플랫폼은 학습 데이터의 언어적·문화적 특성, 서비스 환경, 주력 기능에 따라 차별화된 강점을 갖추고 있으며 텍스트 생성 및 편집, 정보 요약 및 분석, 창의적 콘텐츠 제작, 실시간 정보 검색 등 다양한 기능을 제공한다.

이처럼 생성형 AI 플랫폼은 개인 사용자부터 기업, 공공기관, 연구기관에 이르기까지 폭넓게 활용되며 창의적 아이디어 도출, 업무 효율성 향상, 전문 정보 분석 등 다양한 분야에서 필수적인 도구로 자리를 잡아 가고 있다.

3.1 챗GPT를 활용한 교육 아이디어 발상

챗GPT는 오픈AI에서 개발한 LLM으로, 교육 분야에서 창의적인 아이디어를 발상하고 교육 과정을 설계하는 데 매우 유용한 도구이다. 뛰어난 자연어 처리 능력을 바탕으로 사용자의 질문에 대해 폭넓고 창의적인 답변을 제공하며, 수업 설계, 학습 활동 개발, 평가 방법 구상 등 다양한 교육 영역에서 활용할 수 있다. 특히 챗GPT는 교수자가 새로운 교수법을 구상하거나, 학생들의 창의적 사고를 유도하는 활동 아이디어를 구체화하는 데 효과적으로 활용될 수 있다.

[그림 3-3]은 챗GPT를 활용해 '미래 교육의 모습'이라는 주제로 아이디어를 구상하는 응답 결과를 예시로 보여 준다. 사용자가 챗GPT 입력창에 "미래 교육은 어떤 모습일까요? 열 가지 아이디어를 표로 제시해 주세요."라고 요청하면, 챗GPT는 AI 기반 맞춤형 학습, 메타버스 가상 교실, 학습 이력 관리 시스템 등 다양한 아이디어를 표 형식으로 제시한다. 이처럼 챗GPT와의 상호작용은 특정 주제에 대한 다양한 관점을 탐색하고, 창의적 수업 아이디어를 구상하는 데 유용한 도구로 활용될 수 있다.

[그림 3-3] ChatGPT 도구: 수업 아이디어 구상 응답 결과 화면

챗GPT는 수업 설계 과정에서도 각 단계별로 다음과 같은 아이디어를 제공하여 교수자의 창의적이고 체계적인 수업 설계를 지원한다.

사전 활동의 아이디어 발상

[그림 3-4]와 같이 "대학생 대상 'AI 발전에 따른 미래 교육 변화' 수업에서 학생들의 AI 기술과 교육의 융합에 대한 기본 이해를 돕는 사전 활동 아이디어 세 가지를 제시해줘."라고 요청하면, 챗GPT는 토론 주제 제안, 키워드 탐색 활동, 관련 영상 시청과 같은 다양한 아이디어를 제시한다.

ChatGPT
공유하기

대학생 대상 'AI 발전에 따른 미래 교육 변화' 수업에서 학생들이 AI 기술과 교육의 융합에 대한 기본적인 이해를 갖도록 돕는 사전 활동 아이디어 3가지 제시해줘.

대학생 대상 'AI 발전에 따른 미래 교육 변화' 수업을 위한 사전 활동 아이디어

번호	활동명	설명
1	AI와 함께하는 하루	학생들에게 AI가 활용되는 일상 사례를 떠올려 보고, 자신의 하루에서 AI 기술이 개입하는 순간을 기록하도록 한다. 이후 AI가 교육에서 어떤 역할을 할 수 있을지 토론하게 한다.
2	ChatGPT vs 인간 강의 요약 대결	같은 교육 관련 영상을 시청한 후, 학생들과 AI(ChatGPT 등)가 각각 강의 요약을 작성하도록 한다. 결과를 비교하고 AI의 장점과 한계를 분석하는 시간을 가진다.
3	AI 교육 도구 탐색 미션	학생들이 AI 기반 교육 도구(예: 듀오링고, 칸아카데미 AI 튜터, 코그니티 등)를 직접 사용해 보고, 기능과 특징을 정리한 후 조별로 발표하도록 한다.

이 활동들을 통해 AI가 교육과 어떻게 융합될 수 있는지 실질적인 경험을 제공할 수 있어요!

[그림 3-4] ChatGPT 도구: 사전 활동 아이디어 발상 제안 결과 화면

이러한 사전 활동은 학생들이 수업 주제에 자연스럽게 관심을 갖도록 유도하고, AI와 교육의 접점을 스스로 탐색해 볼 수 있는 기회를 제공함으로써 학습 동기와 몰입도를 높일 수 있다.

수업 도입 단계의 아이디어 발상

수업 도입 단계에서 학생들의 관심과 흥미를 유발하고 자연스럽게 학습 주제에 몰입할 수 있도록 다양한 아이디어를 제안할 수 있다.

다음은 챗GPT의 답변을 활용해 교수자가 수업 도입부를 구성하는 방법이다.

첫째, 학생들의 기존 지식을 활성화하는 질문을 구성하는 아이디어를 얻을 수 있다. 교수자는 학생들에게 'AI 발전에 따른 미래 교육 변화'라는 주제와 관련해 자신이 알고 있는 내용이나 경험한 사례를 떠올리게 하는 질문을 던져, 간단한 글쓰기나 소그룹 토론을 진행할 수 있다. 예를 들어, "지금까지 경험한 교육 방식 중 가장 효과적이었던 점은 무엇인가요?" "미래 사회에서 AI 기술이 교육에 어떤 영향을 미칠 것이라고 생각하나요?"와 같은 질문을 통해 학생들의 사전 지식을 활성화하고 수업 참여를 유도할 수 있다.

둘째, 학생들의 흥미를 유발하는 시각 자료나 읽을거리 추천을 통해 수업에 대한 기대감을 높이는 아이디어도 제공받을 수 있다. 학습 주제와 관련된 영상, 이미지, 뉴스 기사, 전문가의 인용문 등을 활용해 학생들의 관심을 이끌어 내고, 수업 주제와의 연결고리를 자연스럽게 형성할 수 있다. 예를 들어, [그림 3-5]와 같이 AI 튜터가 등장하는 영화 장면이나 미래 교육에 대한 전문가의 예측을 담은 기사, 이미지 등을 요청하고, 이를 수업의 도입부 자료로 활용할 수 있다.

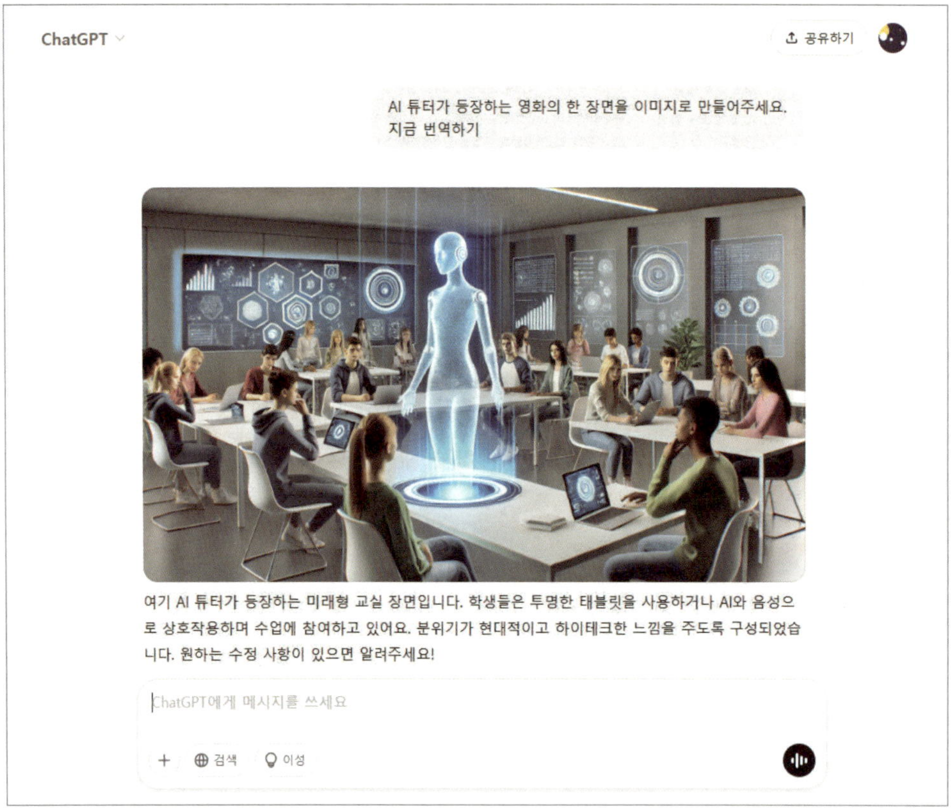

[그림 3-5] ChatGPT 도구: 수업 주제와 관련된 이미지 제작 결과 화면

셋째, 수업에서 다룰 핵심 개념을 학습자의 학년, 전공 분야, 사전 지식 수준에 맞춰 소개하는 방법도 제안받을 수 있다. 수업에서 다룰 주요 개념(예: AI, 머신러닝, 딥러닝, 맞춤형 학습, 블렌디드러닝 등)은 학습자가 이해하기 쉬운 설명 자료와 사례를 활용하여 수업 자료로 구성할 수 있다.

수업 전개 단계의 아이디어 발상

수업 전개 단계에서는 다양한 교수학습 방법에 맞춘 활동 아이디어를 단계별로 제공받을 수 있다. 챗GPT는 토론, 실습, 프로젝트 기반 학습(Project Based Learning: PBL), 협동 학습 등 다양한 수업 방식에 맞춘 교수자 및 학습자 활동을 구체적으로 제안한다.

[그림 3–6]은 'AI 기술이 교육 불평등 해소에 미치는 영향'이라는 주제로 토론 수업 계획을 제안한 챗GPT 결과 화면이다. 챗GPT는 50분 수업을 도입(5분), 준비(5분), 팀별 토론(15분), 전체 토론(15분), 정리 및 평가(10분)로 구성하고, 각 단계에서 교수자와 학습자가 수행할 활동을 구체적으로 제시한다.

토론 수업 계획: "AI 기술이 교육 불평등 해소에 미치는 영향"

수업 시간: 50분

수업 방식: 팀별 토론

단계	시간	교수자 활동	학습자 활동
도입	5분	- 학습 목표 및 토론 주제 안내 - AI 기술과 교육 불평등 관련 핵심 개념 설명	- 토론 주제 및 목표 확인 - 기존 지식과 경험 떠올리기
준비	5분	- 팀 구성 및 역할 분배 안내 (찬성/반대 팀, 진행자 등) - 자료 분석 및 논거 정리 방법 설명	- 팀별 역할 분배 - 자료 분석 및 논거 정리
팀별 토론	15분	- 팀 내 토론이 원활히 진행되도록 모니터링 및 피드백 제공	- 팀별 입장 정리 및 논거 강화 - 반대 입장에 대한 반론 준비
전체 토론	15분	- 토론 진행 규칙 안내 및 질서 유지 - 주요 논점 정리 및 균형 있는 논의 유도	- 팀별 주장 발표 및 반론 - 추가 질문 및 의견 교환
정리 및 평가	10분	- 주요 논점 요약 및 정리 - 토론 과정 및 내용에 대한 피드백 제공	- 토론 내용 정리 및 반성적 사고 - 개인 및 팀별 피드백 공유

[그림 3–6] ChatGPT 도구: 토론 수업 계획안 결과 화면

챗GPT는 다양한 교수학습 방법에 적합한 활동 아이디어를 제공하여 교수자가 수업을 보다 체계적으로 설계할 수 있도록 돕는다. 특히 최신 교수법이나 특정 주제에 대한 전문적 이해가 부족한 경우에도 챗GPT의 도움을 통해 보다 효과적이고 참신한 수업 아이디어를 도출할 수 있다.

수업 정리 단계의 아이디어 발상

수업 정리 단계에서도 챗GPT는 학습 내용 정리, 학습 목표 달성 확인, 다음 차시와의 연계성 확보 등 효과적인 수업 마무리를 위한 다양한 아이디어를 제공할 수 있다.

다음은 챗GPT의 답변을 활용해 교수자가 수업 정리 단계를 구성하는 방법이다. 예를 들어, 챗GPT를 활용해 'AI 발전에 따른 미래 교육 변화'라는 주제의 핵심 개념과 주요 논점을 요약하여 마인드맵이나 도표 형태로 정리해 학생들과 공유할 수 있다. 이를 통해 학습 내용을 시각적으로 정리함으로써, 학생들이 수업에서 배운 내용을 체계적으로 이해하고 기억하는 데 도움을 줄 수 있다. 또한 챗GPT가 생성한 퀴즈나 확인 질문을 활용해 학습 목표가 제대로 달성되었는지를 점검하고 학생들의 응답 결과를 바탕으로 추가 설명이나 보충 자료를 제공함으로써 학습 내용을 보다 명확히 이해하도록 도울 수 있다.

[그림 3-7]에서 보듯이, 다음 차시의 학습 주제와 이번 수업 내용의 연계성을 설명하고, 사전 학습 과제나 참고 자료를 안내하는 등 학습의 연속성을 확보하는 데 활용할 수 있다.

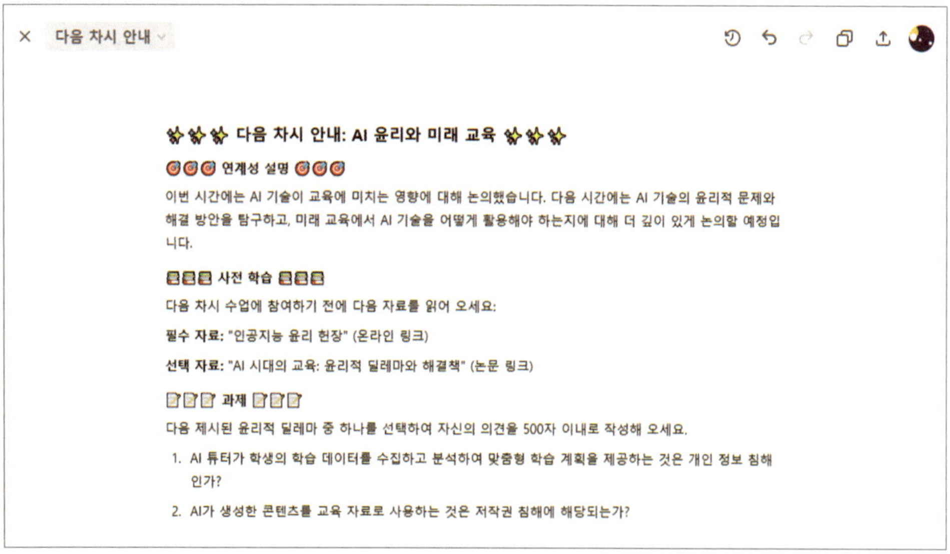

[그림 3-7] ChatGPT 도구: 다음 차시 안내 결과 화면 화면

3.2 퍼플렉시티를 활용한 신뢰성 있는 교육 자료 탐색

퍼플렉시티(Perplexity)는 퍼플렉시티 AI(Perplexity AI)에서 개발한 AI 기반 검색 도구이다. 이는 자연어 처리 기술을 활용하여 사용자의 질문에 대해 실시간으로 웹을 검색한 후 출처가 포함된 답변을 제공한다. 퍼플렉시티는 단순 검색 결과 나열을 넘어 검색 결과의 출처 정보를 명확히 제시함으로써 정보의 신뢰성을 강화하고, 학술 논문, 뉴스 기사, 보고서 등 다양한 자료 유형을 폭넓게 탐색할 수 있다. 특히 검색 과정에서 연관된 추가 질문을 함께 제시하여, 사용자가 관심 주제를 더 깊이 탐구할 수 있도록 지원하는 특징을 가진다.

강의주제별 최신 뉴스 자료 탐색

퍼플렉시티는 특정 강의주제와 관련된 최신 뉴스 자료를 탐색하는 데 특히 유용하다. 예를 들어, 'AI 기술의 최신 동향'을 검색하면 최근 발표된 연구 성과, 산업 트렌드, 정책 변화 등과 관련된 신뢰할 수 있는 기사와 보고서를 한눈에 확인할 수 있다. 이를 통해 교수자는 강의에서 최신 사례를 소개하고, 기술 변화와 교육의 관계를 학생들에게 보다 효과적으로 전달할 수 있다.

[그림 3-8]은 퍼플렉시티를 활용하여 'AI 기술의 발전 동향'이라는 주제를 검색한 결과 화면이다. 검색 결과 화면에서는퍼플렉시티가 제공한 핵심 요약이 중앙에 표시되며, 그 주변으로 관련 출처들이 제시된다. 출처는 학술 자료, 주요 언론사, 연구기관 등 신뢰도 높은 사이트 위주로 구성되어, 검색 정보의 출처를 쉽게 확인하고 신뢰도를 검증할 수 있다. 또한 일부 뉴스 기사는 요약 정보와 함께 시각적 자료를 제공하므로, 교수자가 강의자료로 활용할 수 있는 최신 사례와 근거 자료를 보다 효율적으로 확보할 수 있다.

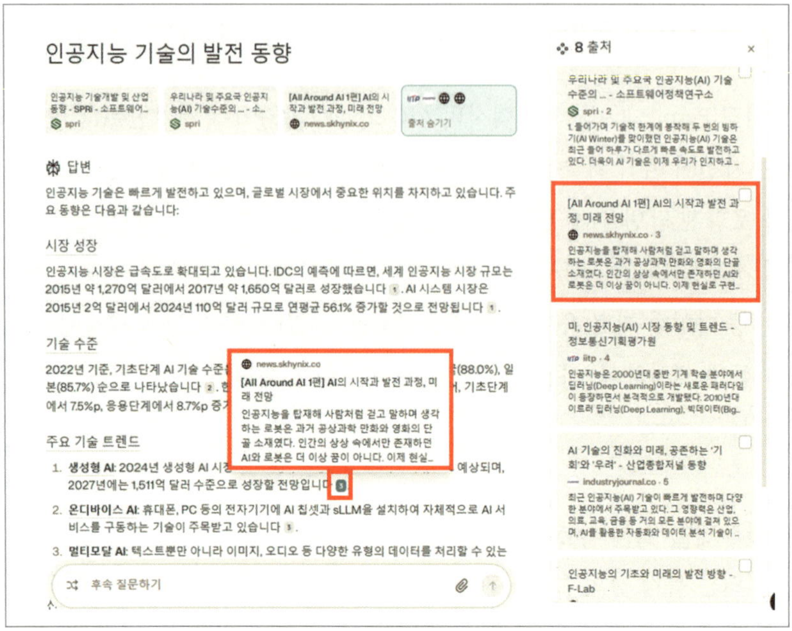

[그림 3-8] Perplexity 도구: AI 기술의 발전 동향 관련 자료 탐색 결과 화면

강의자료 내 이미지 출처 탐색

퍼플렉시티는 텍스트 정보뿐 아니라 이미지나 그래프의 출처를 확인하거나 시각적 자료를 포함한 콘텐츠를 탐색하는 데도 유용하다.

강의자료에 포함할 이미지나 인포그래픽의 출처가 불분명할 때 퍼플렉시티를 통해 해당 이미지와 관련된 원본 출처와 관련 정보를 손쉽게 확인할 수 있다. 이를 통해 교수자는 출처가 명확한 신뢰성 있는 시각 자료를 확보할 수 있으며 강의자료의 완성도를 높일 수 있다.

[그림 3-9]는 퍼플렉시티를 활용하여 특정 이미지의 출처를 검색한 결과 화면이다. 예시로 사용된 이미지는 트렌드포스(TrendForce)에서 발표한 '2025년 테크 시장 혁신의 주류를 형성할 10개 트랜드'를 요약한 자료이다. 퍼플렉시티는 이 이미지를 기반으로 다음과 같은 방식으로 관련 정보를 탐색하고 출처를 제시한다.

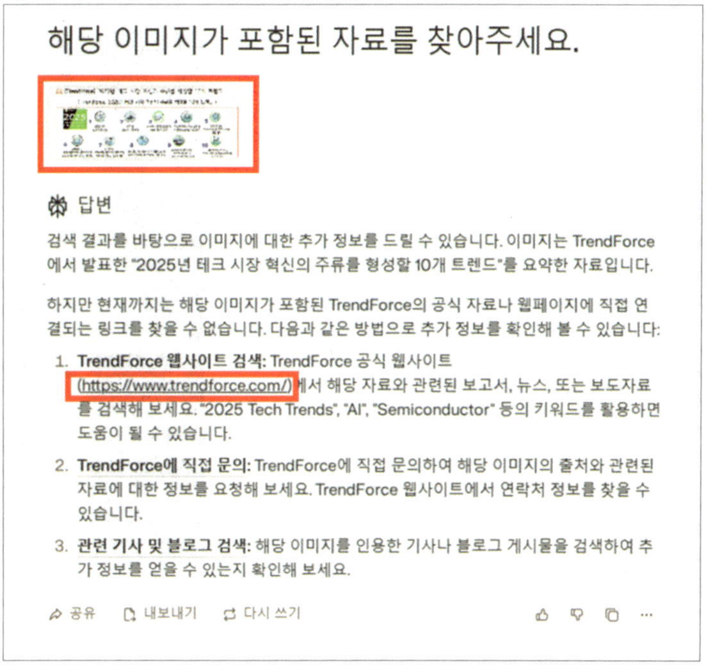

[그림 3-9] Perplexity 도구: 특정 이미지 출처 검색 결과 화면

- **공식 출처 링크 제공** 이미지 및 그래프가 포함된 원본 보고서 링크를 제공해, 사용자가 신뢰할 수 있는 원본 자료에 직접 접근할 수 있다.
- **이미지 내용 요약** 해당 시각 자료가 담고 있는 핵심 정보를 간략히 요약하여 제공한다.
- **관련 기사 · 블로그 추천** 해당 이미지와 연관된 추가 기사나 전문가 블로그를 제시하여, 교수자가 강의자료를 풍부하게 구성할 수 있도록 지원한다.

[그림 3-10]은 '2025년 테크 시장 혁신의 주류를 형성할 10개 트랜드'와 관련된 기사와 블로그를 검색한 결과이다. 화면 오른쪽에는 해당 주제와 관련된 다양한 시각적 자료인 이미지 및 동영상 검색 등의 자료가 나열되어 있으며, 해당 링크는 원본 출처로 연결된다. 사용자는 이 자료들을 클릭해 강의자료에 필요한 시각적 콘텐츠를 쉽게 확보할 수 있다. 화면 중앙에는 퍼플렉시티가 제공한 요약 정보가 표시되어 교수자가 강의에 활용할 핵심 내용을 빠르게 파악할 수 있다.

[그림 3-10] Perplexity 도구: 이미지 관련 기사 및 블로그 검색 결과 화면

학술 논문 기반 심화 학습 자료 탐색

퍼플렉시티는 학술 논문 탐색에도 강점을 가진 도구로, 교수자가 학습 자료를 구성하거나 참고문헌을 탐색할 때 유용하다. 예를 들어, 'AI 기술이 미래 교육 변화에 미치는 영향'이라는 주제를 검색하면 관련 학술 논문, 연구 보고서, 전문가 분석 자료 등을 폭넓게 제시해 준다. 이러한 자료는 강의에서 이론적 근거를 보완하거나, 발표, 토론, 과제, 시험 등 다양한 수업 활동에 활용할 수 있다.

[그림 3-11]은 퍼플렉시티를 활용하여 'AI 기술이 교육 변화에 미치는 영향'이라는 주제를 중심으로 학술적 근거 자료를 탐색한 결과이다. 퍼플렉시티의 검색 화면에서는 중앙에 주제 요약 및 핵심 논점이 간결하게 정리되어 표시되며, 화면 오른쪽 사이드바에는 관련 출처들이 출처 유형(논문, 보고서, 뉴스 등)별로 구분되어 제공된다. 각 출처는 클릭을 통해 원문으로 바로 연결되는데, 이를 통해 교수자는 신뢰도 높은 학술 자료를 빠르

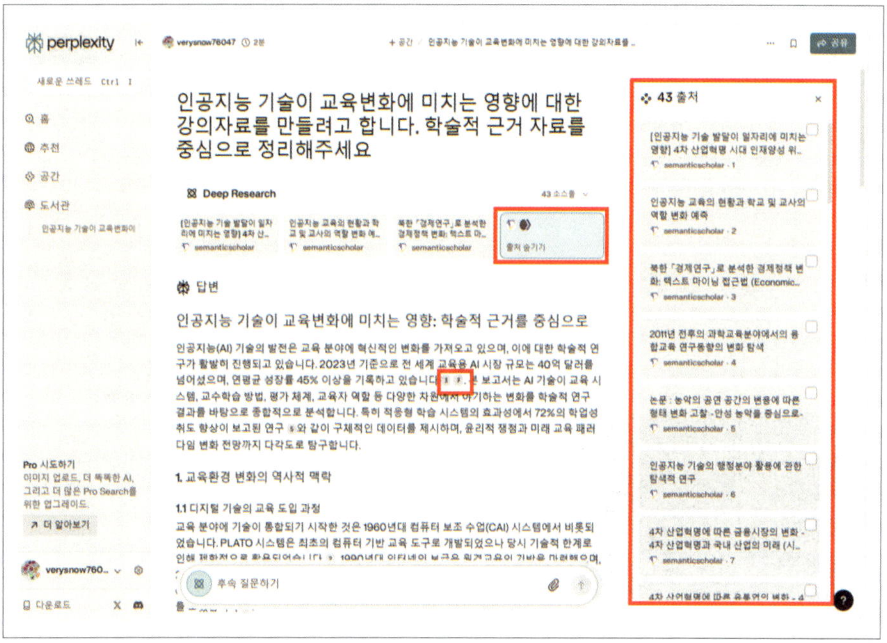

[그림 3-11] Perplexity 도구: 학술모드 검색 결과 화면

고 효율적으로 확보할 수 있다.

[그림 3-12]는 퍼플렉시티의 '심층 연구(deep research)' 기능을 활용하는 화면을 보여준다. '심층 연구' 기능은 사용자가 특정 주제에 대해 보다 심화된 정보를 검색하고, 신뢰할 수 있는 출처를 바탕으로 학술적 내용을 확장할 수 있도록 지원한다. 이를 통해 교수자는 강의주제와 관련된 다양한 논점을 발굴할 수 있으며, 학습자에게는 심화 탐구 과제나 토론 주제를 제시하는 등 학습의 폭을 넓힐 수 있다.

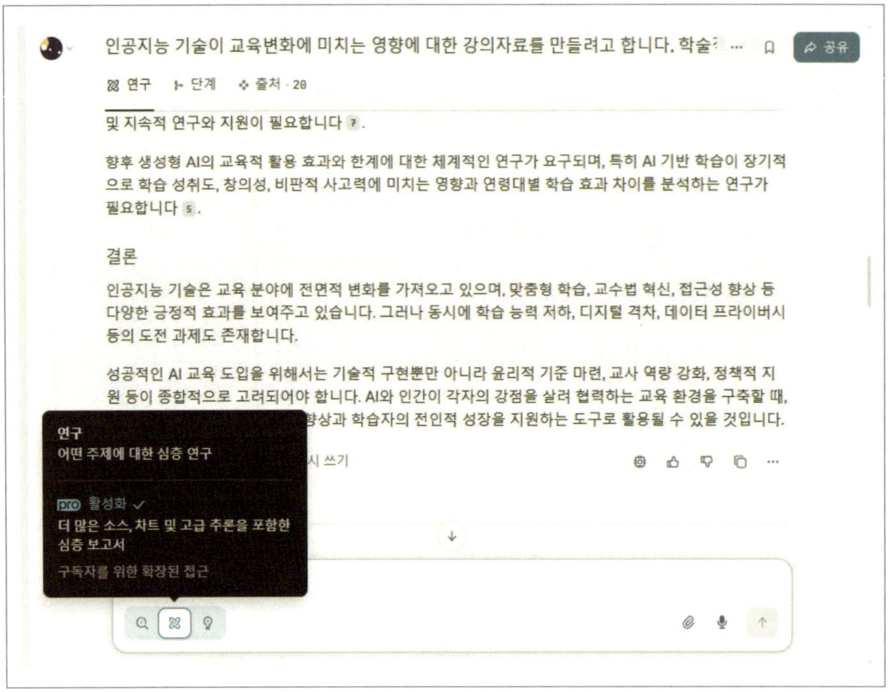

[그림 3-12] Perplexity 도구: '심층 연구' 검색 결과 화면

제4장

AI 활용 수업 설계

❶ Google Apps Script를 활용한 수강생 요구조사

❷ Wrtn을 활용한 강의계획서 및 강의슬라이드 제작

❸ Diffit을 활용한 강의자료 요약 및 평가 설계

수업 설계는 학습 목표에 맞춰 콘텐츠, 활동, 평가 방식을 체계적으로 구성하여 학습이 효과적으로 이루어지도록 준비하는 과정이다. AI 도구는 교수자가 이 과정을 보다 효율적으로 수행하고, 학습자의 수준과 요구에 맞는 수업을 설계하는 데 도움을 줄 수 있다.

이 장에서는 구글앱스크립트를 활용한 수강생 요구조사, 뤼튼을 활용한 강의계획서 및 슬라이드 제작, 디핏을 활용한 강의자료 요약과 평가 설계 방법을 살펴본다. AI 도구를 수업 설계에 활용하면, 학습자 특성과 학습 성과에 맞춘 수업을 구성하는 데 유용하다.

1 Google Apps Script를 활용한 수강생 요구조사

수강생 요구조사는 수업을 학습자의 특성과 필요에 맞게 설계하기 위한 출발점이다. 학습자의 사전 지식, 학습 동기, 선호하는 학습 방식, 학습 환경에 대한 정보를 수집하면 수업 목표를 구체화하고 학습 활동과 자료 구성을 보다 적절하게 계획할 수 있다.

구글앱스크립트는 이 과정을 자동화하는 데 활용할 수 있다. AI 기능을 활용해 수강생 요구조사에 필요한 설문 문항을 자동으로 생성하고 해당 문항을 구글폼 형식에 맞춰 삽입하는 코드를 생성하여 실행할 수 있다. 교수자는 복잡한 양식을 직접 입력하지 않아도 되고 코드 실행을 통해 설문지를 빠르게 구성할 수 있어 수업 설계의 초기 단계를 효율적으로 준비할 수 있다.

1.1 챗GPT를 활용한 수강생 요구조사 문항 개발

효과적인 수강생 요구조사를 위해서는 조사 목적과 대상에 부합하는 설문 문항을 체계적으로 구성하는 과정이 필수적이다. 최근에는 챗GPT를 통해 문항을 빠르게 개발하고, 조사 목적에 맞춰 수정·보완하는 방식이 선호되고 있다.

[그림 4-1]은 챗GPT에게 '교육 방법 및 교육 공학 교과목에 대한 수강생 요구조사' 문항 생성을 요청하며, 조사 대상, 파악해야 할 내용(사전 지식, 선호 학습 방식, 수업 기대사항 등), 문항 유형(객관식, 주관식) 및 문항 수 제한 등을 구체적으로 질문한 사례이다.

이후 챗GPT가 제안한 설문 문항을 검토한 뒤, 필요에 따라 수정하거나 추가 문항을 요청할 수도 있다. 예를 들어, [그림 4-2]와 같이 "강의주제와 관련된 수강생의 사전 지식 및 경험 정도를 추가로 묻는 문항을 포함해 주세요."라고 입력하면, 챗GPT는 기존 문항을 보다 풍부하게 만들 수 있는 새로운 아이디어나 질문을 제안해 준다. 이를 통해 교수자는 수강생 개인별 학습 수준과 이해도를 한눈에 파악하고, 수업 진행 방향과 난이도

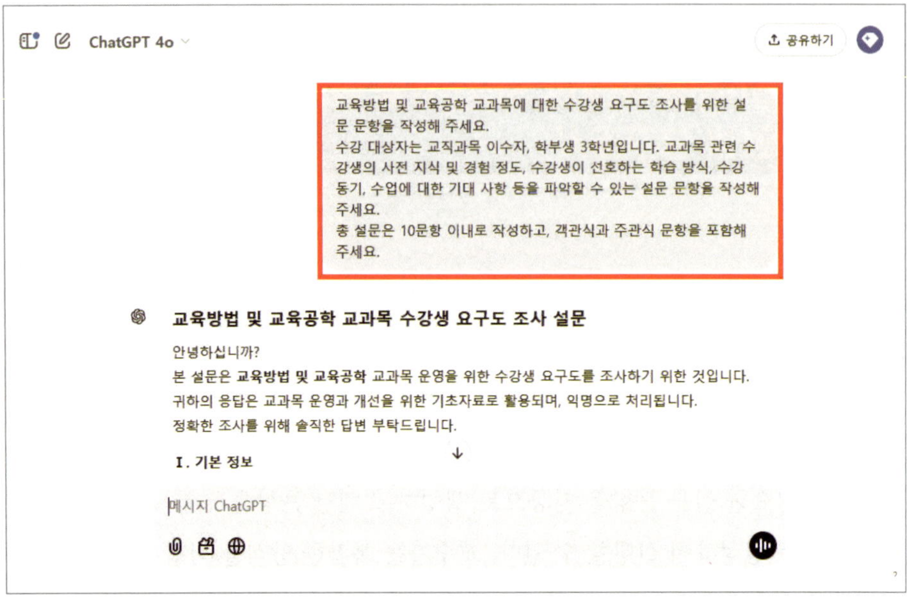

[그림 4-1] ChatGPT 도구: 수강생 요구조사 문항 작성 요청 화면

를 조절하는 데 활용할 수 있다.

챗GPT는 수강생 요구조사 문항 작성뿐 아니라 설문 설계의 전 과정에 도움을 준다. 조사 목적과 대상을 간단히 설명하면 다수의 질문 초안을 빠르게 제안하여 초기 설계 시간을 줄일 수 있다. 객관식, 주관식, 척도형 등 유형에 맞는 질문 형태와 선택지 구성을 제시하고 복수 선택 허용 여부나 척도 범위 같은 세부 설계를 조언한다. 작성된 문항은 중복을 줄이고 표현을 명확히 다듬어 응답자가 이해하기 쉬운 문장으로 개선할 수 있다. 이전 답변을 반영한 후속 질문 설계도 가능하여 참여도를 높이는 대화형 설문으로 확장할 수 있다.

설문이 완료된 후에는 응답 데이터를 바탕으로 주요 시사점과 경향, 공통 키워드를 요약하여 분석을 신속하게 진행할 수 있다. 데이터 내 패턴과 특이점을 파악하는 데에도 활용할 수 있어 결과 해석을 보다 체계적으로 정리하는 데 도움이 된다.

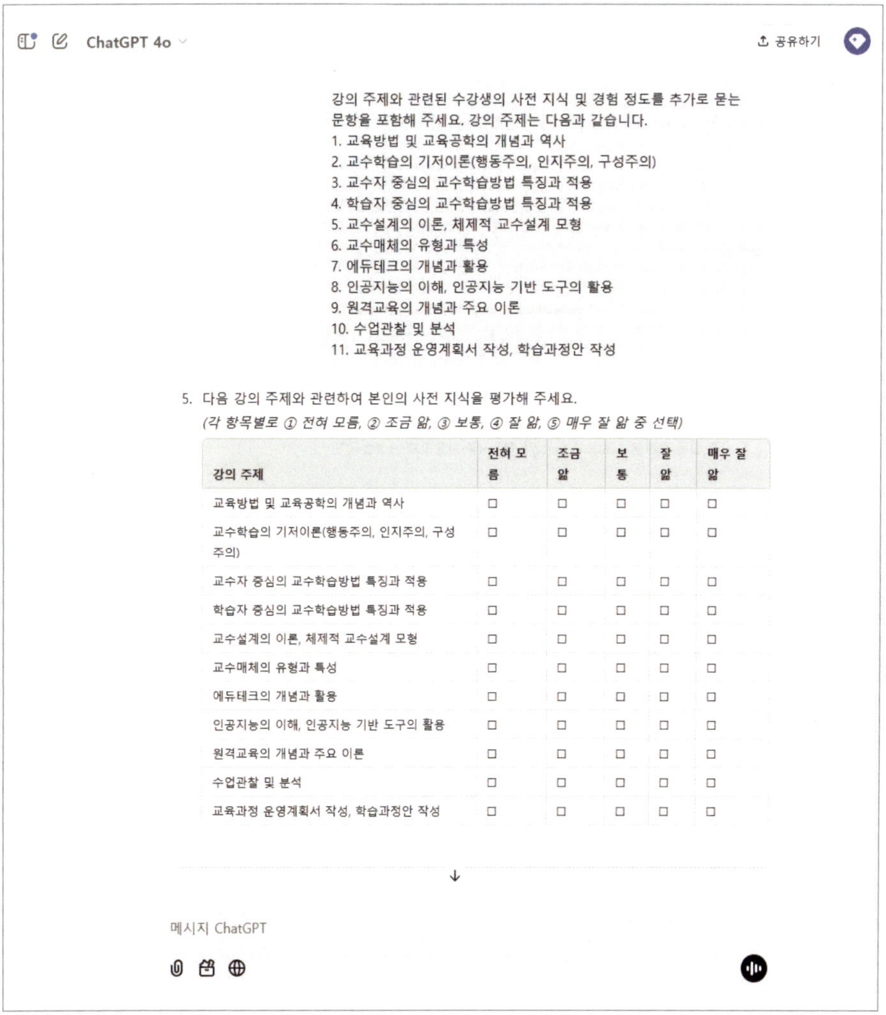

ChatGPT 4o 공유하기

강의 주제와 관련된 수강생의 사전 지식 및 경험 정도를 추가로 묻는 문항을 포함해 주세요. 강의 주제는 다음과 같습니다.
1. 교육방법 및 교육공학의 개념과 역사
2. 교수학습의 기저이론(행동주의, 인지주의, 구성주의)
3. 교수자 중심의 교수학습방법 특징과 적용
4. 학습자 중심의 교수학습방법 특징과 적용
5. 교수설계의 이론, 체제적 교수설계 모형
6. 교수매체의 유형과 특성
7. 에듀테크의 개념과 활용
8. 인공지능의 이해, 인공지능 기반 도구의 활용
9. 원격교육의 개념과 주요 이론
10. 수업관찰 및 분석
11. 교육과정 운영계획서 작성, 학습과정안 작성

5. 다음 강의 주제와 관련하여 본인의 사전 지식을 평가해 주세요.
(각 항목별로 ① 전혀 모름, ② 조금 앎, ③ 보통, ④ 잘 앎, ⑤ 매우 잘 앎 중 선택)

강의 주제	전혀 모름	조금 앎	보통	잘 앎	매우 잘 앎
교육방법 및 교육공학의 개념과 역사	□	□	□	□	□
교수학습의 기저이론(행동주의, 인지주의, 구성주의)	□	□	□	□	□
교수자 중심의 교수학습방법 특징과 적용	□	□	□	□	□
학습자 중심의 교수학습방법 특징과 적용	□	□	□	□	□
교수설계의 이론, 체제적 교수설계 모형	□	□	□	□	□
교수매체의 유형과 특성	□	□	□	□	□
에듀테크의 개념과 활용	□	□	□	□	□
인공지능의 이해, 인공지능 기반 도구의 활용	□	□	□	□	□
원격교육의 개념과 주요 이론	□	□	□	□	□
수업관찰 및 분석	□	□	□	□	□
교육과정 운영계획서 작성, 학습과정안 작성	□	□	□	□	□

메시지 ChatGPT

[그림 4-2] ChatGPT 도구: 설문 문항 검토 및 수정 요청 화면

1.2 구글앱스크립트를 활용한 구글폼 완성

수강생 요구조사를 보다 효율적으로 진행하기 위해서는 온라인 설문을 통해 언제 어디서나 편리하게 응답을 받을 수 있는 환경을 마련하는 것이 좋다. 특히 구글앱스크립트를 활용하면 설문 문항을 기반으로 구글폼을 자동 생성해 반복 작업을 최소화하고 실시간으로 데이터를 수집·분석할 수 있다.

[그림 4-3]은 챗GPT에게 "설문 문항을 기반으로 구글폼을 생성할 수 있는 구글앱스크립트 코드를 작성해 주세요."라고 요청한 예시이다. 챗GPT는 주어진 설문 문항을 토대로 구글폼을 자동 생성할 수 있는 스크립트 코드를 제시해 준다.

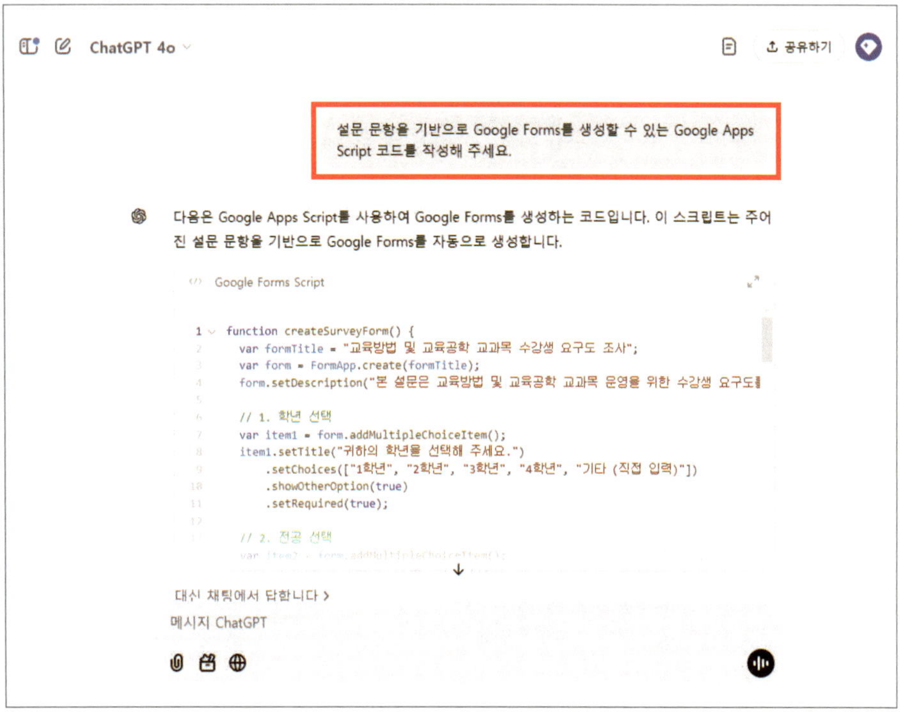

[그림 4-3] ChatGPT 도구: Google Forms 생성을 위한 Google Apps Script 코드 요청 화면

[그림 4-4]와 같이, 제공된 구글앱스크립트 코드를 구글앱스크립트 편집기에 입력하고 실행하면, 실행 로그에 구글폼 링크가 자동으로 생성된다. 이 링크를 통해 설문 문항이 자동 완성된 구글폼 양식을 바로 확인할 수 있다.

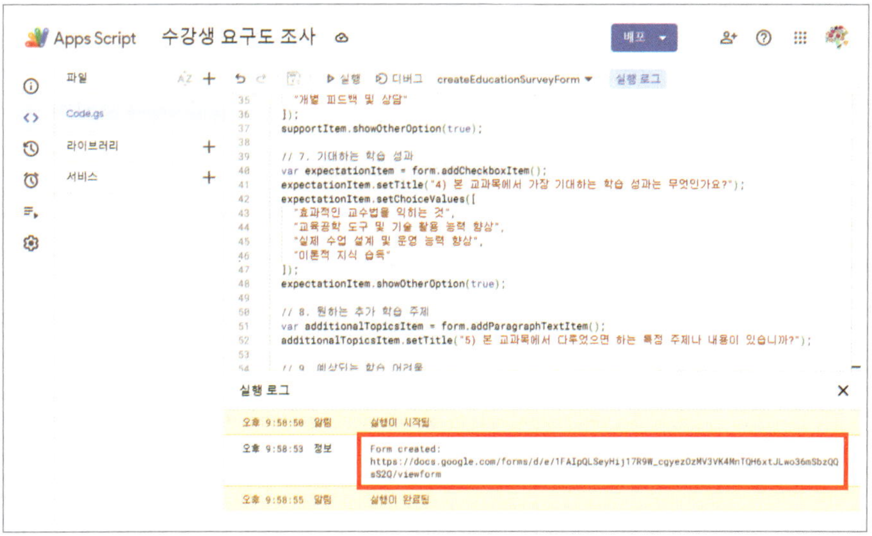

[그림 4-4] Google Apps Script 도구: Google Forms 자동 생성 링크 확인 화면

이렇게 생성된 '교과목 수강생 요구조사' 구글폼의 편집 화면은 [그림 4-5]와 같다. 제목, 지시문, 선택형 문항 등이 이미 설정되어 있어 교수자는 일부 내용을 추가하거나 수정하여 손쉽게 활용할 수 있다.

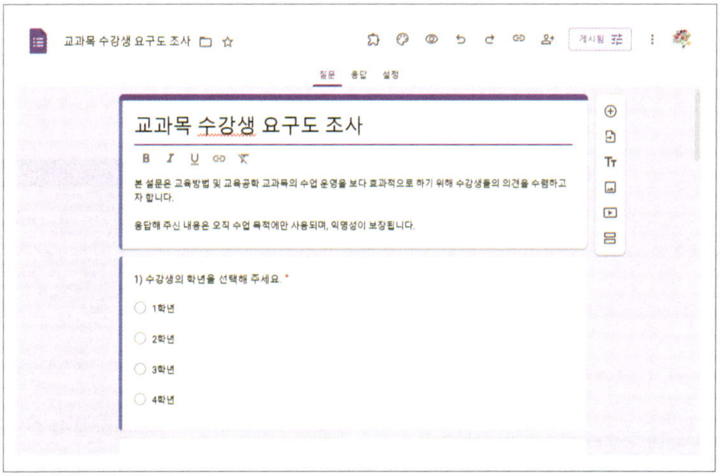

[그림 4-5] Google Forms 도구: 교과목 수강생 요구조사 문항 편집 화면

1.3 구글시트의 확장 프로그램을 활용한 학생 개인별 피드백

구글폼을 활용하여 수강생 요구조사를 시행하면, 응답 내용은 자동으로 구글시트(Google Sheets)에 수집된다. 이때 'Copy Down'(시트 데이터를 이용해 수식을 계산해 주는 확장 프로그램)과 'Form Mule'(구글폼 응답 시 자동 이메일 전송 기능을 제공하는 확장 프로그램)을 함께 사용하면, 설문 결과를 토대로 교수자가 미리 준비한 메시지를 학생의 이메일 주소로 자동 발송하도록 설정할 수 있다. 이를 통해 설문 응답 직후 개별화된 피드백을 신속하게 제공할 수 있다.

[그림 4-6]은 구글시트 상단 메뉴의 확장 프로그램 탭에서 'Copy Down'과 'Form Mule-Email Merge Utility'를 추가한 화면이다. 이는 구글폼의 응답이 시트에 자동 수집된 뒤 'Copy Down'을 통해 데이터를 자동으로 계산 및 처리하고, 'Form Mule'을 사용해 설문 응답 직후 맞춤형 메일을 발송하도록 설정한 결과를 보여 준다.

[그림 4-7]은 교수자의 지메일 보낸 편지함에서 'Form Mule'을 통해 자동 전송된 여러 건의 메일을 보여 준다. 각 메일은 수강생 개개인의 설문 응답 결과를 바탕으로 작성된 결과 요약과 맞춤형 안내 메시지를 포함하고 있어 설문 직후 개별화된 피드백이 자동으로 제공되었음을 알 수 있다.

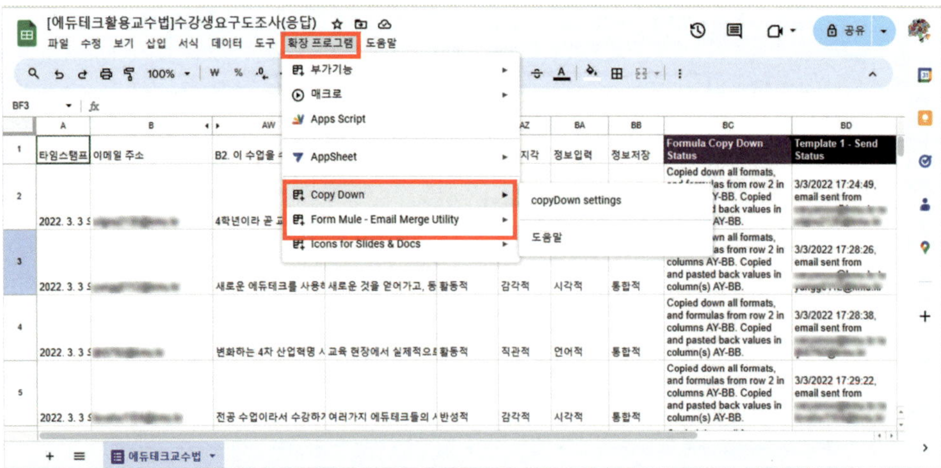

[그림 4-6] Google Sheets 도구: Copy Down 및 Form Mule 기능 설정 결과 화면

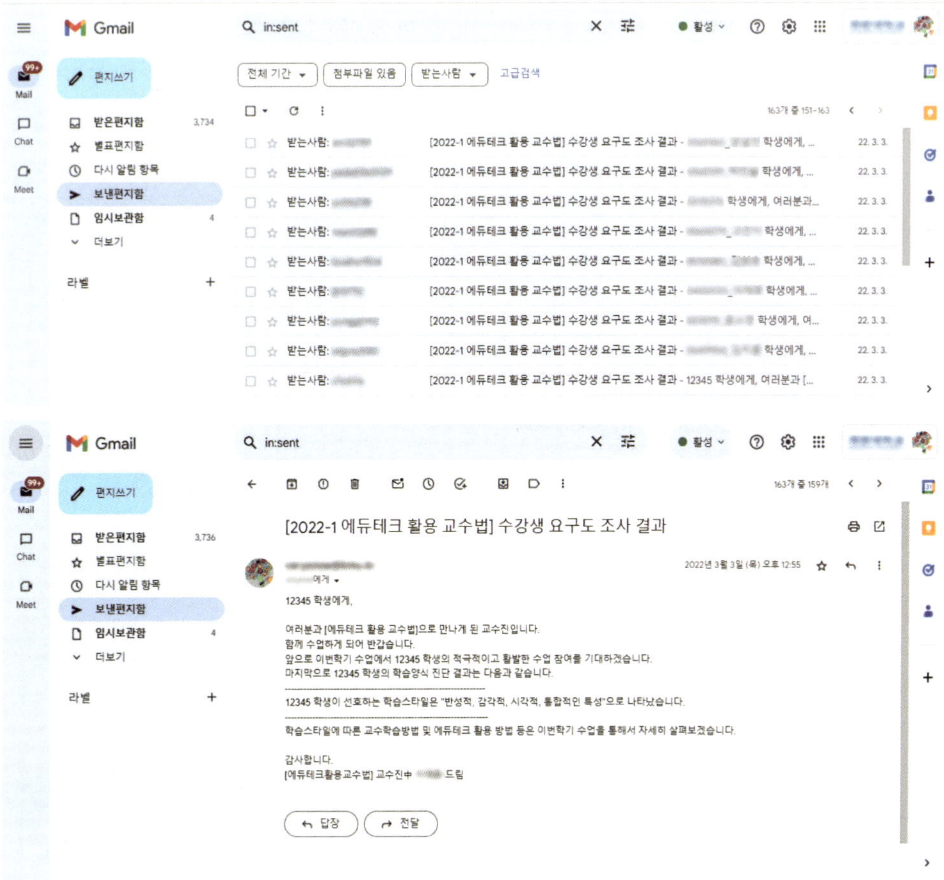

[그림 4-7] 수강생 요구조사 결과가 자동 전송된 메일 예시 화면

[그림 4-8]은 평가 결과에 기반한 맞춤형 피드백이 학습자에게 이메일로 자동 발송되는 사례를 보여 준다. 설문조사 기능을 활용하여 학습자가 이메일 주소와 성적 확인용 암호를 입력하면, 해당 암호가 일치하는 경우에 한해 퀴즈 점수, 미제출 과제, 보충 학습 자료 등의 정보를 자동으로 전송할 수 있다. 이와 같은 방식은 학습자의 개별 성취 수준과 학습 상태에 따라 맞춤형 피드백을 제공하는 데 효과적이다.

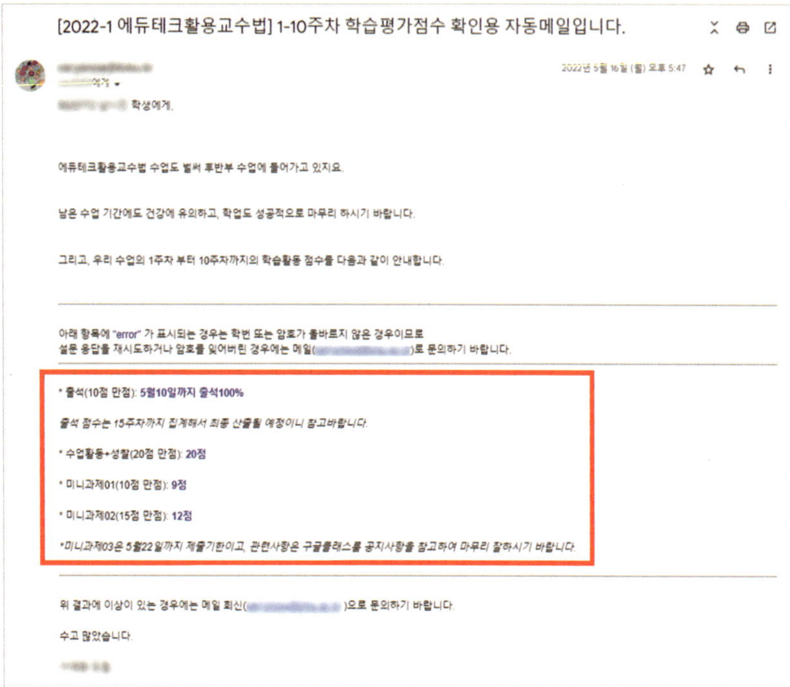

[그림 4-8] 학습자에게 개인별 학습 평가 결과가 자동 발송된 메일 예시 화면

2 Wrtn을 활용한 강의계획서 및 강의슬라이드 제작

강의계획서와 강의슬라이드는 수업 목표와 내용을 학습자와 교수자에게 명확히 제시하는 핵심 자료이다. 뤼튼은 한국어 데이터를 기반으로 생성형 AI 기능을 제공하여 교수자가 수업 안내문, 과제 설명, 학습 피드백 작성 등 다양한 교수학습 활동에 활용할 수 있는 문서를 신속하게 제작할 수 있도록 지원한다.

2.1 뤼튼을 활용한 강의계획서 작성

학습자 분석 결과를 바탕으로 수업 목표와 내용을 구체화할 때, 강의계획서는 교수학습의 방향을 한눈에 보여 주는 중요한 문서이다. 이때 뤼튼을 활용하면 초안 작성 시간을 단축하고, 표현이나 구성 아이디어를 빠르게 얻을 수 있다. 예를 들어, 학습 목표, 주차별 강의내용, 평가 방법, 학습 자료 등을 뤼튼에 간단히 입력하면, 자동으로 초안이 생성된다. 이후 교수자는 학습 목표, 난이도, 수업 맥락 등을 고려해 해당 초안을 검토 및 수정하여 최종 강의계획서를 완성할 수 있다.

먼저, 강의계획서 빈 양식 파일과 강의정보를 구체적으로 입력하면, [그림 4-9]처럼 뤼튼이 제안한 학습 평가 방법(중간·기말고사, 퀴즈, 프로젝트 등)과 주차별 강의내용이 한눈에 정리된 결과를 확인할 수 있다. 이는 단순히 강의주제만 나열하는 것이 아니라 어떤 평가 활동이 어떤 시점에 배치되는지, 수업 전개 흐름이 어떻게 구성되는지 등을 포함하고 있다.

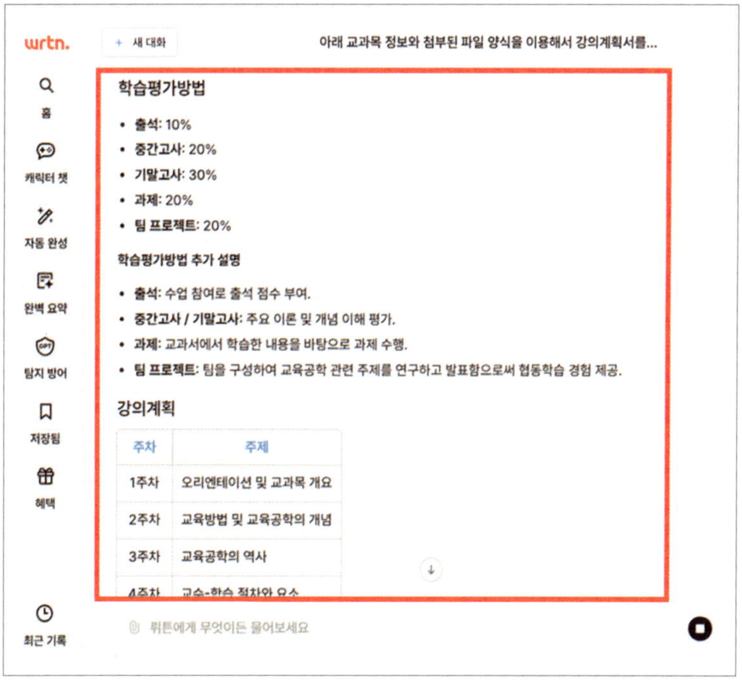

[그림 4-9] Wrtn 도구: AI가 생성한 강의계획서 초안 결과 화면

최신 교수법을 적용하여 학습자 참여 중심의 수업을 구현하고자 할 때, 뤼튼이 제안하는 초안을 바탕으로 교수학습 방법과 평가 활동을 구체적으로 설계할 수 있다. 예를 들어, 수업의 도입·전개·정리 단계에 학생 참여를 유도할 수 있는 다양한 활동과 평가 방

법을 배치하고, 가네(Gagné)의 아홉 가지 수업 사태 이론을 적용해 주차별 학습 목표와 활동 방법을 보다 구체적으로 제안받을 수 있다.

[그림 4-10]은 뤼튼이 생성한 12주차 수업 지도안 예시로, 수업의 흐름에 따라 교수학습 활동이 구체적으로 제시되어 있다. 이를 통해 교육 전공자가 아니더라도 최신 교수법을 반영한 학습자 중심 수업을 설계할 수 있으며 수업 상황에 맞게 활동 구성이나 진행 방식을 조정할 수 있다.

답변

분석 과정

아래는 가네의 9가지 수업 사태 이론을 기반으로 한 12주차 수업지도안입니다. 각 수업 사태에 맞춰 활동을 구성하고, 인공지능 도구를 활용하여 학생들이 효과적으로 학습할 수 있도록 하였습니다. 😊

12주차 수업 지도안 (가네의 9가지 수업사태 적용)

수업 사태	적용 방법	활동 내용
1. 주의집중	학생들의 관심을 끌기 위해 흥미로운 인공지능 관련 비디오 또는 뉴스 클립 보여주기	- 인공지능의 최신 소식이나 연구 결과를 공유하는 짧은 비디오 시청 🔵
2. 목표제시	수업의 목표와 내용 설명	- "오늘 우리는 인공지능의 개념과 이에 대한 다양한 도구를 이해할 것입니다."
3. 선행정보 회상	이전 수업에서 배운 내용 상기하기	- 학생들에게 지난 시간에 배운 AI 개념이나 기술에 대해 질문 🗣
4. 학습자 기대	학습자의 기대를 만들기 위해 인공지능 도구를 활용한 실제 사례 제시	- AI 도구로 해결한 사례(예: 교육관리 시스템) 발표 📊
5. 학습경험 제공	그룹 활동으로 학생들이 인공지능 도구를 사용할 기회 제공	- 그룹별로 AI 도구 활용해 주제 정리 및 발표 (ex. Google Docs) 📄
6. 피드백 제공	그룹 토론 후 피드백 제공	- 교사와 학생들이 함께 피드백을 제공하는 시간을 가지기
7. 평가	학생들이 이해한 내용을 평가하기 위한 퀴즈 또는 발표 평가	- 인공지능 도구를 활용해 생성한 퀴즈를 풀어보기 (AI 퀴즈 생성기 사용) ✅
8. 기억 강화	인공지능 관련 정보의 요점을 정리해 학습한 내용을 다시 한번 상기시킴	- 학생들이 수업 후 내용 정리 및 공유하는 시간 가지기
9. 전이	학습한 내용을 다른 과목에 적용할 수 있는 기회를 제공	- 인공지능을 활용한 다른 분야의 적용 사례(예: 의료, 교육) 탐구하기 🔍

수업 목표

- 인공지능의 개념 및 활용도에 대한 이해 향상
- AI 도구 사용의 실제적 경험 및 활용 방안 도출
- 조별 활동을 통한 협력적 학습 촉진

이 수업지도안은 가네의 이론을 적용하여 수업 진행을 체계적으로 구성하였습니다. 각 사태별로 학생들이 주도적으로 참여할 수 있도록 돕고, 실질적인 학습 경험을 제공하는 것을 목표로 하였습니다. 추가 질문이 있으시면 언제든지 문의해 주세요! 😊

뤼튼에게 무엇이든 물어보세요

[그림 4-10] Wrtn 도구: AI가 제안한 가네의 아홉 가지 수업 사태 기반 수업 지도안 결과 화면

2.2 뤼튼을 활용한 강의슬라이드와 발표 대본 제작

뤼튼은 교수자가 강의슬라이드와 발표 대본을 효과적으로 준비할 수 있도록 지원하는 AI 기반 플랫폼이다. 이 도구는 사용자가 입력한 프레젠테이션 주제와 핵심 내용을 바탕으로 자동으로 콘텐츠를 생성하고 필요한 정보를 체계적으로 정리해 수업 자료를 만드는 데 도움을 준다.

먼저, 강의슬라이드 구성 단계에서는 [그림 4-11]과 같이, 뤼튼의 'PPT 초안' 기능을 통해 슬라이드의 기본 틀을 손쉽게 마련할 수 있다. 교수자는 수업의 도입, 전개, 정리와 같은 수업 흐름에 따라 슬라이드의 구조와 디자인 방향을 설정하고 주제 설명, 목차, 핵심 메시지 등을 입력할 수 있다.

뤼튼은 이 정보를 바탕으로 자동으로 슬라이드 초안을 제안한다. 이러한 기능은 슬라이드 내용 구성에 소요되는 시간을 단축시킬 뿐 아니라 교수자가 놓칠 수 있는 세부사항까지 고려할 수 있도록 도와준다.

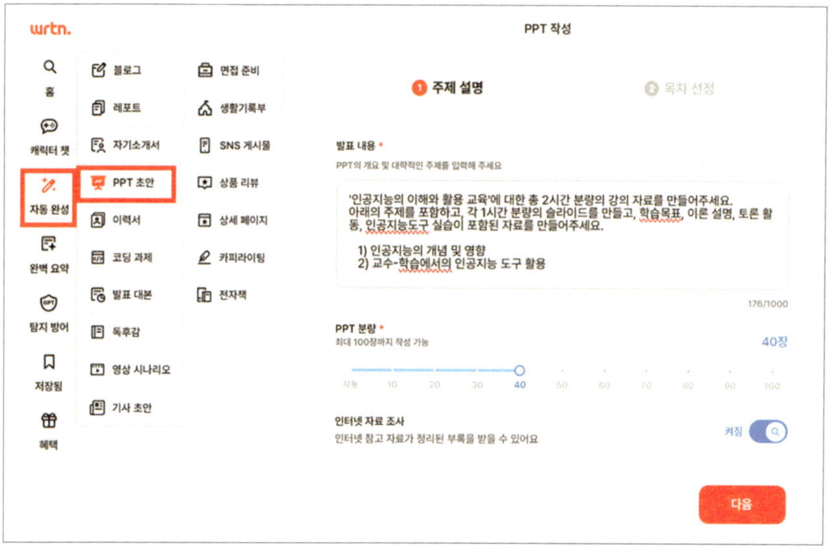

[그림 4-11] Wrtn 도구: 'PPT 초안' 기능에서 주제 설명 입력 화면

강의슬라이드 제작 후에는 뤼튼의 '발표 대본' 기능을 활용해 수업 준비에 도움을 받을 수 있다. 이 기능은 기존 강의사료 파일을 업로드하면, 각 슬라이드에 대한 설명과 세

부 내용을 자동으로 정리하고 슬라이드별 핵심 요점과 설명 문구를 제안해 준다. 예를 들어, [그림 4-12]와 같이 발표 자료를 업로드하면, 뤼튼이 각 슬라이드에 필요한 설명을 생성해 주어 교수자가 이를 손쉽게 복사하여 발표 대본에 반영할 수 있다. 이를 통해 발표 준비 시간을 줄이고, 전달 내용을 정리하는 데 도움받을 수 있다.

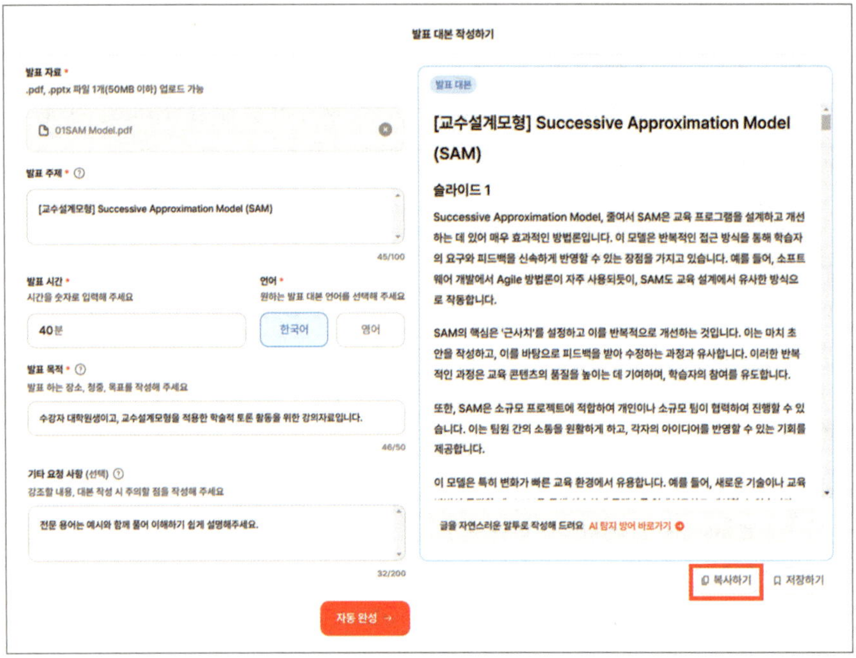

[그림 4-12] Wrtn 도구: 발표 대본 완성 결과 화면

3 Diffit을 활용한 강의자료 요약 및 평가 설계

강의자료는 학습자가 수업 목표를 달성하는 데 필요한 핵심 정보와 활동을 담고 있다. 분량이 많은 자료는 인지적 부담을 높이고 이해를 방해할 수 있으므로 학습 목표에 따라 내용을 요약하고 단계적으로 제시할 필요가 있다.

디핏(Diffit)은 원본 자료에서 주요 내용을 선별 · 요약하고, 학습자 수준에 맞게 재구성하는 기능을 제공한다. 또한 객관식, 주관식, 단답형 등 다양한 형식의 평가 문항을 자동으로 생성하며 채점과 피드백도 지원한다.

3.1 디핏을 활용한 강의자료 요약 및 활동지 개발

디핏은 학습 자료의 방대한 내용을 분석하여 핵심 개념과 중요한 정보를 자동으로 추출하고 요약하는 기능을 갖추고 있다. 이를 통해 교수자는 원본 자료에서 학습 목표에 부합하는 주요 내용을 신속하게 도출해 낼 수 있으며, 그 결과물을 학습자의 수준과 수업 흐름에 맞게 재구성할 수 있다. 요약된 내용을 바탕으로 활동지를 개발하면, 학습자가 핵심 내용을 보다 명확하게 이해하고 스스로 문제를 해결하는 과정을 통해 심화 학습을 할 수 있도록 돕는다. 이 과정은 교수자가 수업 자료를 보다 체계적으로 정리하고 학습자에게 자기 주도 학습 자료를 제공하는 데 도움이 된다.

[그림 4-13]은 디핏이 텍스트를 입력받아 핵심 내용을 간략히 요약해 주고 주요 어휘와 예문을 함께 제시하는 화면을 보여 준다. 교수자는 이 자동 요약 결과를 바탕으로 원본 자료를 정리해 학습자에게 보다 쉽게 전달할 수 있으며 필요에 따라 추가 설명이나 예시를 덧붙여 맞춤형 학습 자료로 발전시킬 수 있다.

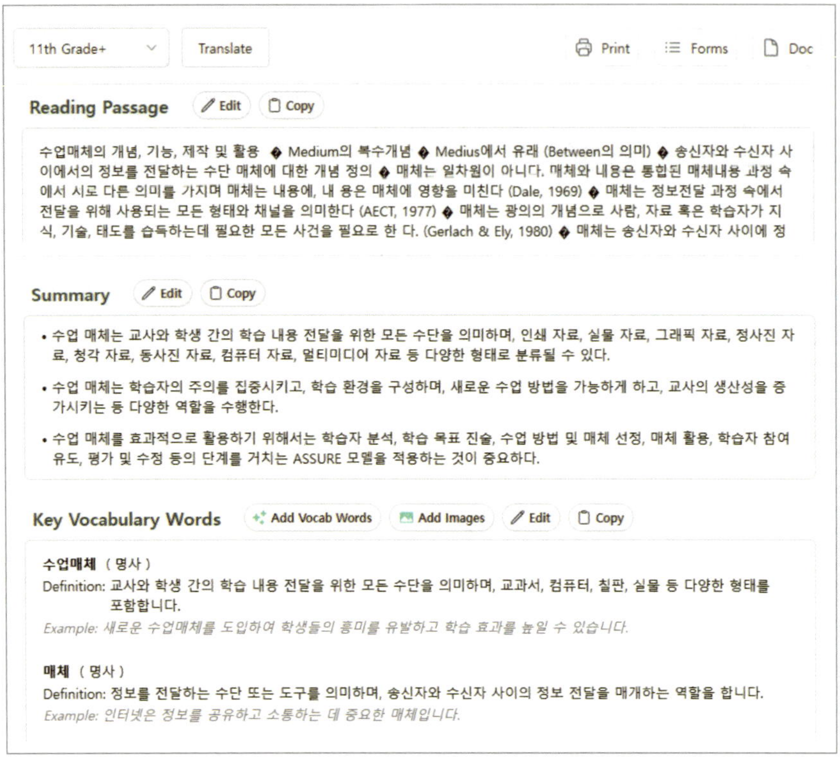

[그림 4-13] Diffit 도구: 강의자료 요약본 및 주요 어휘 결과 화면

또한 디핏에서 추출된 요약본과 핵심 어휘 목록은 [그림 4-14]와 같이 구글문서와 연계해 활용할 수 있다. 학습자는 요약된 자료를 통해 주요 내용을 정리하고 핵심 어휘를 익히며 문제 해결 활동이나 토론 과제 등에 참여할 수 있다. 교수자는 구글문서에 반영된 결과물을 수업에 맞게 편집하거나 활동지를 구성해 수업에 활용할 수 있다.

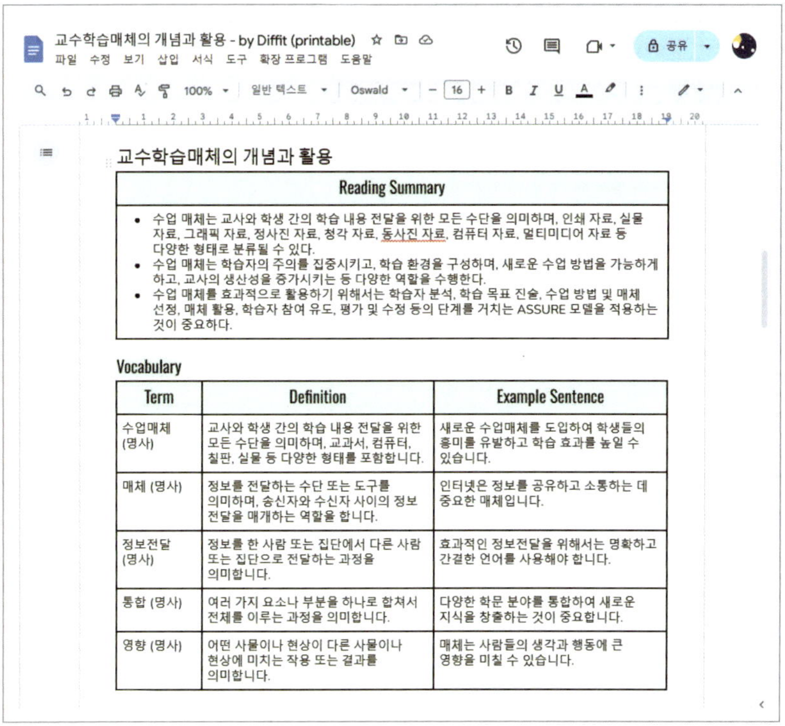

교수학습매체의 개념과 활용

Reading Summary
• 수업 매체는 교사와 학생 간의 학습 내용 전달을 위한 모든 수단을 의미하며, 인쇄 자료, 실물 자료, 그래픽 자료, 정사진 자료, 청각 자료, 동사진 자료, 컴퓨터 자료, 멀티미디어 자료 등 다양한 형태로 분류될 수 있다. • 수업 매체는 학습자의 주의를 집중시키고, 학습 환경을 구성하며, 새로운 수업 방법을 가능하게 하고, 교사의 생산성을 증가시키는 등 다양한 역할을 수행한다. • 수업 매체를 효과적으로 활용하기 위해서는 학습자 분석, 학습 목표 진술, 수업 방법 및 매체 선정, 매체 활용, 학습자 참여 유도, 평가 및 수정 등의 단계를 거치는 ASSURE 모델을 적용하는 것이 중요하다.

Vocabulary

Term	Definition	Example Sentence
수업매체 (명사)	교사와 학생 간의 학습 내용 전달을 위한 모든 수단을 의미하며, 교과서, 컴퓨터, 칠판, 실물 등 다양한 형태를 포함합니다.	새로운 수업매체를 도입하여 학생들의 흥미를 유발하고 학습 효과를 높일 수 있습니다.
매체 (명사)	정보를 전달하는 수단 또는 도구를 의미하며, 송신자와 수신자 사이의 정보 전달을 매개하는 역할을 합니다.	인터넷은 정보를 공유하고 소통하는 데 중요한 매체입니다.
정보전달 (명사)	정보를 한 사람 또는 집단에서 다른 사람 또는 집단으로 전달하는 과정을 의미합니다.	효과적인 정보전달을 위해서는 명확하고 간결한 언어를 사용해야 합니다.
통합 (명사)	여러 가지 요소나 부분을 하나로 합쳐서 전체를 이루는 과정을 의미합니다.	다양한 학문 분야를 통합하여 새로운 지식을 창출하는 것이 중요합니다.
영향 (명사)	어떤 사물이나 현상이 다른 사물이나 현상에 미치는 작용 또는 결과를 의미합니다.	매체는 사람들의 생각과 행동에 큰 영향을 미칠 수 있습니다.

[그림 4–14] Google Docs 도구: Diffit에서 생성된 자료 편집 화면

3.2 디핏을 활용한 평가 문제 개발 및 자동 채점

디핏은 평가 문제 개발 및 자동 채점을 함께 지원하여 교수자가 시험 문항을 간편하게 만들 수 있다. 학습 목표와 주제를 입력하고 학년 수준과 언어를 설정하면, 객관식 또는 주관식 문항이 자동 생성되며, 객관식 문항에는 정답이 함께 제시되어 자동 채점이 가능하다. 반복적인 문항 작성과 채점에 드는 시간을 줄여 수업 설계나 피드백에 집중할 수 있다.

[그림 4–15]는 디핏에서 입력된 정보를 바탕으로 평가 문제를 자동 생성하고, 각 문항별로 정답을 설정하는 과정을 보여 준다. 이 화면에서 교수자는 객관식 및 주관식 문항을 손쉽게 추가하고, 정답 확인, 표현 및 난이도 수정 등의 편집 작업을 바로 수행할 수 있다.

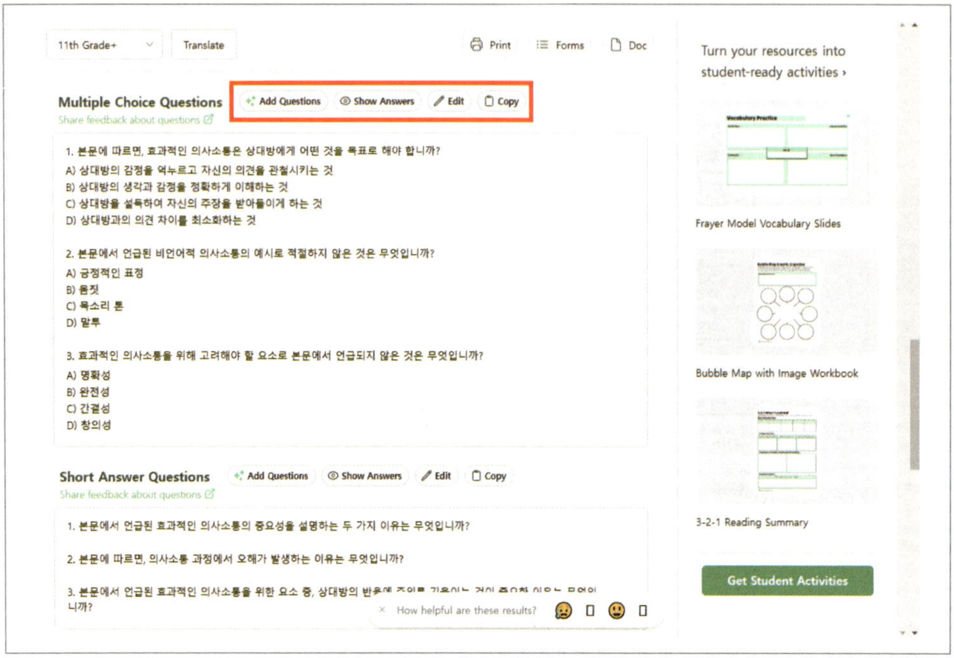

[그림 4-15] Diffit 도구: 평가 문제 검토 및 수정 화면

디핏에서 생성된 평가 문제는 구글드라이브에 저장하거나 구글폼와 연동해 배포할 수 있다. 구글폼으로 자동 연결되면 문항이 적용된 양식이 생성되며 객관식 문항의 경우 정답이 미리 설정되어 자동 채점이 가능하다. [그림 4-16]은 디핏에서 생성된 객관식 문항이 구글폼에 적용된 예시로, 정답 설정과 자동 채점 항목이 포함되어 있다. 교수자는 구글폼에서 문항을 추가하거나 수정하고 피드백 내용을 보완해 수업에 맞게 조정할 수 있다.

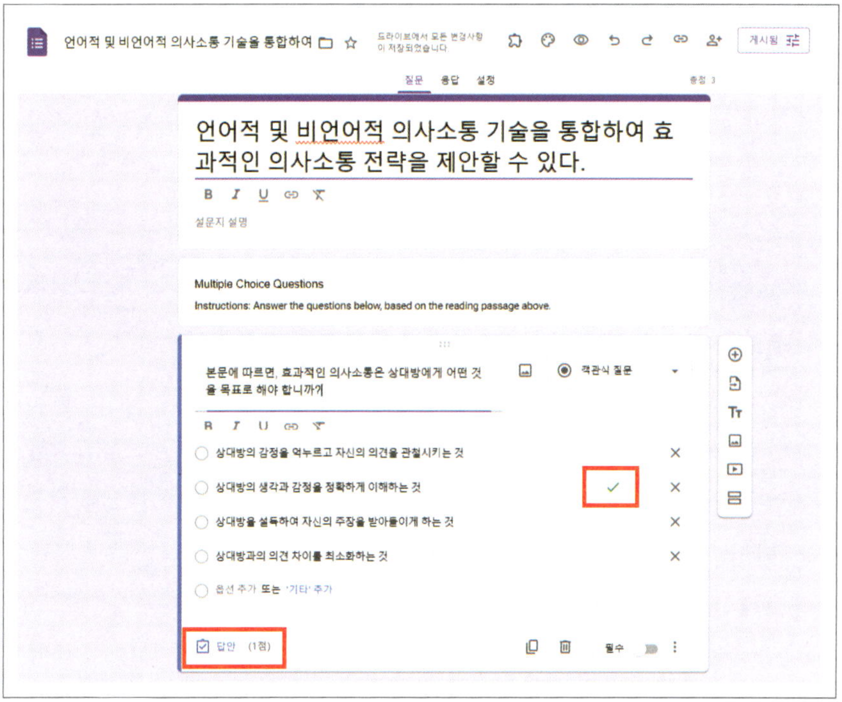

[그림 4-16] Google Forms 도구: Diffit에서 생성된 평가 문제 편집 화면

제5장

AI 활용 프레젠테이션 자료 개발

1. Gamma를 활용한 강의용 프레젠테이션 자료 개발
2. Slido를 활용한 퀴즈형 프레젠테이션 자료 개발
3. Brisk Teaching을 활용한 수준별 프레젠테이션 자료 개발

프레젠테이션 자료는 수업의 핵심 개념과 메시지를 효과적으로 전달하고, 학습자의 주의를 집중시키며 참여를 유도하는 중요한 매개체이다. AI 도구의 발전은 프레젠테이션 자료의 디자인과 구성 과정을 자동화하고, 교수자가 보다 효율적으로 맞춤형 콘텐츠를 제작할 수 있도록 지원하고 있다.

이 장에서는 감마를 활용한 직관적이고 동적인 강의용 프레젠테이션 개발, 슬라이도를 활용한 퀴즈형 자료 제작과 학습자 참여 전략, 브리스크티칭을 활용한 수준별 프레젠테이션 자료 개발 사례를 살펴본다. AI 기반 도구를 효과적으로 활용함으로써 교수자는 학습자의 이해도와 몰입도를 높이고, 시각적 전달력이 강화된 수업을 설계할 수 있다.

1 Gamma를 활용한 강의용 프레젠테이션 자료 개발

강의용 프레젠테이션은 교수자가 수업 내용을 정리하고 핵심 개념을 전달하는 데 활용되며, 학습자의 이해와 참여를 돕는 자료이다. 감마(Gamma)는 입력한 텍스트를 자동으로 슬라이드 형식의 프레젠테이션으로 구성해 준다. 템플릿, 차트, 다이어그램, 동영상 등을 활용할 수 있어 수업 목표와 내용 흐름에 맞는 강의자료를 빠르게 만들 수 있다.

1.1 AI 편집 기능을 활용한 강의슬라이드 개발

감마의 AI 편집 기능은 강의슬라이드를 보다 효율적으로 개발하고 다듬는 데 도움을 준다. [그림 5-1]은 각 슬라이드에서 'AI 편집' 버튼을 활용해 텍스트 내용을 간결하게 요약하거나 텍스트에 어울리는 AI 추천 이미지를 자동으로 삽입하는 과정을 보여 준다. 예를 들어, 텍스트를 더 짧게 만들거나 레이아웃과 시각적 효과를 높이기 등의 메뉴를 선

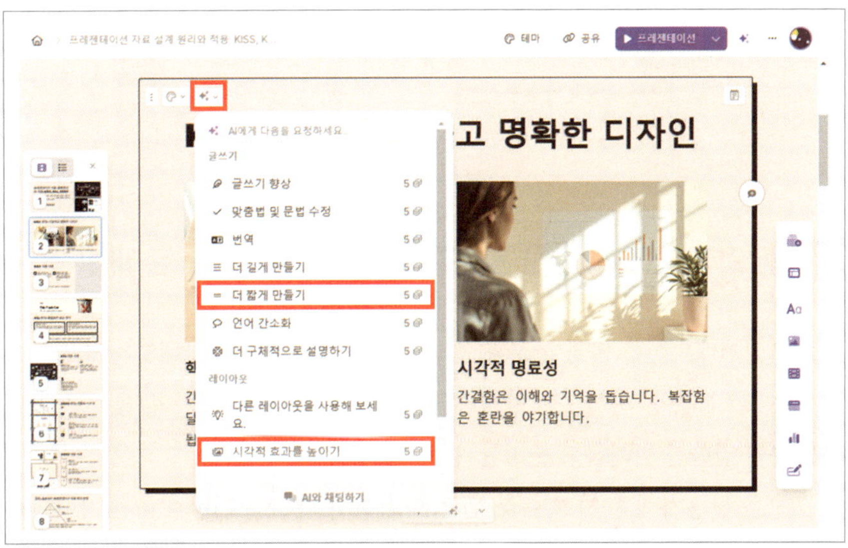

[그림 5-1] Gamma 도구: 'AI 편집' 기능 활용 화면

택하면, 감마가 슬라이드 구조를 보완하고 적절한 시각 자료를 제안해 슬라이드의 완성도를 높여 준다.

또한 완성된 프레젠테이션은 '내보내기' 기능을 통해 PDF, 파워포인트, PNG 등 다양한 형식으로 저장할 수 있다. 특히 파워포인트 형식으로 저장하면 편집 요소가 그대로 유지되어 교수자가 수업 상황에 맞게 슬라이드를 수정·보완할 수 있다.

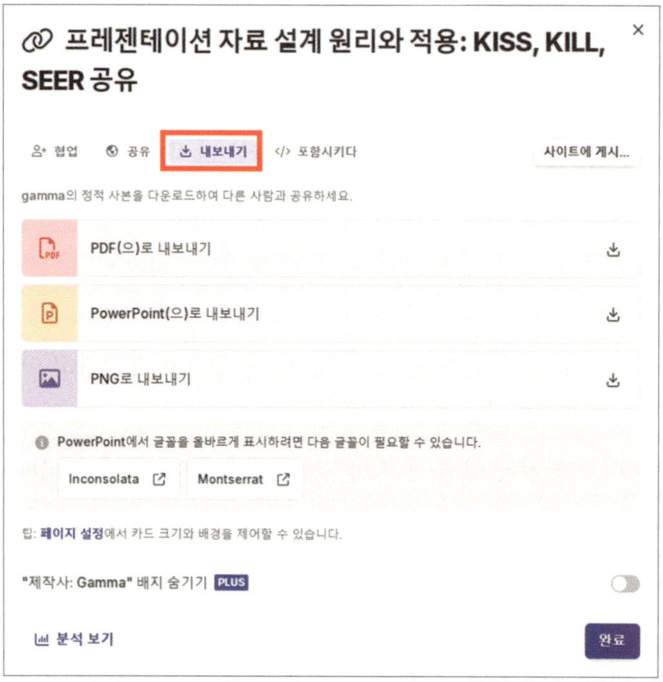

[그림 5-2] Gamma 도구: PowerPoint 파일로 내보내기 화면

1.2 강의계획서 파일을 활용한 오리엔테이션 자료 개발

교과목 오리엔테이션은 수업 구성과 운영 방식을 학습자에게 안내하는 중요한 단계이다. 교수자는 이 시간을 통해 수업 방식, 학습 목표, 학습 내용, 평가 방법 등을 설명하고, 학습자가 수업 전반을 이해하고 준비할 수 있도록 지원한다.

감마 도구를 활용하면 문서 형태로 된 강의계획서 파일을 기반으로 오리엔테이션 자료를 간편하게 개발할 수 있다. [그림 5-3]은 해당 파일을 감마의 AI 기능으로 시각화한 예시이다. 감마는 자동 레이아웃 구성, 이미지 추천, 정보 시각화 기능을 제공하여 내용을 직관적으로 정리할 수 있도록 지원한다. 생성된 슬라이드는 학습자 수준에 맞춰 쉽게 수정할 수 있어 교수자가 수업 목적에 맞게 내용을 조정하거나 보완하기에 용이하다.

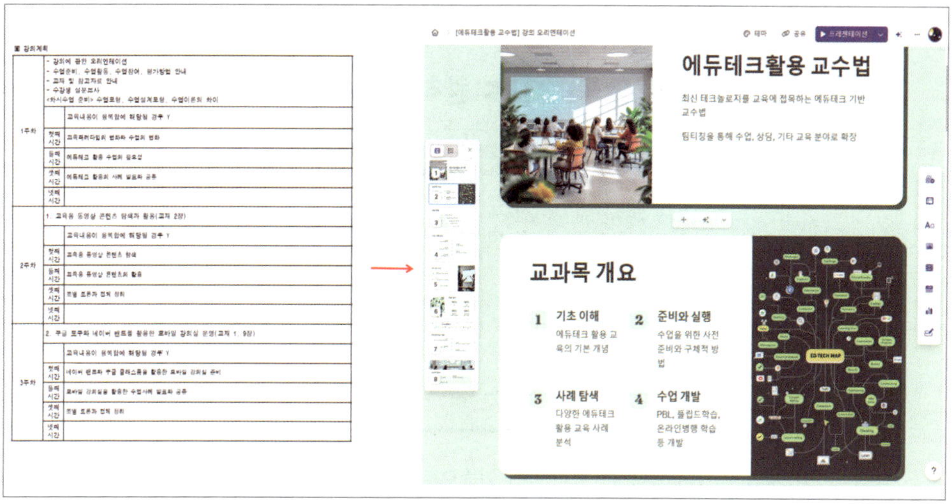

[그림 5-3] Gamma 도구: 강의계획서 파일을 이용한 오리엔테이션 자료 자동 생성 화면

1.3 학습자와의 상호작용을 위한 강의자료 개발

전통적인 강의식 수업에서 사용되는 프레젠테이션 자료는 주로 정보 전달에 초점이 맞추어져 있어 상호작용이 제한적이다. 그러나 감마 도구의 AI 기능을 활용하면 질의응답, 퀴즈, 토론 활동 등을 슬라이드에 쉽게 삽입할 수 있어 학습자 참여를 높일 수 있다.

예를 들어, 'KISS(Keep It Short and Simple) 원칙'은 핵심 내용을 간결하고 명확하게 제시하는 방식으로, 프레젠테이션 자료를 설득력 있고 이해하기 쉽게 구성하는 데 유용하다. [그림 5-4]는 이 원칙을 적용한 토론 활동 예시이며, 학생들은 제시된 상황을 분석하고 실제 사례에 적용해 보면서 비판적 사고와 문제 해결 능력을 기를 수 있다.

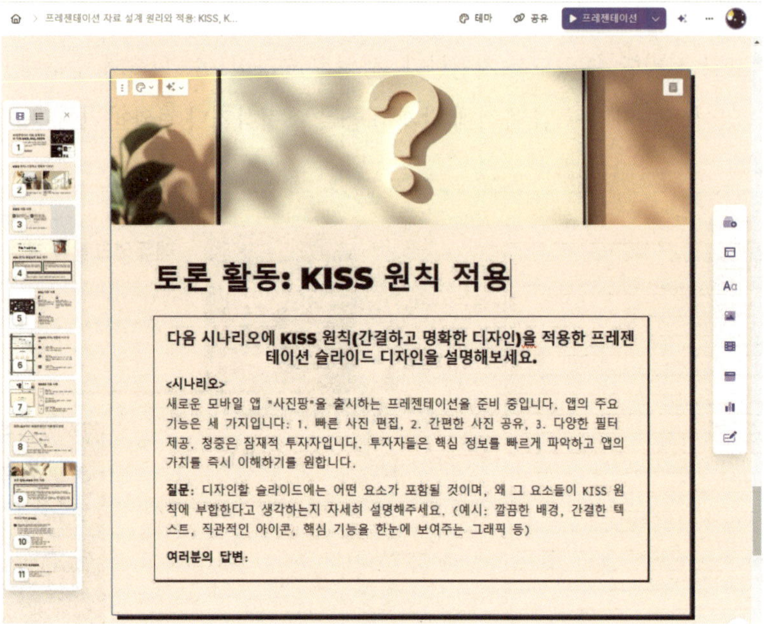

[그림 5-4] Gamma 도구: 'AI 편집' 기능으로 완성된 토론 활동 슬라이드 화면

또한 '빈 카드 추가' 기능을 통해 새로운 슬라이드를 만들고, 'AI 편집' 기능을 활용하여 SEER 원칙에 기반한 퀴즈 슬라이드를 생성할 수 있다. SEER 원칙은 개념 요약(Summary), 의미 설명(Elaborate), 사례 제시(Example), 내용 재진술(Restatement)의 네 단계로 구성된 전략으로, 프레젠테이션 자료를 구조화하고 핵심 개념을 효과적으로 전달

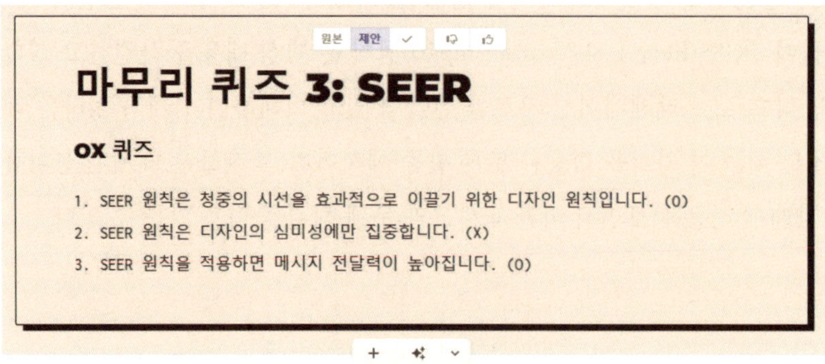

[그림 5-5] Gamma 도구: AI 편집 기능으로 완성된 OX 퀴즈 슬라이드 화면

하는 데 유용하다. 이 원칙을 적용한 강의자료는 강의슬라이드 내에서 퀴즈를 통해 교수자와 학습자 간의 상호작용을 유도할 수 있다.

2 Slido를 활용한 퀴즈형 프레젠테이션 자료 개발

퀴즈형 프레젠테이션 자료는 학습자의 이해도를 실시간으로 확인하고 수업 참여를 유도하는 데 효과적인 수업 도구이다. 슬라이도는 파워포인트 내에서 설치하여 사용할 수 있는 추가 기능으로, 질의응답, 찬반 토론, 실시간 투표 등 다양한 상호작용 기능을 강의 슬라이드에 포함할 수 있다. 또한 경쟁형 퀴즈 문항을 삽입할 수 있어 학습자 간에 자연스러운 경쟁과 참여를 유도할 수 있다.

2.1 슬라이도를 활용한 경쟁형 퀴즈 자료 개발

경쟁형 퀴즈는 수업 중 학습자의 이해 수준을 확인하고 참여를 유도하는 데 효과적인 방식이다. 슬라이도는 파워포인트 슬라이드에 직접 삽입할 수 있어 강의 진행 중 퀴즈를 자연스럽게 제시할 수 있다.

[그림 5-6]은 슬라이도 추가 기능을 설치한 파워포인트에서 OX 퀴즈를 설정한 화면이다. 학습자가 O 또는 X를 클릭하면 즉시 채점되어 결과가 집계되므로 교수자는 핵심 개념에 대한 이해 여부를 실시간으로 파악하고 피드백할 수 있다.

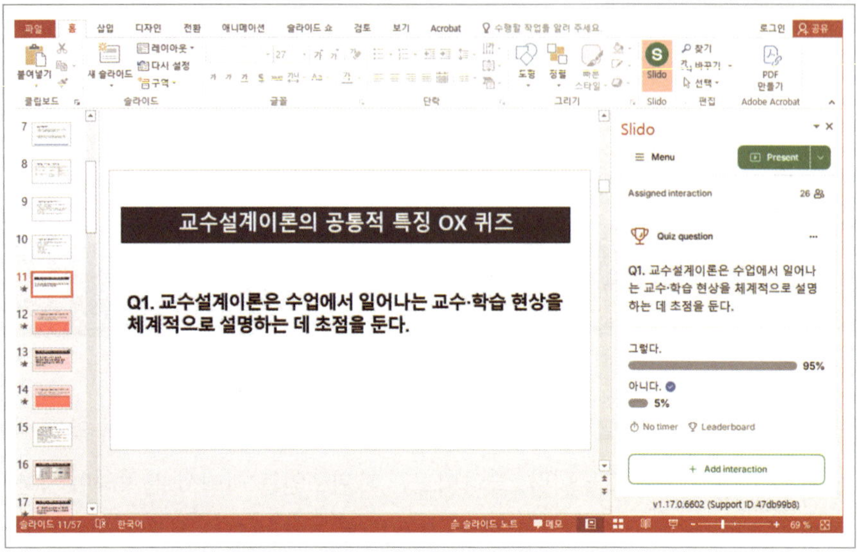

[그림 5-6] Slido 도구: 파워포인트 내 OX 퀴즈 설정 화면

[그림 5-7]은 객관식 형식의 형성 평가 퀴즈 설정 화면으로, 교수자는 수업 중간 또는 정리 단계에서 학습자의 이해 정도를 확인하고, 그 결과를 바탕으로 실시간 피드백을 제공하는 데 활용할 수 있다.

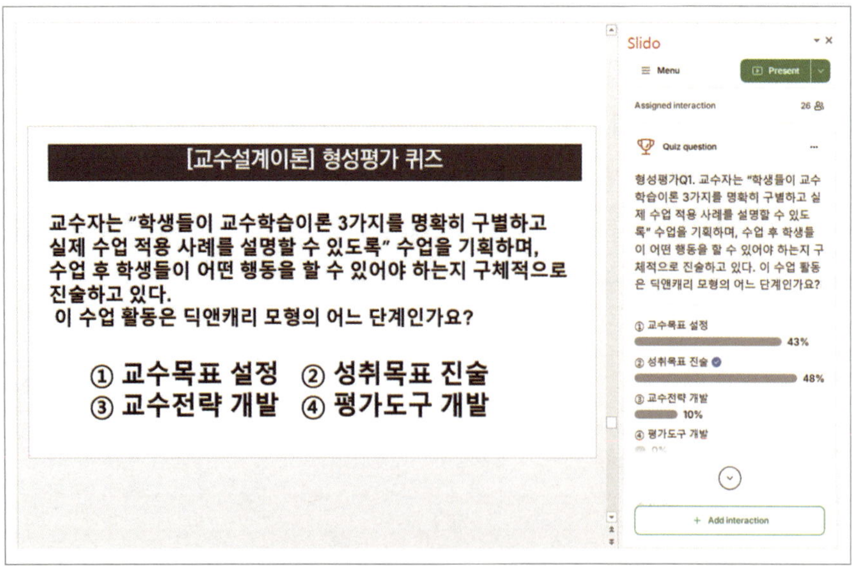

[그림 5-7] Slido 도구: 객관식 형식의 형성 평가 퀴즈 설정 화면

[그림 5-8]은 퀴즈 종료 후 슬라이도가 자동 생성하는 리더보드 화면이다. 정답 여부와 응답 시간에 따라 순위가 결정되어 빠르게 정답을 맞힌 학습자가 상위권에 오르게 된다. 학습자는 자신의 순위를 즉시 확인하며 동기부여를 얻을 수 있고, 교수자는 리더보드를 통해 학습자의 전반적인 이해 수준을 실시간 모니터링하고, 필요시 보충 설명이나 후속 학습 활동을 계획할 수 있다.

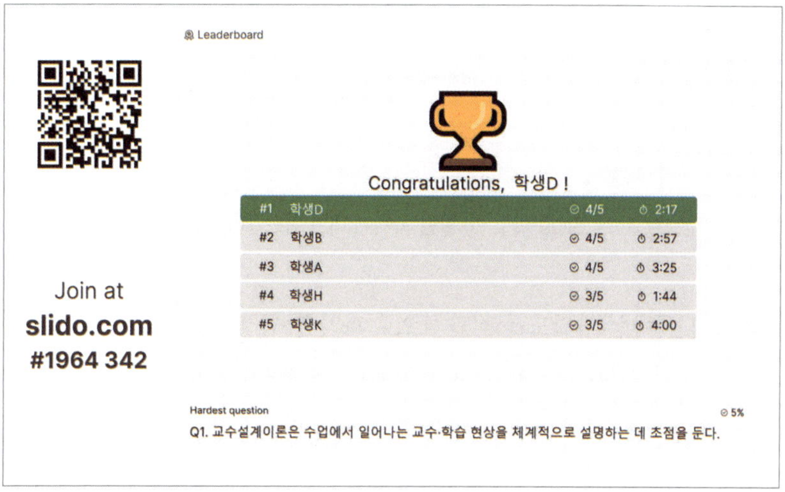

[그림 5-8] Slido 도구: 퀴즈 결과 및 순위 확인 화면

2.2 슬라이도를 활용한 실시간 참여형 자료 개발

슬라이도를 활용하면 설명 위주의 강의에서도 학습자가 실시간으로 참여하며 의견을 제시할 수 있다. 수업 초반에는 학습 내용과 관련된 개방형 질문을 제시하여 학습자의 경험을 공유하게 하고, 이를 통해 수업에 대한 집중을 유도할 수 있다. 수업 중간에는 슬라이도를 통해 질의응답을 진행하거나 생각을 나눌 수 있는 질문을 제시함으로써 학습자가 수업 흐름에 능동적으로 참여하도록 돕는다.

[그림 5-9]는 학생들의 개방형 답변을 워드클라우드로 시각화한 화면이다. 교수자는 학생들에게 입력 예시(예: 정보 검색, 자료 해석 등)를 보여 주고, 이와 같은 형식으로 키워드 중심의 답변과 개인 의견 한두 개를 추가하도록 안내한다. 슬라이도에 입력된 텍스트 데이터는 자주 등장하는 단어일수록 크게, 중요도가 낮은 단어일수록 작게 표시되므로

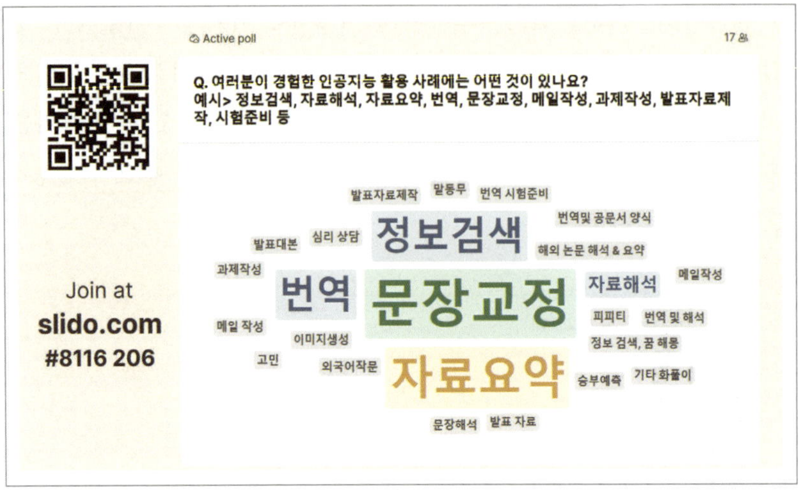

[그림 5-9] Slido 도구: AI 활용 사례에 대한 워드클라우드 결과 화면

교수자와 학습자는 핵심 키워드를 직관적으로 파악할 수 있다.

[그림 5-10]은 '인간 교사 대 AI 교사' 중 하나를 선택하도록 하는 평가 선호도 투표 결과 화면이다. 학생들은 실시간 투표를 통해 자신의 입장을 표시하고, 결과는 즉시 차트로 집계된다. 이를 바탕으로 교수자는 학생들을 상반된 입장 팀으로 구성하여 이후 토론 활동을 준비하고 팀별로 세부 주제를 정해 심층 토의를 진행할 수 있다.

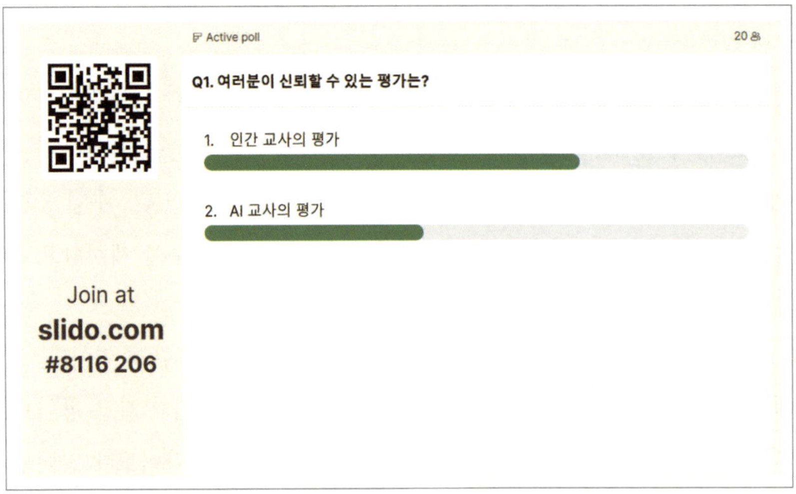

[그림 5-10] Slido 도구: 인간 교사 대 AI 교사 평가 선호도 투표 결과 화면

[그림 5-11]은 팀별 토론을 위한 후속 개방형 질문 화면이다. 학생들은 자유롭게 의견을 입력하면, 교수자는 실시간으로 입력된 답변을 모니터링해 주요 의견을 요약하거나 보충 설명을 덧붙이고, 다음 토론 활동으로 이어 갈 수 있다. 이 과정에서 학생들은 서로의 관점을 비교·검토하며 협력적으로 문제를 해결하는 경험을 쌓을 수 있다.

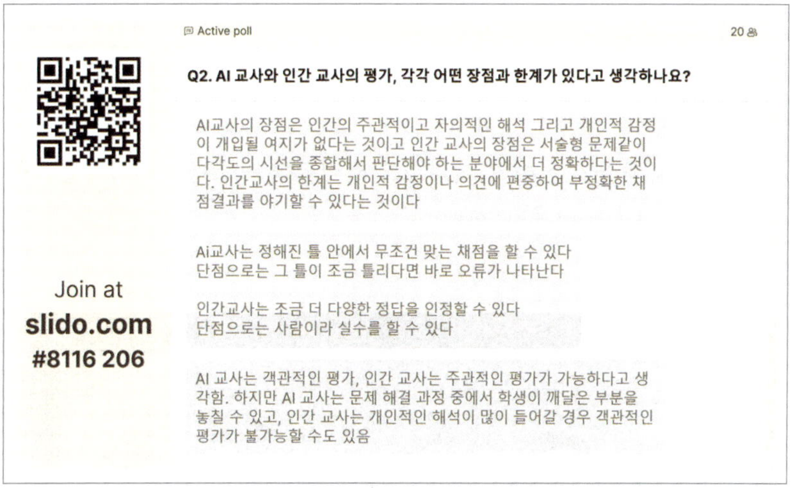

[그림 5-11] Slido 도구: 인간 교사 대 AI 교사 장단점 토론 결과 화면

3 Brisk Teaching을 활용한 수준별 프레젠테이션 자료 개발

수준별 프레젠테이션 자료는 학습자의 배경지식, 학습 속도, 학습 스타일에 따라 개별화된 학습 경험을 제공하는 데 핵심적인 역할을 한다. 브리스크티칭은 교수자가 학습자의 수준에 적합한 프레젠테이션과 평가 자료를 신속하게 생성할 수 있도록 지원하는 도구이다. 이 도구를 활용하면 자동 콘텐츠 생성, 난이도 조절, 사용자 맞춤형 템플릿 제공, 멀티미디어 자료 통합 등 수업 설계에 필요한 여러 요소를 반영할 수 있다.

3.1 브리스크티칭을 활용한 프레젠테이션 자료 개발

브리스크티칭은 AI 기술을 활용하여 다양한 온라인 콘텐츠(유튜브 영상, 웹 기사, 구글문서 등)를 자동으로 분석하고 프레젠테이션 자료로 변환하는 도구이다. 사용자는 원하는 콘텐츠에 접속한 후 브리스크티칭 확장 프로그램을 통해 '프레젠테이션' 기능을 선택하면 AI가 실시간으로 관련 텍스트, 이미지, 그래프 등을 포함한 슬라이드를 생성한다.

[그림 5-12]는 유튜브 영상을 시청하는 화면에서 브리스크티칭 확장 프로그램을 활용해 프레젠테이션 자료를 생성하는 장면을 보여 준다. 사용자가 '프레젠테이션' 기능을 선택하면, AI가 영상 내용을 분석하고, 슬라이드에 적합한 텍스트와 이미지를 자동으로 추출해 프레젠테이션 자료를 만들어 준다.

[그림 5-12] Brisk Teaching 도구: 프레젠테이션 생성 화면

생성된 슬라이드는 구글슬라이드 형식으로 열리며, 교수자는 슬라이드의 흐름과 내용 구성을 확인하고, 수업 목표 및 학습자의 수준에 따라 내용을 수정하거나 보완할 수 있다. 또한 퀴즈나 토의 질문과 같은 상호작용 요소를 추가함으로써 학습 참여도를 높일 수 있다.

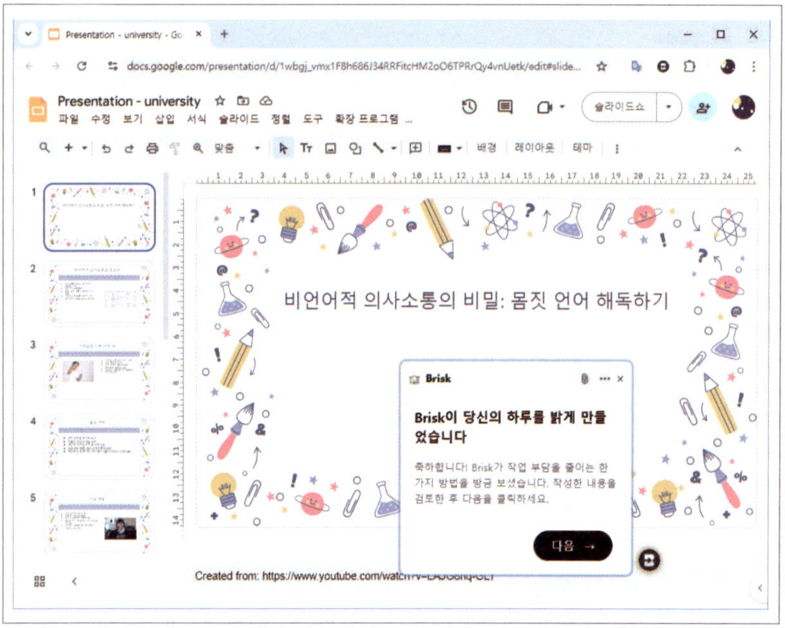

[그림 5-13] Brisk Teaching 도구: Brisk Teaching으로 생성된 프레젠테이션 결과물 화면

3.2 브리스크티칭을 활용한 학생 수준별 퀴즈 개발

브리스크티칭은 프레젠테이션뿐 아니라 수준별 퀴즈도 자동으로 생성할 수 있는 기능을 제공한다. 사용자는 웹 문서나 유튜브 강의자료를 탐색하는 중 '퀴즈' 기능을 선택한 뒤, 학생 수준(초등, 중등, 대학), 문제 유형(객관식, 주관식), 문항 수 등을 설정하여 퀴즈를 자동으로 생성할 수 있다.

[그림 5-14]는 유튜브 강의를 시청하며 브리스크티칭 확장 프로그램의 '퀴즈' 기능을 선택하는 장면이다. 브리스크티칭은 영상 내용을 분석한 뒤 학습 목표에 맞는 문제를 자동으로 생성하며, 이때 학습자의 수준, 문제 유형, 문항 수, 주제나 키워드를 설정할 수 있다.

[그림 5-15]는 생성된 퀴즈가 구글폼 형태로 저장된 화면을 보여 준다. 교수자는 문항의 난이도나 해설 등을 수정하여 학습자의 수준에 맞는 평가 자료로 활용할 수 있다.

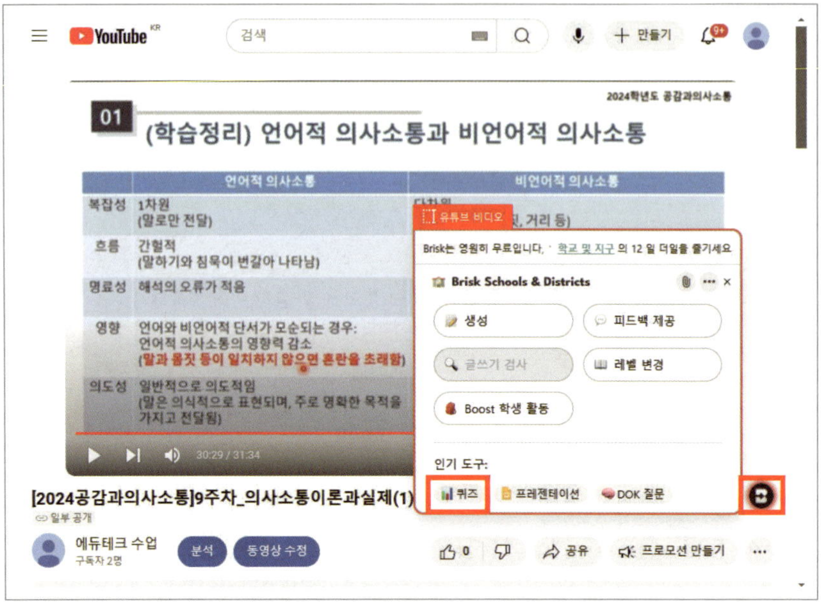

[그림 5-14] Brisk Teaching 도구: 퀴즈 생성 요청 화면

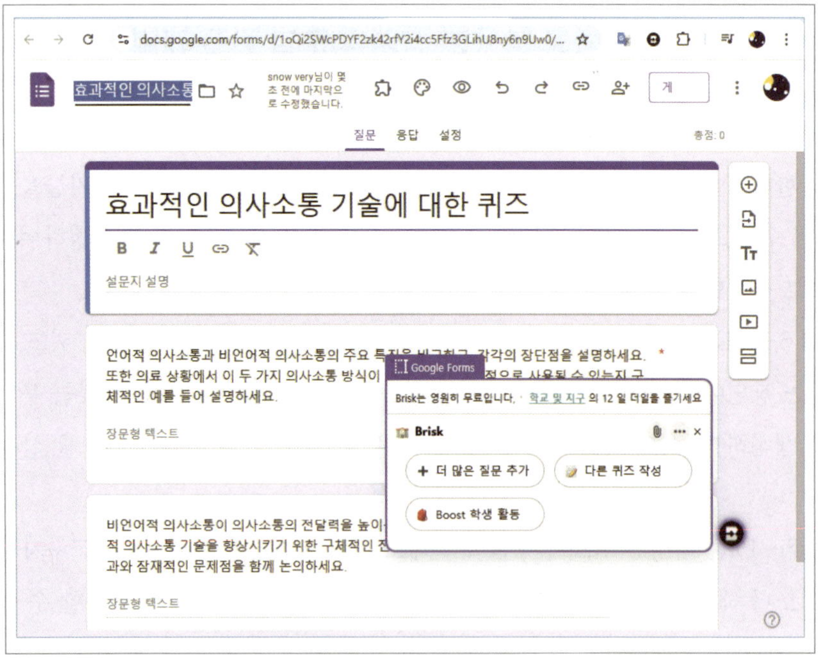

[그림 5-15] Google Forms 도구: Brisk Teaching으로 생성된 퀴즈 화면

제6장

AI 활용 멀티미디어 콘텐츠 제작 I

1. Napkin을 활용한 다이어그램 콘텐츠 제작
2. DALL · E와 Recraft를 활용한 이미지 콘텐츠 제작
3. SUNO를 활용한 음악 콘텐츠 제작

멀티미디어에는 시각적 자료와 청각적 요소가 결합된 다양한 콘텐츠가 포함되며, 이는 학습자의 정보 이해를 돕고 주의 집중을 유도하는 데 효과적인 수단이다. AI 기술은 이러한 콘텐츠 제작 과정을 자동화하고, 교수자가 전문적인 디자인 기술 없이도 직관적으로 다이어그램, 이미지, 음악 등을 생성할 수 있도록 지원하고 있다.

이 장에서는 냅킨을 활용한 다이어그램 콘텐츠 제작, 달리와 리크래프트를 활용한 이미지 콘텐츠 개발, 수노를 활용한 음악 콘텐츠 제작 사례를 중심으로 시각 · 청각 자료 설계 전략을 살펴본다. 교수자는 AI 기반 도구를 활용하여 학습 주제에 맞는 다양한 멀티미디어 자료를 효과적으로 제작하고, 학습자의 몰입도와 이해도를 높일 수 있다.

1 Napkin을 활용한 다이어그램 콘텐츠 제작

냅킨(Napkin)은 간단한 텍스트 입력만으로 아이디어나 데이터를 자동으로 구조화해 직관적인 다이어그램으로 변환하는 도구이다. 키워드나 문장 형태로 입력된 내용을 바탕으로 개념 간 관계를 시각화하므로 학습 내용을 요약하거나 개념 구조를 설명하는 데 유용하다. 학습자는 다이어그램을 작성하는 과정을 통해 개념 간 연결을 명확히 이해하고, 자신의 생각을 정리하는 데 활용할 수 있다.

1.1 냅킨을 활용한 수업 자료 도식화

교수자는 냅킨을 활용해 수업 주제, 학습 목표, 핵심 개념, 활동 유형 등을 입력하고, 개념 간 관계와 흐름을 시각화할 수 있다. 생성된 다이어그램은 수업 내용을 구조화하여 학습자가 전체 흐름을 한눈에 파악하는 데 도움이 된다.

냅킨을 활용하기 전에 수업 자료의 핵심을 요약하고, 그 요약을 바탕으로 키워드를 선별하면 더욱 효과적이다. 이렇게 마련한 핵심 키워드를 입력하면 냅킨이 개념 간의 관계와 흐름을 명확하게 도식화할 수 있다

[그림 6-1]은 수업 개요 다이어그램 생성 화면으로, '교수자 중심 수업'과 '학습자 중심 수업'의 주요 요소를 비교한 도식의 예시이다. 핵심 개념, 학습 활동, 학습 목표, 학습 성찰의 네 가지 범주로 내용을 정리해 두 수업 방식의 차이를 시각적으로 보여 준다. 이와 같은 자료는 수업 도입부에서 주요 내용을 안내하거나, 학습자의 개념 이해를 돕는 데 활용할 수 있다.

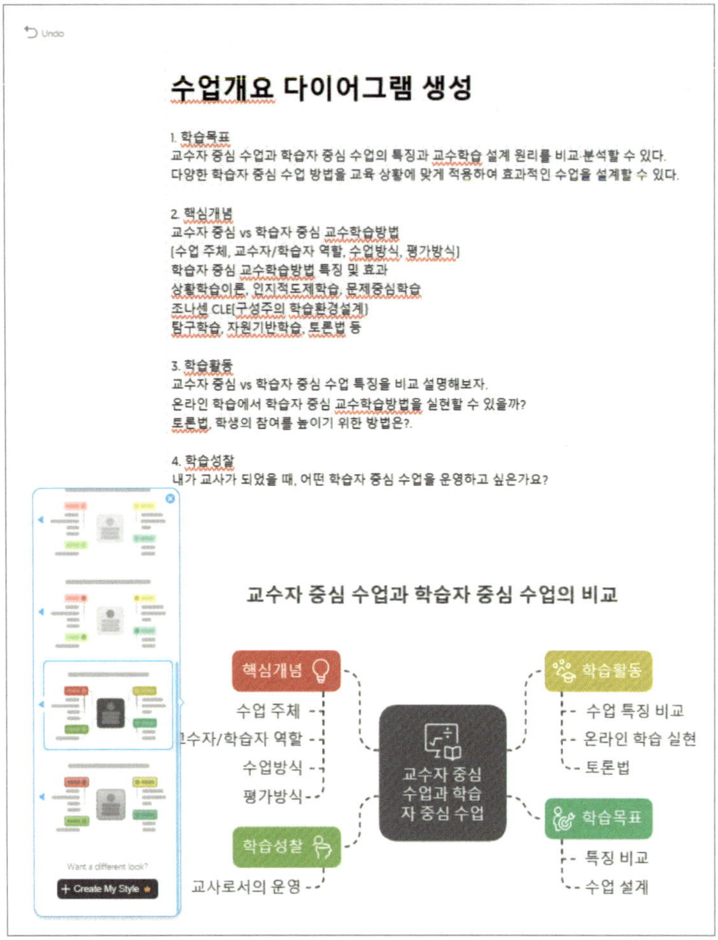

[그림 6-1] Napkin 도구: 수업 개요 다이어그램 생성 화면

[그림 6-2]는 수업 내용을 다이어그램으로 생성한 화면으로, '교수매체의 교육적 기능'을 주제로 한 도식의 예시이다. 냅킨을 활용해 수업 준비, 학습 자료, 상호작용, 학습 평가, 학습 관리, 연구 지원의 기능을 시각적으로 정리하여, 복잡한 개념을 간결하게 보여주고 있다. 냅킨은 수업의 도입부터 정리까지 다양한 단계에서 활용할 수 있으며, 자료의 핵심 내용을 명확하게 전달하는 데 도움이 된다.

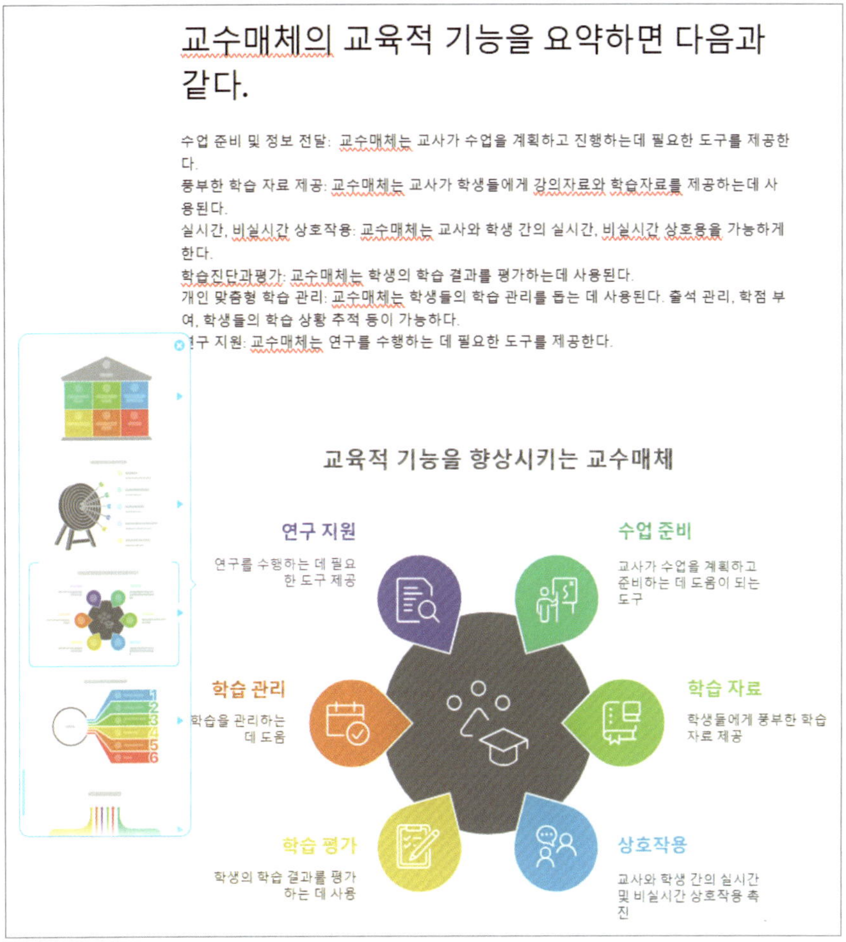

[그림 6-2] Napkin 도구: 수업 내용 다이어그램 생성 화면

1.2 냅킨을 활용한 연구 과정 도식화

냅킨은 복잡한 연구 과정을 시각적으로 도식화하여 핵심 절차를 간결하게 정리하는 데 활용할 수 있다. 연구 주제 설정, 연구 설계, 자료 수집과 분석, 프로그램 개발, 실행과 평가 등 일련의 과정을 키워드 형태로 입력하면, 논리적 흐름에 따라 자동으로 다이어그램이 생성된다. 생성된 다이어그램은 연구 절차의 전체 흐름과 단계 간 연계를 한눈에 보여 주며, 수업이나 워크숍 자료로 활용할 수 있을 뿐 아니라, 학술 논문, 연구 보고

서, 과제 제안서, 발표 자료 등에 삽입해 연구 설계와 절차를 명확하고 간결하게 제시하는 데에도 유용하다.

[그림 6-3]은 'AI 윤리 교육 프로그램 개발'을 주제로, 여섯 단계로 구성된 연구 절차를 냅킨을 활용하여 시각화한 예시이다. 선행연구 조사, 연구 설계, 자료 수집 및 요구 분석, 프로그램 개발, 시범 운영, 효과성 평가 및 수정의 순서로 구성되며, 각 단계는 시각적으로 구분되면서도 전체 흐름이 자연스럽게 연결되어 있다. 이를 통해 연구 과정의 구조를 한눈에 이해하기 쉬운 형태로 제시할 수 있다.

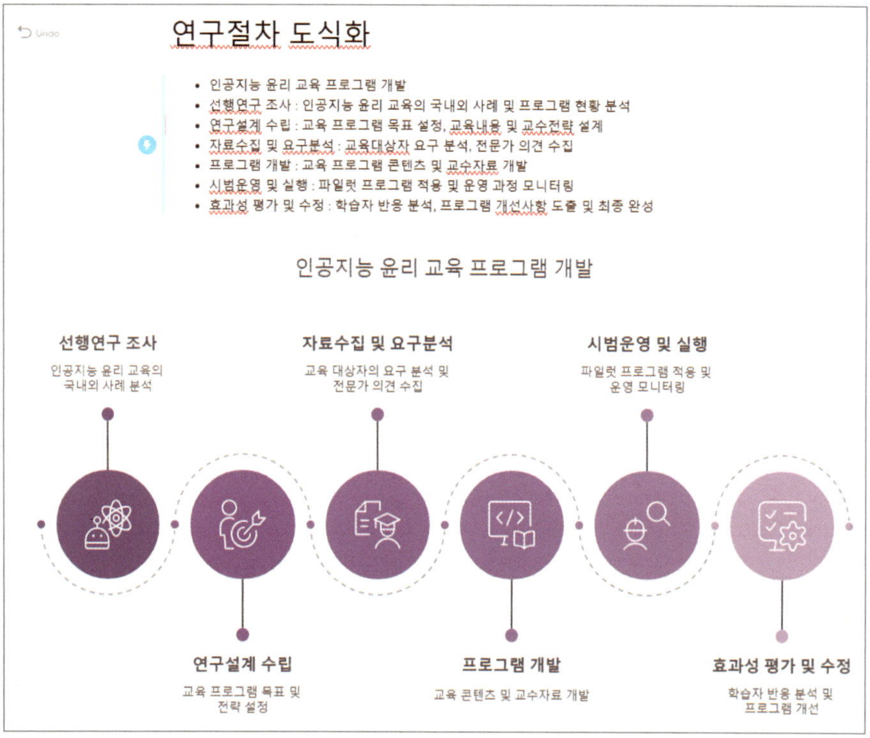

[그림 6-3] Napkin 도구: 연구 절차 다이어그램 생성 화면

1.3 냅킨을 활용한 프로젝트 계획 도식화

냅킨은 프로젝트 수행 과정에서 필요한 핵심 단계, 주요 과업, 역할 분담 등을 시각적으로 구조화할 수 있는 도구이다. 특히 디자인씽킹(design thinking) 접근법을 적용한 프

로젝트에서는 문제 정의, 아이디어 도출, 실행 단계 간의 연계성을 논리적으로 구성하는 것이 중요하며, 이를 시각화하면 학습자의 이해와 실행 과정에 도움이 될 수 있다.

냅킨은 입력된 키워드 간 관계를 자동으로 분석하고, 정돈된 다이어그램 형태로 배치함으로써 프로젝트의 흐름을 한눈에 파악할 수 있도록 지원한다. 교수자는 이 도구를 통해 전체 설계 과정을 효과적으로 안내할 수 있으며 학습자는 문제 해결 중심의 사고 흐름을 시각적으로 구성하고 공유하는 데 활용할 수 있다.

[그림 6-4]는 디자인씽킹을 기반으로 한 자원봉사 프로젝트 계획을 냅킨으로 도식화한 예시이다. '공감(empathize) → 문제 정의(define) → 아이디어 도출(ideate) → 프로토타입 개발(prototype) → 테스트(test)'의 단계로 구성되며, 각 단계별 주요 활동 예시도 함께 포함되어 있다. 이 다이어그램은 전체 프로젝트의 흐름을 이정표처럼 구조화하여 학습자가 각 단계의 목적과 활동을 보다 직관적으로 이해하는 데 도움이 된다.

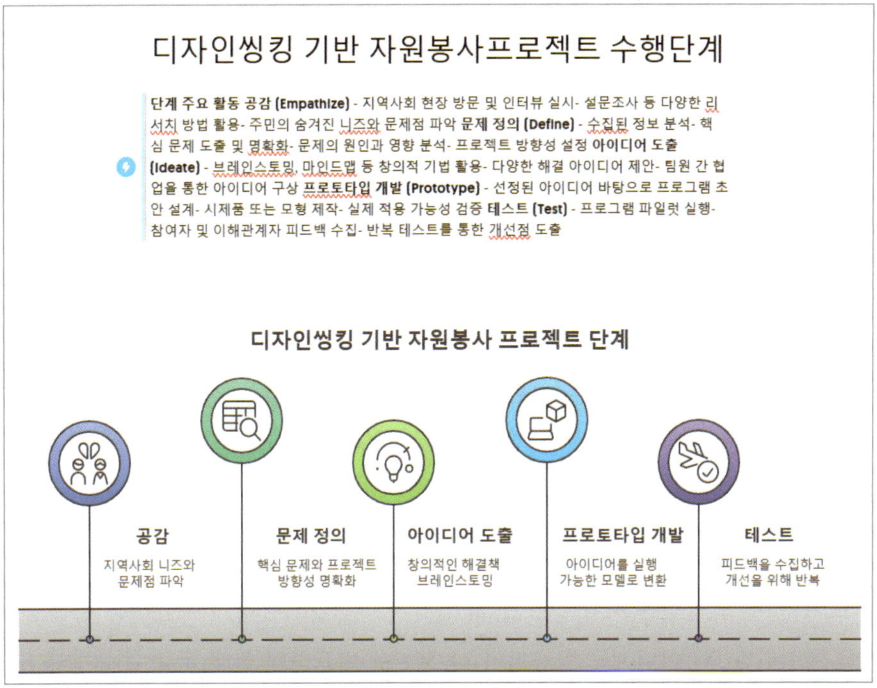

[그림 6-4] Napkin 도구: 프로젝트 계획 다이어그램 생성 화면

2 DALL·E와 Recraft를 활용한 이미지 콘텐츠 제작

달리와 리크래프트는 텍스트 입력을 기반으로 이미지 자료를 생성할 수 있는 도구이다. 키워드나 문장을 입력하면 개념이나 상황을 시각적으로 표현한 이미지가 자동 생성되며, 이를 토론 주제 제시, 글쓰기 활동 자극, 과제 안내 등에 활용할 수 있다. 달리는 창의적이고 독창적인 이미지를 생성하는 데 적합하며, 리크래프트는 생성된 이미지를 다양한 스타일로 편집하거나 보완하는 데 유용하다. 두 도구를 함께 활용하면 수업 목적에 맞는 이미지 자료를 효과적으로 제작할 수 있다.

2.1 달리를 활용한 토론 주제 이미지 생성

토론 학습에서 주제를 시각적으로 제시하면 학습자가 맥락을 쉽게 이해하고 사고를 확장하는 데 도움이 될 수 있다. 달리는 텍스트 입력만으로 다양한 수업 장면이나 토론 주제를 표현한 이미지를 생성할 수 있으며, 이를 통해 학습자의 참여를 유도하고 사고를 자극하는 데 활용할 수 있다. 교수자는 수업 도입부에 이미지를 제시해 학습자의 흥미를 유도하고 토론의 방향을 안내할 수 있으며, 학습자는 이미지를 바탕으로 자신의 의견을 정리하고 표현하는 데 활용할 수 있다.

[그림 6-5]는 달리를 활용해 제작한 토론 학습용 이미지로, 세 가지 수업 장면(A, B, C)을 비교하며 교수자와 학습자의 역할, 수업 전략의 차이를 분석하는 활동에 사용된다. A 장면은 교수자 중심의 강의식 수업을 나타내며, 학습자는 수동적으로 수업 내용을 듣고 있다. B 장면은 학습자 중심의 토론 수업으로, 학생들이 서로 의견을 나누며 협력하는 모습을 보여 준다. C 장면은 AI와 교수자 및 학습자가 상호작용하며 학습하는 미래형 수업 장면을 제시한다. 이 이미지는 학습자가 각 장면을 비교하며 현대 교육 환경에서 요구되는 교수자와 학습자의 역할 변화, 수업 전략의 차이를 탐색하는 데 활용할 수 있다.

[그림 6-5] DALL·E 도구: 토론 주제 이미지 생성 예시 화면

2.2 리크래프트를 활용한 창의적 이미지 표현

리크래프트는 이미지를 편집하거나 스타일을 변형하는 기능을 제공하여 수업 목적에 맞는 시각 자료를 구성하는 데 유용하다. 교수자는 이미지의 배경이나 세부 요소를 조정해 수업 자료를 주제에 맞게 구성할 수 있으며 다양한 시각적 변형을 통해 학습자의 이해를 도울 수 있다. 학습자는 생성된 이미지를 편집하거나 재구성하여 자신의 아이디어를 시각적으로 표현할 수 있으며 이를 통해 생각을 정리하고 공유하는 활동에 참여할 수 있다.

[그림 6-6]은 수업 장면에서 불필요한 요소(화분)를 제거하여 핵심 상황이 잘 드러나도록 편집한 사례이며, [그림 6-7]은 교실 배경을 자연 풍경으로 변경해 자유로운 분위기를 표현한 예시이다. 이처럼 리크래프트의 'Change background(배경 수정)' 기능을 활용하면 학습 주제에 따라 다양한 시각적 환경을 구성할 수 있다.

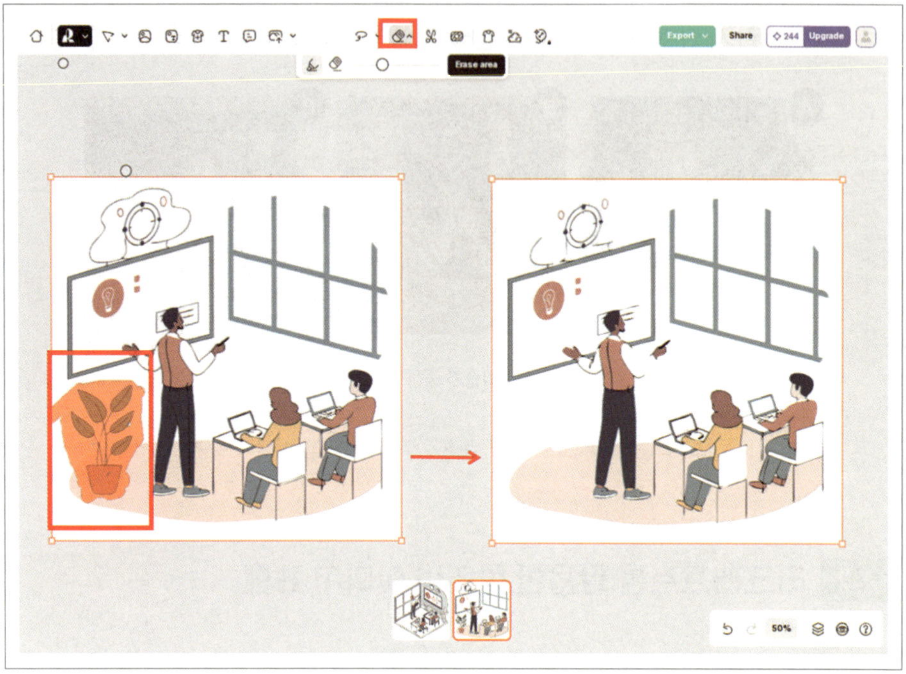

[그림 6–6] Recraft 도구: 핵심 요소 강조를 위한 이미지 편집 화면

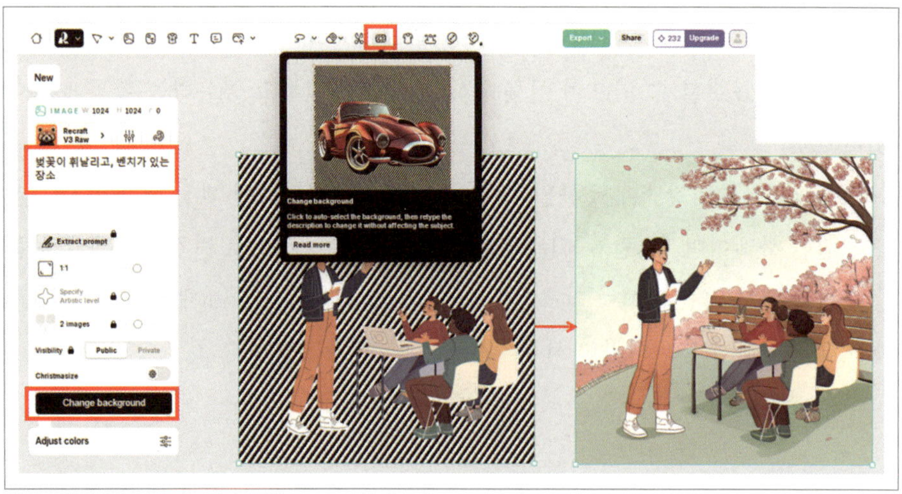

[그림 6–7] Recraft 도구: 학습 주제에 맞춘 배경 수정 화면

3 SUNO를 활용한 음악 콘텐츠 제작

수노는 사용자가 텍스트 프롬프트를 입력하면 다양한 분위기의 음악을 자동으로 생성해 주는 AI 기반 도구이다. 배경음악, 주제가 음악, 감성적 피아노 선율 등 다양한 형식의 음악을 누구나 손쉽게 제작할 수 있으며, 작곡 경험이 없는 사용자도 직관적으로 활용할 수 있다.

이 도구는 교수자가 수업 도입 자료, 협업 수업, 프로젝트 발표는 물론, 행사, 전시, 세미나 등 다양한 교육 활동에 어울리는 배경음악을 손쉽게 제작할 수 있다. 학습자도 자신의 아이디어와 메시지를 음악으로 표현하고 콘텐츠를 완성하는 창의적 과제 수행에도 활용할 수 있다.

3.1 수노를 활용한 수업용 배경음악 제작

교수자는 수노를 활용하여 수업의 도입, 전개, 정리 단계에 적합한 배경음악을 직접 제작함으로써 학습자의 몰입도와 참여도를 높일 수 있다. 예를 들어, '기후 위기'를 주제로 한 수업에서는 긴장감 있는 분위기의 음악을 생성하여 수업의 집중도를 높일 수 있고, '공감과 소통'을 주제로 한 활동에서는 부드럽고 따뜻한 음악을 활용하여 정서적 공감을 유도할 수 있다.

[그림 6-8]은 '기후 변화로 인해 사막화가 진행된 지역의 위성 이미지'를 수업 도입부 자료로 제시하며, 학생들의 주의 집중과 동기 유발을 위한 배경음악 생성을 요청하는 프롬프트 예시문과 결과 화면이다. 이때 수노를 활용하여 느린 템포의 긴장감 있는 음악이나 자연의 변화를 암시하는 분위기의 배경음악을 제작하면, 이미지가 전달하는 시각적 메시지를 강화하고 학습자가 주제에 몰입하는 데 도움이 된다.

특히 이미지와 함께 배경음악을 제시하면 학생들은 단순히 시각 정보만을 받아들이는 것이 아니라, 음악의 정서적 분위기를 통해 문제의 심각성과 주제의 긴급성에 감정적으

SUNO 도구: 프롬프트 예시문

기후 변화와 사막화의 위기를 느낄 수 있는 느린 템포의 배경음악. 건조한 자연을 연상시키는 바람 소리와 긴장감 있는 분위기를 포함하고, 가사 없이 영상이나 수업 도입 자료에 어울리는 분위기로 구성한다. 전체적으로 심각하고 절제된 느낌이 들도록 한다.

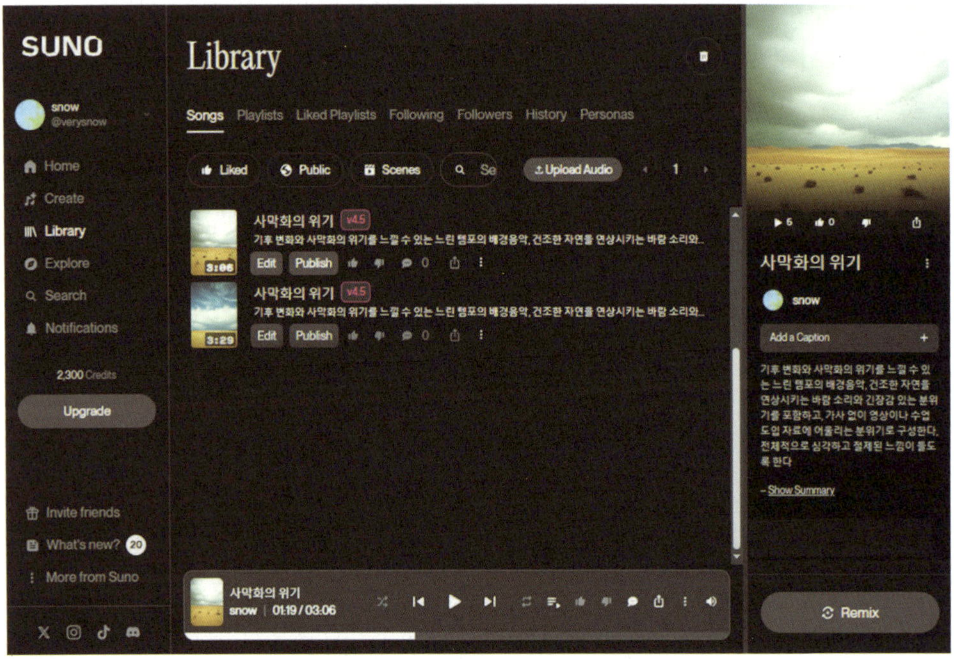

[그림 6-8] SUNO 도구: 기후 변화와 사막화의 위기 관련 배경음악 생성 프롬프트 예시문 및 결과 화면

로 반응하게 되며, 이는 수업 주제에 대한 이해와 참여의 출발점이 될 수 있다.

또한 조별 토의나 팀 발표와 같은 활동 시간에는 학습의 흐름과 리듬을 조절할 수 있는 로우파이(Lo-fi) 스타일이나 경쾌한 리듬의 배경음악을 제작하여 수업 자료에 삽입할 수 있다. 이러한 음악은 활동에 몰입하는 데 도움이 될 뿐 아니라, 학습자 간 상호작용 과정에서 심리적 긴장을 완화하고 협업 분위기를 안정적으로 유지하는 데 기여한다. 실제로 백색소음이나 반복적 리듬이 포함된 저자극 음악은 주의 분산을 줄이고 인지적 과부하 없이 과제 집중을 돕는 데 효과적으로 알려져 있다.

[그림 6-9]는 조별 토의나 팀 프로젝트 활동 중 학습의 흐름을 유지하고, 협업 분위기를 조성하기 위한 배경음악 생성을 요청하는 프롬프트 예시문과 결과 화면이다. 이때 수노를 활용하여 반복적이고 일정한 템포의 로우파이 음악을 제작하면, 학습자 간의 상호작용을 방해하지 않으면서도 집중력과 편안함을 유도하는 수업 환경을 조성할 수 있다.

SUNO 도구: 프롬프트 예시문

팀 프로젝트 회의나 조별 활동 중 활용할 수 있는 로우파이 스타일의 배경음악. 반복적이고 일정한 템포, 부드럽고 따뜻한 멜로디로 구성하며, 가사 없이 조용한 협업 분위기를 유지할 수 있도록 한다. 학습 흐름을 방해하지 않으면서도 집중과 편안함을 유도하는 음악으로 제작한다.

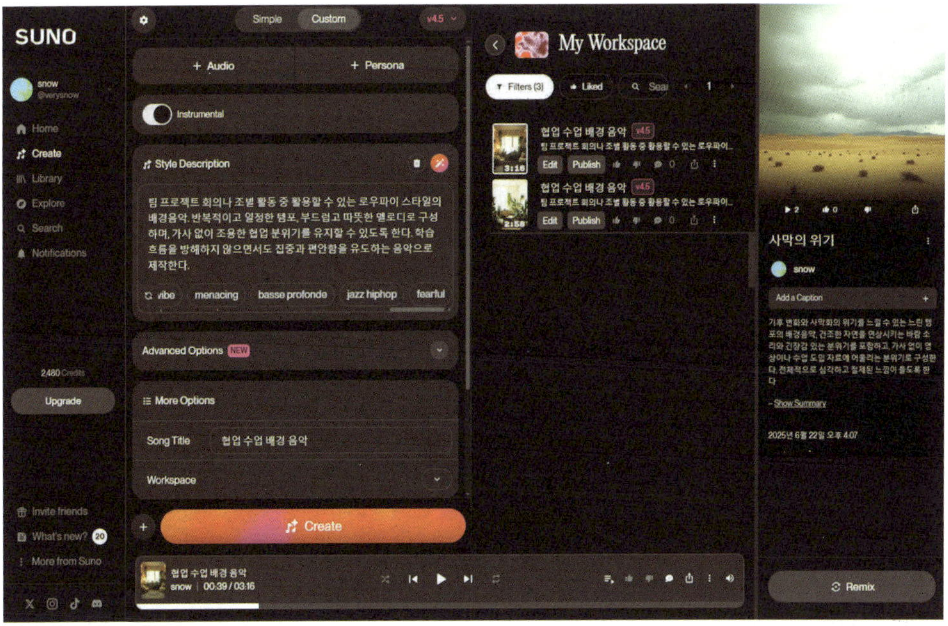

[그림 6-9] SUNO 도구: 협업 수업용 배경음악 생성 프롬프트 예시문 및 결과 화면

3.2 수노를 활용한 프로젝트 배경음악 제작

학습자는 수노를 활용하여 프로젝트 결과물의 주제와 목적에 어울리는 배경음악을 직접 제작할 수 있다. 이를 통해 콘텐츠의 분위기를 조절하고, 메시지의 전달력을 높이며, 결과물의 표현 방식에 개성을 더할 수 있다.

예를 들어, '자원봉사 경험 나눔'을 주제로 한 영상 과제에서는 따뜻하고 서정적인 음악을 삽입해 공감과 감동을 유도할 수 있고, '청소년 사이버폭력 예방'을 주제로 한 캠페인에서는 긴장감 있는 음악을 활용해 문제의 심각성을 강조할 수 있다.

[그림 6-10]은 '자원봉사 경험 나눔'을 주제로 한 영상 프로젝트의 도입부에 삽입할 배경음악 생성을 요청하는 프롬프트 예시문과 결과 화면이다. 이때 수노를 활용하여 밝고 따뜻한 분위기의 음악을 제작하면, 영상의 메시지를 감성적으로 전달하고 시청자의 공감을 이끌어 내는 데 도움이 된다.

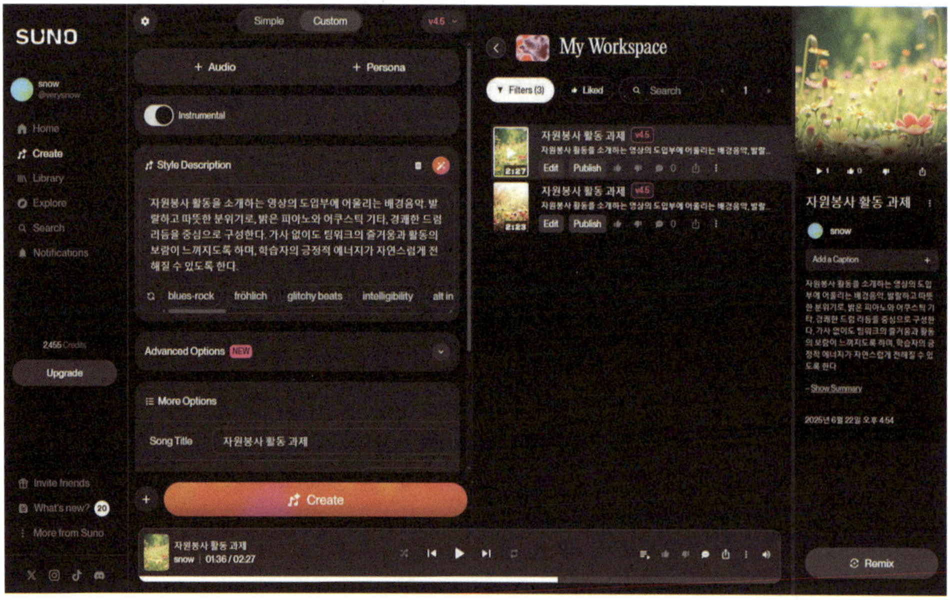

[그림 6-10] SUNO 도구: 영상 도입부 배경음악 생성 프롬프트 예시문 및 결과 화면

SUNO 도구: 프롬프트 예시문

자원봉사 활동을 소개하는 영상의 도입부에 어울리는 배경음악. 발랄하고 따뜻한 분위기로, 밝은 피아노와 어쿠스틱 기타, 경쾌한 드럼 리듬을 중심으로 구성한다. 가사 없이도 팀워크의 즐거움과 활동의 보람이 느껴지도록 하며, 학습자의 긍정적 에너지가 자연스럽게 전해질 수 있도록 한다.

또한 학습자는 프로젝트 결과물의 주요 장면이나 구성 요소에 따라 배경음악을 구분하여 적용할 수 있다. 인터뷰 장면에서는 질문과 응답의 분위기에 맞춰 음악을 전환하거나, 설명이 반복되는 구성에서는 전개 흐름에 맞춰 리듬과 강약을 조절하는 방식으로 활용할 수 있다.

팀 프로젝트의 경우, 전체 주제를 반영한 공통 배경음악 외에도 팀원 각자의 자기소개 장면에 어울리는 음악을 삽입하여 결과물의 표현을 풍부하게 구성할 수 있다.

[그림 6-11]은 '우리 동네의 숨은 장소 소개'를 주제로 한 팀 프로젝트 영상에서, 팀원 자기소개 장면에 삽입할 음악 생성을 위한 프롬프트 예시문과 결과 화면이다. 학습자는 자신이 소개할 장소의 분위기와 어울리는 음악을 직접 제작하고 자신의 설명 장면에 삽입함으로써 영상 전체의 흐름을 풍부하게 구성하고 팀원 간의 개성을 표현할 수 있다. 이때 팀원은 자기소개 내용에 맞춘 노래 가사를 구성함으로써 자신을 창의적으로 표현하는 활동으로 확장할 수 있다.

SUNO 도구: 프롬프트 예시문

자기소개 가사

안녕하세요, 저는 수빈이에요.
걷는 걸 좋아해요. 골목길도요.
작은 책방, 오래된 벤치,
그곳에서 생각을 많이 해요.
이 동네, 참 정이 가죠.
숨은 이야기를 나누고 싶어요.

SUNO 도구: 프롬프트 예시문

자기소개 음악 스타일

따뜻하고 차분한 분위기의 로우파이 배경음악.
부드러운 피아노 멜로디와 반복적인 드럼 리듬이 어우러진 스타일.
20대 여성 보컬이 감성적인 창법으로 가사를 부드럽게 노래해 주세요.

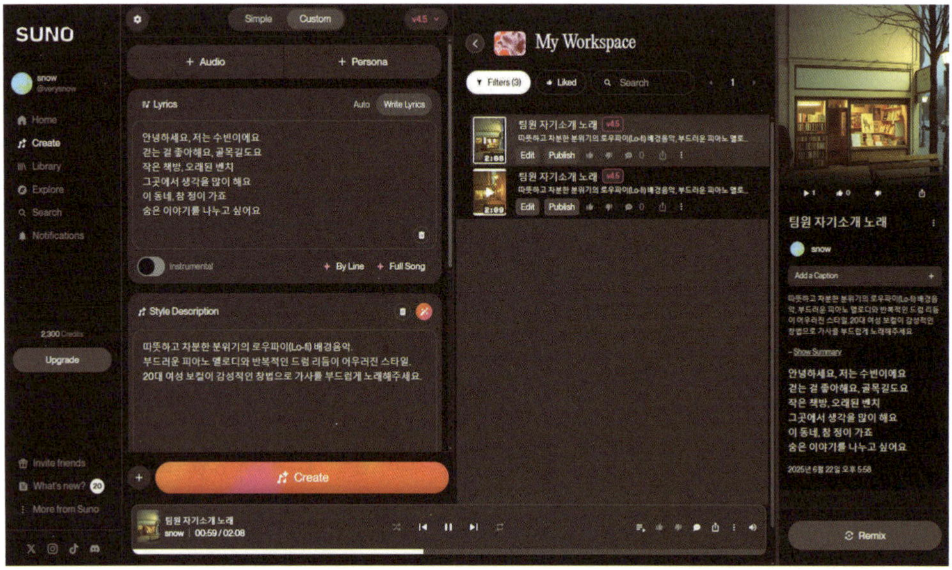

[그림 6-11] SUNO 도구: 팀원 자기소개 노래 생성 결과 화면

제 7 장

AI 활용 멀티미디어 콘텐츠 제작 II

1. Typecast를 활용한 오디오 콘텐츠 제작
2. Vrew를 활용한 동영상 콘텐츠 제작
3. Edpuzzle을 활용한 동영상 · 퀴즈 통합 콘텐츠 제작

멀티미디어에는 음성, 영상, 자막, 퀴즈 등 청각적 · 시청각적 요소가 통합된 콘텐츠가 포함되며, 이는 수업 내용을 생생하게 전달하고 학습자의 참여를 촉진하는 데 중요한 역할을 한다. AI 기술은 음성 더빙, 영상 편집, 자동 자막 생성 등 복잡한 작업을 손쉽게 제작할 수 있도록 지원하고 있다.

이 장에서는 타입캐스트를 활용한 오디오 콘텐츠 제작, 브루를 활용한 동영상 콘텐츠 개발, 에드퍼즐을 활용한 동영상과 퀴즈가 통합된 콘텐츠 사례를 중심으로 수업 자료 개발 전략을 살펴본다. 교수자는 AI 멀티미디어 도구를 수업에 적절히 활용함으로써, 학습자의 집중력과 이해도를 높이는 몰입형 학습 환경을 구현할 수 있다.

1 Typecast를 활용한 오디오 콘텐츠 제작

타입캐스트는 텍스트를 입력하면 다양한 스타일과 감정이 담긴 자연스러운 음성을 생성할 수 있는 도구이다. 별도의 녹음 장비 없이도 수업 안내, 과제 설명, 프로젝트 발표 등에 활용할 오디오 콘텐츠를 간편하게 제작할 수 있다. 교수자는 목소리 톤이나 말투를 조정하여 상황에 맞는 전달 방식으로 내용을 제공할 수 있으며, 학습자는 음성으로 정보를 듣고 이해함으로써 내용에 더욱 집중할 수 있다. 다양한 음성 스타일을 선택할 수 있어 전달 효과를 높이는 데 도움이 된다.

1.1 타입캐스트를 활용한 수업용 오디오 콘텐츠 제작

타입캐스트를 활용한 오디오 콘텐츠는 플립러닝 수업의 사전 학습 자료뿐 아니라 수업 중 공지사항 안내, 과제 설명, 학습 내용 요약 등 다양한 상황에서 활용할 수 있다. 텍스트만으로는 이해하기 어려운 개념이나 사례를 음성으로 제공함으로써 학습자가 내용을 보다 쉽게 이해할 수 있도록 지원한다.

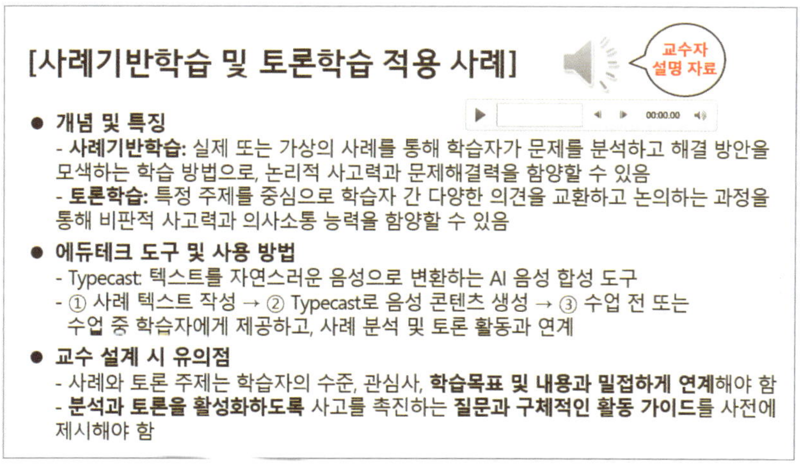

[그림 7-1] Typecast 도구: 수업 내용을 설명하는 오디오 자료 화면

[그림 7-1]은 교수자의 설명을 대신하여 타입캐스트로 제작한 오디오 설명 파일을 수업 자료에 삽입한 예시이다. 핵심 개념이나 사례를 생동감 있게 전달할 수 있으며, 학습자는 수업 중 오디오를 들으며 내용을 이해하거나 수업 이후 복습을 위해 반복해서 청취할 수 있다. 혼자 학습하는 상황에서도 오디오 자료를 활용하여 내용을 다시 확인하고 이해하는 데 도움을 받을 수 있다.

1.2 타입캐스트를 활용한 토론용 오디오 콘텐츠 제작

타입캐스트를 활용하면 학습 주제에 맞는 대화 상황을 오디오 콘텐츠로 제작할 수 있다. 특히 등장인물의 말투와 감정을 설정하여 다양한 입장을 반영한 음성을 구성하면 실제 상황처럼 몰입감 있는 오디오 콘텐츠를 만들 수 있다.

이러한 오디오 콘텐츠는 토론 활동을 위한 사전 학습 자료로 활용하거나, 수업 중 재생하여 학습자의 집중도와 이해도를 높이는 데 효과적이다. 학습자는 음성을 통해 인물 간의 입장 차이와 갈등의 맥락을 보다 생생하게 파악할 수 있으며 다양한 관점을 이해하고 자신의 의견을 말할 수 있다.

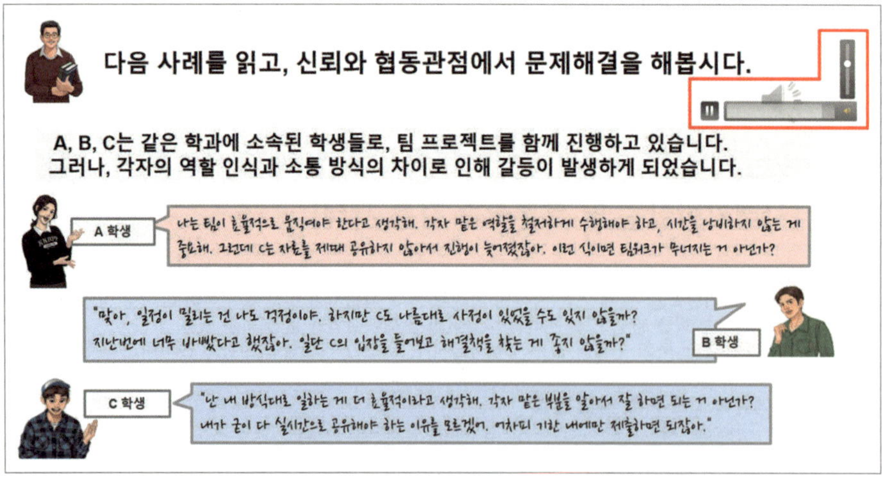

[그림 7-2] Typecast 도구: 토론용 오디오 콘텐츠 화면

[그림 7-2]는 팀 프로젝트 과정에서 발생한 갈등 상황을 바탕으로 A, B, C 학생의 입장을 텍스트로 구성한 뒤 타입캐스트를 활용해 오디오 콘텐츠로 제작한 사례이다.

교수자는 이 오디오를 학습자에게 들려준 뒤, 다음과 같은 질문을 제시하여 토론을 유도할 수 있다.

- "이 대화에서 A, B, C 각각의 태도를 한 단어로 표현해 봅시다."
- "팀 프로젝트에서 신뢰와 협동이 부족할 때 어떤 문제가 발생할 수 있을까요?"

2 Vrew를 활용한 동영상 콘텐츠 제작

브루(Vrew)는 자막 생성, 음성 삽입, 컷 편집 등 다양한 기능을 지원하여 동영상 콘텐츠를 손쉽게 제작할 수 있는 편집 도구이다. 음성이 포함된 영상을 불러오면 자막이 자동으로 생성되며 이를 텍스트 기반으로 빠르게 수정할 수 있다. 또한 텍스트를 입력하면 AI 음성으로 변환해 영상에 삽입할 수 있어 별도의 녹음 없이도 설명이 포함된 영상을 구성할 수 있다.

교수자는 브루를 활용해 수업 자료를 동영상 콘텐츠로 제작하면서 핵심 내용을 자막과 음성으로 강조하거나 필요에 따라 장면을 삭제하거나 순서를 조정할 수 있다.

2.1 강의슬라이드를 활용한 동영상 콘텐츠 제작

브루의 '슬라이드로 비디오 만들기' 기능을 활용하면, 교수자는 강의슬라이드 파일을 기반으로 수업용 동영상을 제작할 수 있다. 슬라이드를 업로드한 뒤 각 슬라이드에 자막을 입력하거나 수정하고, 해당 자막은 AI 목소리로 변환되어 음성 해설로 적용된다. 강의 스타일에 맞는 AI 음성을 선택하고, 자막과 컷 편집을 조정하여 최종 영상을 구성할 수 있다.

이 기능을 활용하면 복잡한 편집 과정 없이 시청각 자료를 구성할 수 있으며 사전 하습이나 복습 자료 등 다양한 수업 목적에 맞춰 적용할 수 있다. 텍스트로는 전달하기 어려운 내용을 음성과 화면으로 함께 제공함으로써 학습자가 내용을 보다 명확히 이해할 수 있다.

[그림 7-3]은 강의슬라이드를 업로드하고 슬라이드별 자막과 AI 음성 해설을 설정한 뒤 완성본을 동영상(MP4), 자막(SRT), 오디오(WAV)로 내보내는 과정을 보여 준다. 이러한 기능을 통해 교수자는 각 슬라이드의 주요 내용을 손쉽게 편집하고, 수업에 필요한 학습 동영상을 쉽고 빠르게 제작할 수 있다.

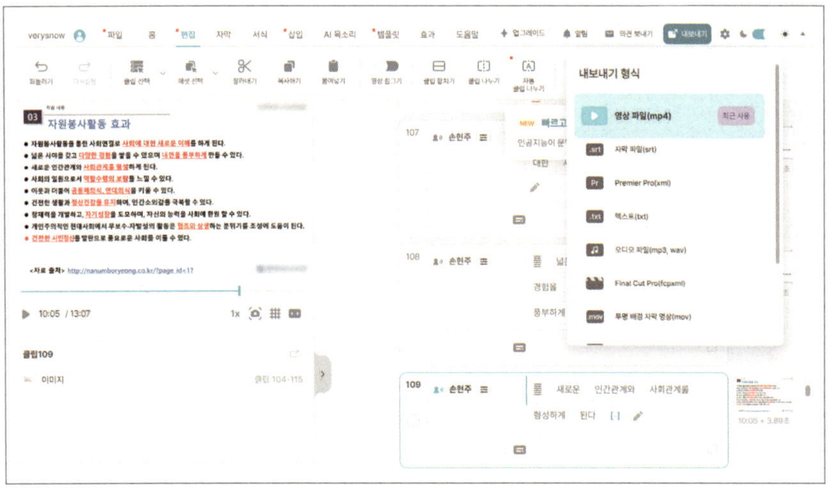

[그림 7-3] Vrew 도구: 강의슬라이드 동영상 편집 및 내보내기 화면

2.2 학습자 주도 동영상 과제 제작과 발표

브루를 활용하면 학습자가 직접 동영상 과제를 제작하고, 수업 시간이나 온라인 플랫폼을 통해 결과물을 발표하고 공유할 수 있다. 학생은 팀 또는 개인 단위로 주제를 설정한 뒤 상황극이나 사례 분석, 문제 해결 과정을 주제로 짧은 영상을 제작하고 이 과정에서 자막 삽입, 컷 편집, AI 음성 해설 기능을 활용할 수 있다.

[그림 7-4]~[그림 7-5]는 학습자들이 제작한 팀별 동영상 과제를 발표하는 장면과 결과물에 대해 서로 피드백을 주고받는 과정을 보여 준다. 결과물을 공유하고 피드백을 주고받는 활동을 통해 학습자는 다양한 관점을 이해하고 서로의 생각을 살펴볼 수 있다.

[그림 7-4] Vrew 도구: 팀별 동영상 과제 발표 화면

Re : 8조 영상 댓글

의사가 부상당한 환자를 대할 때 가져야 할 태도를 다시 한 번 떠올려보았습니다. 부상당한 환자를 대하는 상황은 의사에게 직업적으로 흔히 접할 수 있는 상황이지만, 그렇기에 환자에게 해줄 수 있는 따뜻한 말 한마디가 더 쉽게 간과될 수 있는 요소라고 생각했습니다. 영상을 보며 환자를 대하는 태도를 떠올려 보고 나서, 후에 제가 환자를 대할 일이 있을 때마다 처음 가졌던 마음을 잃지 않아야겠다고 생각했습니다.

Re : 8조 답글

환자 중에서 "운동선수"라는 특수한 집단을 대할 때 어떻게 하면 좋을지에 대한 질문에 답할 수 있는 영상이었습니다. 영상의 내용도 훌륭했지만 내용에 알맞는 영상과 음악이 몰입도를 훨씬 높였던 것 같습니다. 또 마지막에 앞에서 설명했던 내용을 한 번 더 정리해주어서 영상의 내용을 기억하기 쉬웠습니다. 직업간의 차이에도 불구하고 우리가 가지고 있는 공감이라는 능력으로 충분히 그들에게 물리적인 치료뿐만아니라 정신적인 지지도 해주어 안정적인 회복을 기대할 수 있겠다는 생각이 들었습니다.

Re : Re : 8조 영상

나도 부상당한 환자의 입장에서 병원을 찾아간 적이 있기에 이 영상에 대하여 공감할 수 있었습니다.
의사는 환자의 불안정한 마음을 진정시켜주고 불투명한 환자의 현 상태와 회복 가능성 여부에 대하여 명확하게 해답을 주어서 환자의 회복을 도울 필요성이 있습니다.
그러한 의사의 태도가 더 높은 환자의 순응도와 협조를 이끌어 낼 수 있을 것이라 생각합니다.

[그림 7-5] Vrew 도구: 팀별 동영상 과제 발표 후 학생 피드백 화면

3 Edpuzzle을 활용한 동영상·퀴즈 통합 콘텐츠 제작

에드퍼즐은 동영상에 퀴즈를 추가하고, 각 문항의 정답과 피드백을 미리 설정할 수 있도록 지원한다. 교수자가 객관식, 단답형, 서술형 문항을 삽입하고 정답과 해설을 입력하면, 학습자는 답안 제출 즉시 결과와 피드백을 확인할 수 있다.

에드퍼즐은 학습자의 응답 결과를 실시간으로 저장하므로, 교수자는 학습 진행 상황과 이해 수준을 수업 운영에 참고할 수 있다. 이 도구는 플립러닝이나 블렌디드러닝 환경에서 사전 학습 자료로 활용하기에 적합하며 수업 도입부의 개념 점검이나 정리 단계의 요약 및 성찰 활동 등 다양한 수업 구성에 적용할 수 있다.

3.1 에드퍼즐을 활용한 사전 학습 퀴즈 설계

에드퍼즐은 플립러닝이나 블렌디드러닝 수업에서 사전 학습용 퀴즈를 설계할 때 활용할 수 있는 도구이다. 교수자는 수업 전 동영상에 주요 개념을 묻는 문항을 삽입하여 학습자의 사전 학습 정도를 확인할 수 있다. 정답 확인과 자동 피드백 기능을 통해 학습자는 스스로 학습 내용을 점검하고 부족한 부분을 보완할 수 있다.

[그림 7-6]은 '자원봉사'를 주제로, 학습자의 경험과 생각을 유도하기 위해 구성된 사전 학습 퀴즈 사례를 보여 준다. 동영상에 삽입된 문항은 자원봉사의 의미와 가치를 스스로 떠올려 보게 하며, 학생들이 자신의 경험과 연결해 수업 주제에 자연스럽게 몰입할 수 있도록 돕는다. 이 과정은 이후 수업에서 다루게 될 내용과의 연계성을 높일 수 있다.

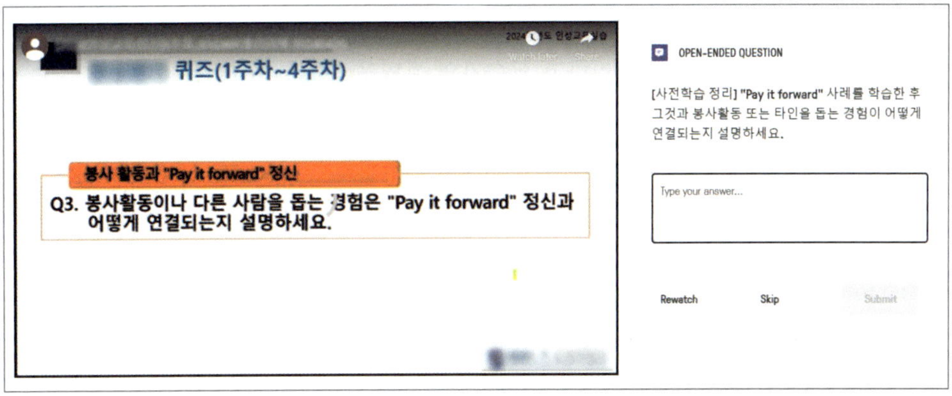

[그림 7-6] Edpuzzle 도구: 사전 학습 퀴즈 화면

3.2 에드퍼즐을 활용한 복습 퀴즈 및 피드백

에드퍼즐은 온라인 수업에서 이전 학습 내용을 점검하고 복습할 수 있는 퀴즈를 구성하는 데 활용할 수 있다. 교수자는 동영상에 간단한 문항을 삽입하고, 각 문항에 정답 해설이나 피드백을 설정하여 학습자가 자신의 응답을 확인하고 부족한 개념을 보완할 수 있도록 구성할 수 있다.

[그림 7-7]은 디자인씽킹 단계에 대한 설명과 각 단계의 번호를 연결하는 문항이 포함된 에드퍼즐 구성 화면이다. 학습자는 설명을 분석하고 해당 단계와 연결하는 과정을 통해 학습 내용을 정리할 수 있다.

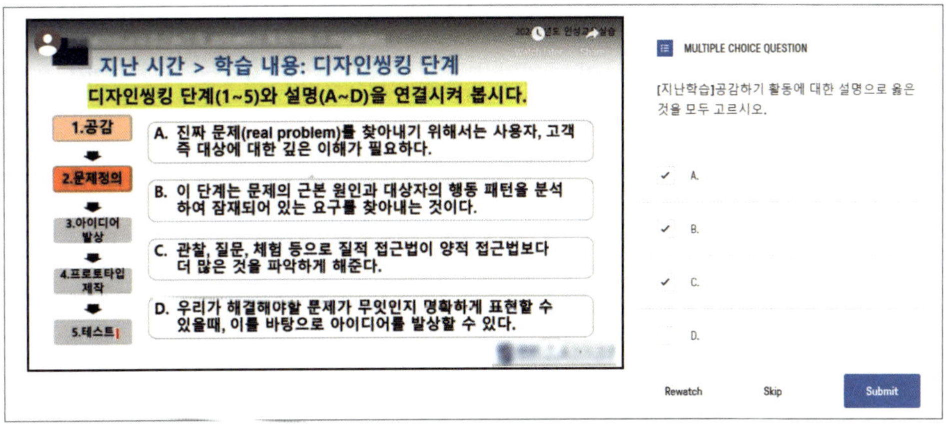

[그림 7-7] Edpuzzle 도구: 복습 퀴즈 화면

[그림 7-8]은 퀴즈 응답 직후 교수자가 복습 퀴즈 정답과 피드백을 설명하는 화면이다. 학습자는 자신의 응답을 확인하고 교수자의 설명을 참고하여 개념을 다시 점검할 수 있다.

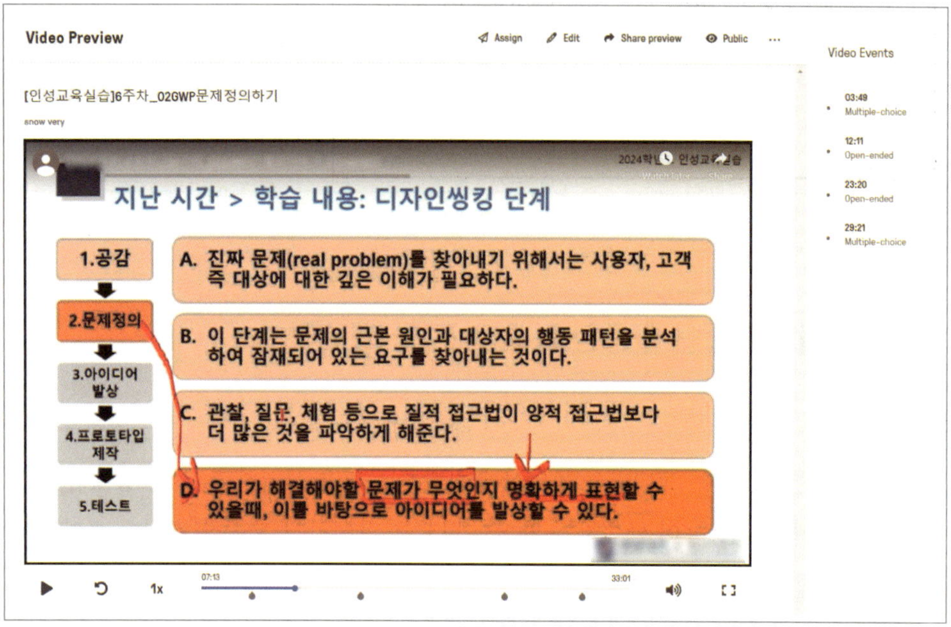

[그림 7-8] Edpuzzle 도구: 복습 퀴즈에 대한 교수자의 피드백 화면

3.3 에드퍼즐을 활용한 수업 정리 활동 및 성찰 퀴즈

에드퍼즐을 활용하면 동영상의 마지막 부분에 퀴즈 문항을 삽입하여 학습자가 배운 내용을 정리하고 자신의 학습 상태를 확인할 수 있다. 교수자는 핵심 내용을 요약하는 객관식 문항이나, 배운 내용을 학습자의 언어로 표현하도록 유도하는 서술형 문항을 구성할 수 있다. 학습자는 퀴즈를 통해 내용을 다시 떠올리며 정리하고 학습 과정을 되돌아보는 기회를 가질 수 있다.

[그림 7-9]는 학습 정리용 퀴즈 화면의 예시이다. 학습자는 동영상 속 퀴즈를 풀며 수업에서 다룬 주요 개념을 점검하고 정리할 수 있다.

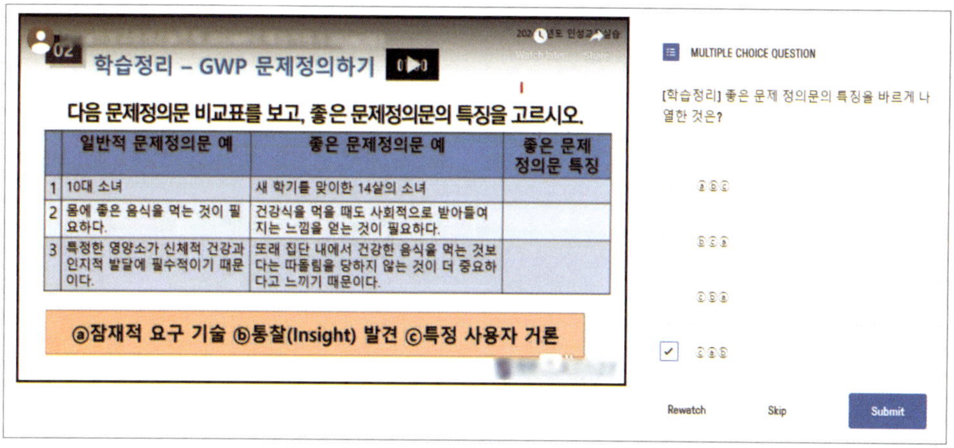

[그림 7-9] Edpuzzle 도구: 학습 정리용 퀴즈 화면

[그림 7-10]은 GWP(Good Work Project)의 개념을 서술형 문항으로 정리하는 화면이다. GWP는 자발적인 봉사 활동을 통해 선한 영향력을 실천하는 프로젝트로, 학습자는 시청한 내용을 바탕으로 개념을 자신의 언어로 설명하는 활동을 수행할 수 있다. 또한 "오늘 수업에서 기억에 남는 점은 무엇인가요?" "이 개념을 앞으로 어떻게 활용할 수 있을까요?"와 같은 간단한 문항을 함께 제시하면, 수업 경험을 돌아보며 성찰하는 활동으로 확장할 수 있다.

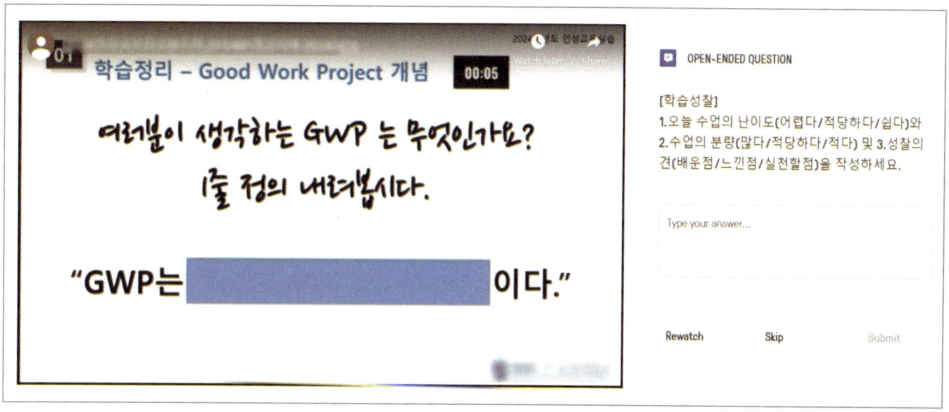

[그림 7-10] Edpuzzle 도구: 학습 성찰용 퀴즈 화면

제8장

AI 활용 평가와 피드백

1. Google Apps Script를 활용한 퀴즈 생성과 피드백
2. Brisk Teaching을 활용한 AI 챗봇 피드백
3. Snorkl을 활용한 멀티모달형 학습과 AI 피드백

평가와 피드백은 학습자의 이해도를 점검하고 학습 과정을 조정하는 데 필수적인 요소이며, 학습 동기를 유발하고 자기 주도적 학습을 지속하는 데 도움이 된다. AI 기술은 평가 문항의 자동 생성, 개별화된 피드백 제공, 학습자 반응의 실시간 분석 등을 가능하게 하여, 평가 과정에서 소요되는 시간과 노력을 줄일 수 있다.

이 장에서는 구글앱스크립트를 활용한 자동 퀴즈 생성과 피드백, 브리스크티칭의 AI 챗봇 기능을 활용한 개별 피드백 구조, 스노클을 기반으로 한 텍스트, 이미지, 음성 등의 다양한 응답 방식과 AI 피드백이 결합된 수업 사례를 살펴본다. 교수자는 AI 도구를 활용함으로써 학습자의 이해 수준을 파악하고, 실시간 맞춤형 피드백을 통해 학습을 효과적으로 지원할 수 있다.

1 Google Apps Script를 활용한 퀴즈 생성과 피드백

학습 과정에서 퀴즈 생성과 피드백은 학습자의 이해 정도를 점검하고, 자기 주도적인 학습을 유도하는 데 활용될 수 있다. 구글앱스크립트는 구글폼의 퀴즈 기능을 확장하여 객관식, 체크박스, 드롭다운 등 다양한 문항을 자동으로 생성하고 채점할 수 있도록 지원한다. 간단한 스크립트를 통해 문항 생성, 채점, 해설 제공, 개인별 피드백 전송까지 자동화할 수 있으며, 이를 통해 교수자는 반복적인 평가 작업에 소요되는 시간을 줄일 수 있다. 학습자는 퀴즈 결과와 함께 제공되는 피드백을 통해 자신의 이해 수준을 확인하고 학습 내용을 보완할 수 있다.

또한 구글앱스크립트는 구글폼뿐만 아니라 구글문서, 구글슬라이드, 구글시트 등 다양한 구글 도구와 연동할 수 있어 퀴즈뿐 아니라 교육 자료 전반에 걸친 자동화 작업이 가능하다.

1.1 챗GPT를 활용한 퀴즈 문항 개발

챗GPT와 같은 생성형 AI 도구를 활용하면, 간단한 개념 확인부터 서술형 문항에 이르기까지 다양한 형식의 퀴즈 문항을 구성할 수 있다. 교수자는 PDF 또는 텍스트 형태의 강의자료를 챗GPT에 제공하고, 객관식, 단답형, 서술형 등 원하는 문항 유형과 함께 정답, 해설, 피드백 포함 여부를 설정하여 문항 생성을 요청할 수 있다. 생성된 결과는 구조화된 형식으로 제공되며, 문항별 정답 해설과 오답 피드백이 함께 제시되어 실제 수업에서 바로 활용하거나 일부 수정하여 사용할 수 있다.

[그림 8-1]은 강의자료 PDF 파일을 기반으로 객관식과 단답형 문항 생성을 요청한 예시이다. 생성형 AI는 자료의 주요 개념을 바탕으로 문항을 자동으로 구성하며, 교수자는 이를 통해 반복적인 문항 작성 부담을 줄일 수 있다. 개념 확인, 개념 간 비교, 적용, 응용 등 다양한 질문 방향의 문항 구성이 가능하다.

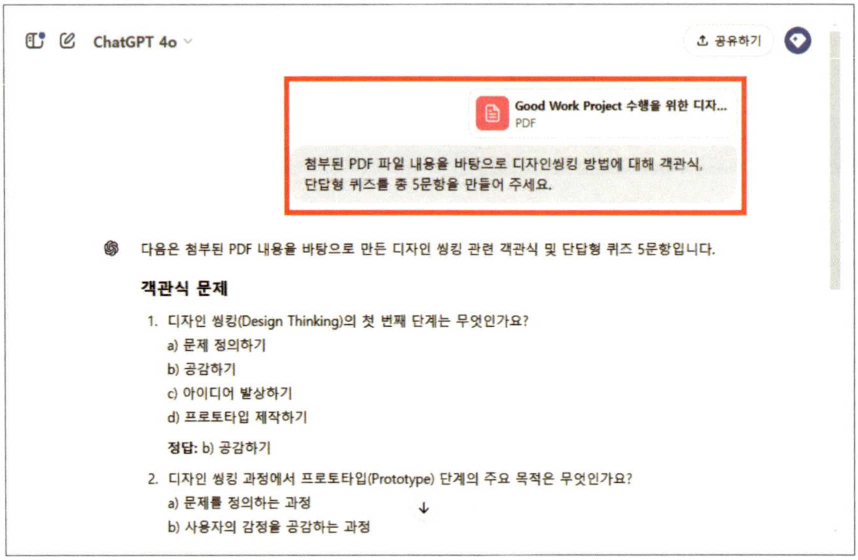

[그림 8-1] ChatGPT 도구: 강의자료 기반 퀴즈 문항 작성 요청 화면

[그림 8-2]는 각 문항에 정답, 해설, 오답 피드백이 포함된 결과 예시이다. 선택지별 설명이 함께 제공되어 학습자는 자신의 응답을 바탕으로 이해가 부족한 내용을 확인하고 학습 내용을 보완할 수 있다. 생성된 문항은 구글폼 또는 LMS 퀴즈 도구 등에 적용하거나 수업에 맞게 일부 수정하여 활용할 수 있다.

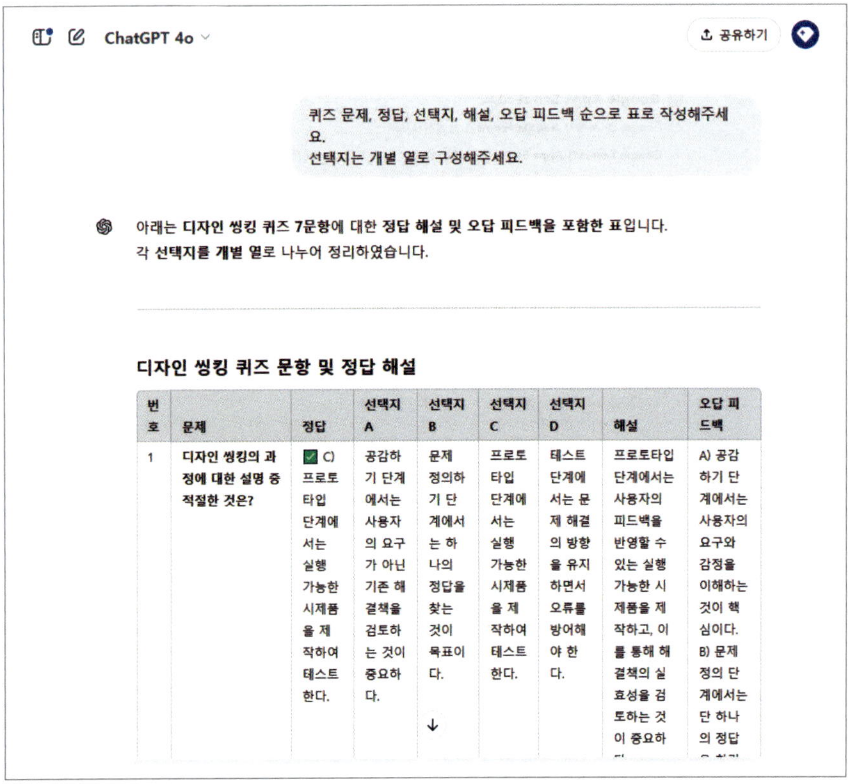

번호	문제	정답	선택지 A	선택지 B	선택지 C	선택지 D	해설	오답 피드백
1	디자인 씽킹의 과정에 대한 설명 중 적절한 것은?	✅ C) 프로토타입 단계에서는 실행 가능한 시제품을 제작하여 테스트한다.	공감하기 단계에서는 사용자의 요구가 아닌 기존 해결책을 검토하는 것이 중요하다.	문제 정의하기 단계에서는 하나의 정답을 찾는 것이 목표이다.	프로토타입 단계에서는 실행 가능한 시제품을 제작하여 테스트한다.	테스트 단계에서는 문제 해결의 방향을 유지하면서 오류를 방어해야 한다.	프로토타입 단계에서는 사용자의 피드백을 반영할 수 있는 실행 가능한 시제품을 제작하고, 이를 통해 해결책의 실효성을 검토하는 것이 중요하	A) 공감하기 단계에서는 사용자의 요구와 감정을 이해하는 것이 핵심이다. B) 문제 정의 단계에서는 단 하나의 정답

[그림 8-2] ChatGPT 도구: 퀴즈 문항별 정답 해설 요청 화면

1.2 구글앱스크립트를 활용한 퀴즈 자동 생성

구글앱스크립트는 구글폼을 자동으로 생성하는 기능을 통해 반복적인 퀴즈 제작 작업을 자동화할 수 있다. 특히 수업 중 자주 활용되는 형성 평가나 개념 확인용 퀴즈를 자동화하면 일정한 형식의 평가 자료를 쉽게 구성할 수 있다.

[그림 8-3]은 챗GPT에서 생성한 퀴즈 문항 데이터를 기반으로 구글폼 퀴즈를 자동 생성하는 구글앱스크립트 코드를 챗GPT에게 요청한 화면이다. 교수자는 문항, 보기, 정답, 해설 등의 정보를 스크립트에 입력한 뒤 실행만으로 구글폼 퀴즈를 생성할 수 있다.

[그림 8-3] ChatGPT 도구: 퀴즈 생성을 위한 Google Apps Script 코드 요청 화면

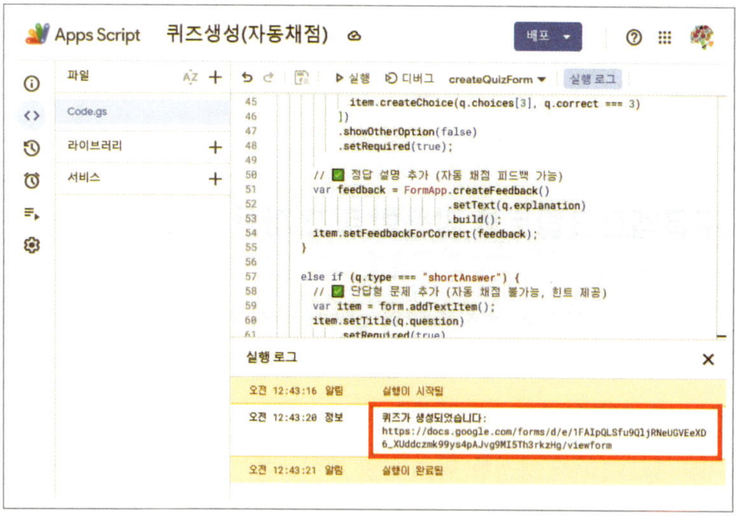

[그림 8-4] Google Apps Script 도구: Google Forms 퀴즈 생성 완료 화면

[그림 8-4]는 해당 스크립트를 실행한 결과로 생성된 구글폼 퀴즈 링크가 출력된 화면을 보여 준다. 구글폼에 문항과 정답, 피드백 설명을 직접 입력하지 않아도 자동으로 퀴

즈가 구성되며 생성된 링크를 학습자에게 공유하면 바로 퀴즈를 시행할 수 있다.

1.3 구글폼의 자동 채점 및 피드백

앞서 챗GPT를 활용해 문항을 개발하고, 구글앱스크립트를 통해 구글폼으로 자동 생성한 퀴즈는 자동 채점과 피드백 설정을 추가함으로써 수업에 바로 활용할 수 있는 온라인 평가 도구로 완성된다. 구글폼은 퀴즈 기능을 통해 문항별 정답과 배점을 지정하고 응답 결과에 따라 자동으로 채점과 피드백을 제공할 수 있다.

[그림 8-5]는 구글폼으로 생성된 객관식 퀴즈 문제와 정답 및 피드백 설정 화면이다. 각 문항에는 정답과 배점이 설정되어 있으며 선택지마다 해설과 피드백을 입력할 수 있다. 학습자는 응답 직후 정답 여부와 선택지에 대한 설명을 확인할 수 있어 이해 수준을 점검하고 부족한 내용을 보완할 수 있다.

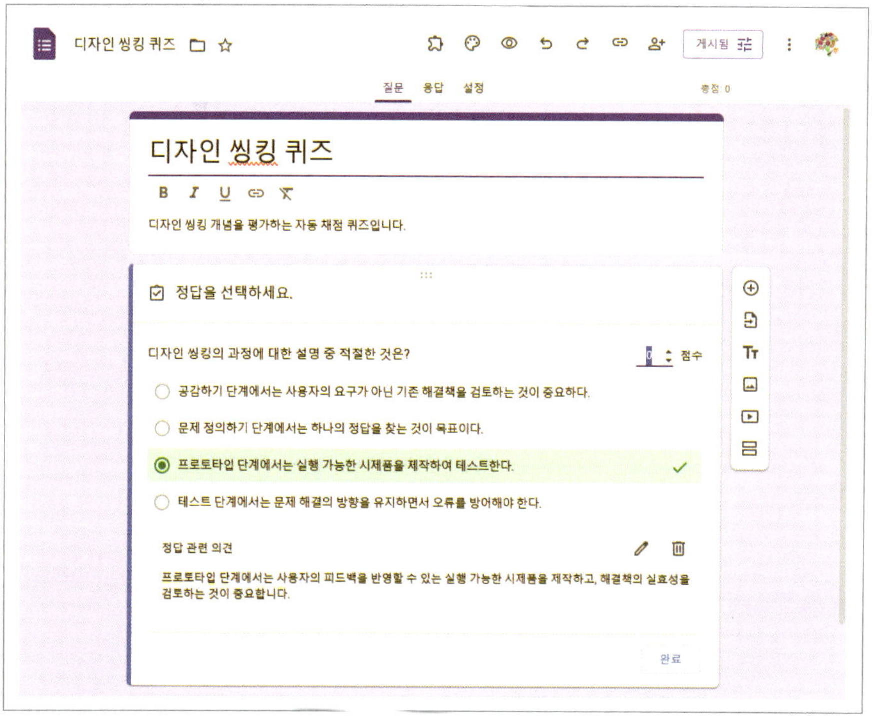

[그림 8-5] Google Forms 도구: 퀴즈 문제와 정답 및 피드백 설정 화면

[그림 8-6]은 퀴즈 결과 공개 및 응답자 설정 화면이다. 교수자는 '제출 후 바로 공개' 또는 '직접 검토 후 공개' 방식 중 수업 흐름에 맞는 피드백 제공 방식을 선택할 수 있으며, 정답 확인, 점수 공개, 틀린 문제 확인의 적용 여부도 조정할 수 있다.

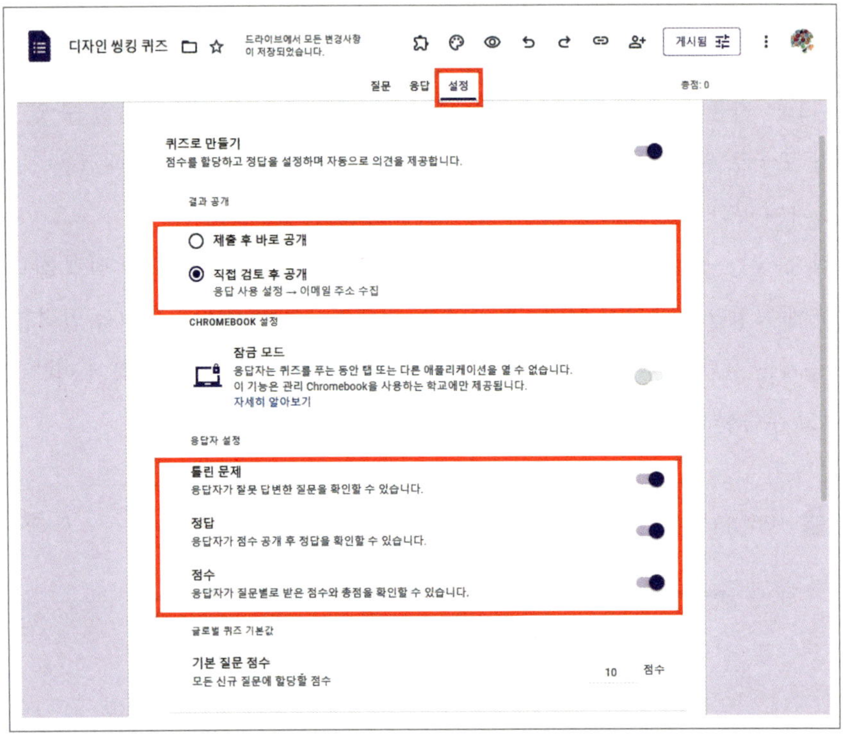

[그림 8-6] Google Forms 도구: 퀴즈 결과 공개 및 응답자 설정 화면

[그림 8-7]은 퀴즈 시작 전 응시자의 이름과 퀴즈 시작 번호를 설정하는 초기 화면이다. 실시간 퀴즈를 진행할 경우, 교수자는 학습자의 접속 여부를 확인하고 퀴즈 시작 번호를 안내함으로써 평가를 원활하게 진행할 수 있다.

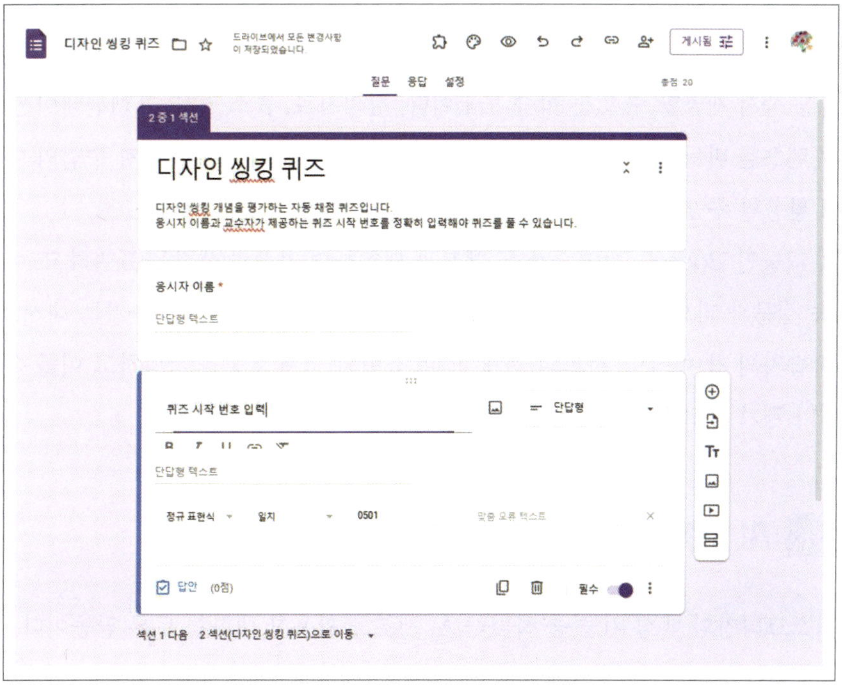

[그림 8-7] Google Forms 도구: 응시자 이름 및 퀴즈 시작 번호 설정 화면

2 Brisk Teaching을 활용한 AI 챗봇 피드백

브리스크티칭은 AI 챗봇을 기반으로 학습자의 응답을 실시간으로 분석하고, 개별화된 피드백을 즉시 제공할 수 있는 학습 도구이다. 강의자료, 뉴스 기사, 프레젠테이션 등 다양한 콘텐츠를 바탕으로 개념 확인, 토론 유도, 성찰 활동에 이르기까지 수업의 여러 단계에서 활용할 수 있다.

주요 기능인 'Boost'는 학습자가 AI 챗봇과 대화하며 자신의 생각을 표현하고, 이에 대한 후속 질문과 피드백을 주고받는 상호작용 활동으로 구성된다. 교수자는 대시보드를 통해 학습자의 참여 정도, 사고의 전개 방식, 표현의 구체성 등을 확인하고 이를 수업 피드백이나 평가 참고 자료로 활용할 수 있다.

2.1 AI 챗봇 기반 대화형 토론 활동

브리스크티칭의 핵심 기능 중 하나는 AI 챗봇을 활용한 대화형 토론 활동이다. 이 기능은 학습자가 입력한 주장이나 의견에 대해 AI가 실시간으로 후속 질문을 제시하거나 논리적 피드백을 제공함으로써, 사고를 확장하고 표현을 정교화하는 데 활용될 수 있다.

교수자는 강의자료를 바탕으로 토론 활동의 질문과 목표를 설정할 수 있으며, 이를 통해 학습자가 주제에 대해 다양한 관점을 탐색하고 자신의 생각을 논리적으로 표현할 수 있도록 사고 유도형 질문을 구성할 수 있다. 프롬프트 형태로 입력된 질문은 AI에 의해 실시간으로 분석되며, 학습자의 응답에 따라 관련 개념이나 논점을 제시하여 토론의 흐름을 확장하고, 학습자가 자신의 사고를 구체화할 수 있도록 돕는다.

[그림 8-8]은 교수자가 강의자료를 바탕으로 토론 질문을 설정하는 화면이다. 교수자는 수업의 흐름에 따라 질문을 수정하거나 재구성할 수 있으며, 이를 통해 학습자의 사고를 유도하고 토론이 학습 목표에 맞게 진행되도록 조정할 수 있다.

[그림 8-8] Brisk Teaching 도구: 교수자가 강의자료 업로드 후 토론 질문을 설정하는 화면

[그림 8-9]는 학습자가 AI 챗봇과 실시간으로 토론하는 장면이다. 'AI 평가와 인간 평가의 차이'라는 질문에 대해 학습자는 자신의 견해를 단계별로 제시하고, AI의 후속 질문에 근거와 사례를 덧붙이며 응답을 확장해 나간다. 이 과정에서 AI는 학습자가 언급하지 않은 관점을 제안하거나 개념 간의 연결을 안내하여 다양한 관점에서 사고하도록 돕는다.

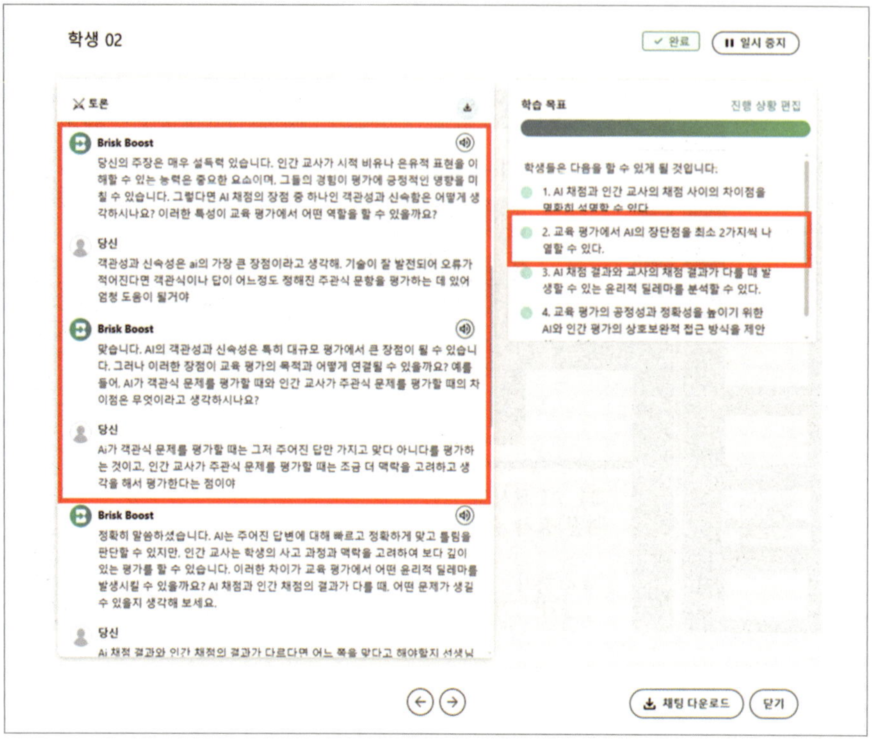

[그림 8-9] Brisk Teaching 도구: 학생 개인별 AI 챗봇과의 토론 활동 사례 01 화면

모든 학습자가 동일한 방식으로 사고를 확장하는 것은 아니다. 같은 질문을 받아도 어떤 학습자는 다양한 의견을 제시하며 자신의 주장을 이어 가지만, 다른 학습자는 '다음 단계로 넘어가자'는 식의 짧은 응답으로 활동을 마무리하려는 경향을 보이기도 한다. [그림 8-10]은 이러한 형식적 참여의 예시를 보여 준다. 학습자는 '장단점 제시'라는 두 번째 토론 활동 목표는 달성했으나, 토론 내용을 보면 근거나 추가 설명 없이 최소한의 응답으로 활동을 마쳤다.

이러한 차이를 고려해 교수자는 대시보드를 통해 학습자의 참여 수준을 실시간으로 점검하고, 필요시 질문을 재구성하거나 보조 설명을 제공할 수 있다. AI 챗봇이 후속 질문을 계속 제공하더라도 학습자가 응답하지 않으면 사고 확장은 제한되므로, 학습 목표와 활동 수준을 주기적으로 점검하고 조정하는 관리가 요구된다.

[그림 8-10] Brisk Teaching 도구: 학생 개인별 AI 챗봇과의 토론 활동 사례 02 화면

2.2 AI 챗봇 기반 학습 이해도 점검 활동

브리스크티칭의 'Boost' 기능은 학습자의 응답을 분석하여 실시간 피드백을 제공하고, 학습 목표 달성 정도를 시각적으로 제시하는 기능을 포함하고 있다. 특히 단순한 문항 응답을 넘어, 학습자가 개념을 얼마나 이해하고 있는지를 점검하거나 수업을 정리하는 단계에서 자신의 학습을 성찰하도록 유도하는 데 활용할 수 있다.

[그림 8-11]은 '학습 이해도 확인' 기능으로, 학습자가 질문에 대해 작성한 응답을 바탕으로 AI 챗봇이 후속 질문을 제시하고 표현의 구체성이나 논리성에 대한 피드백을 제공하는 과정을 보여 준다. 이 활동은 개인별로 진행되었으며 학습자는 챗봇의 피드백을 통해 학습 내용을 스스로 정리해 볼 수 있다.

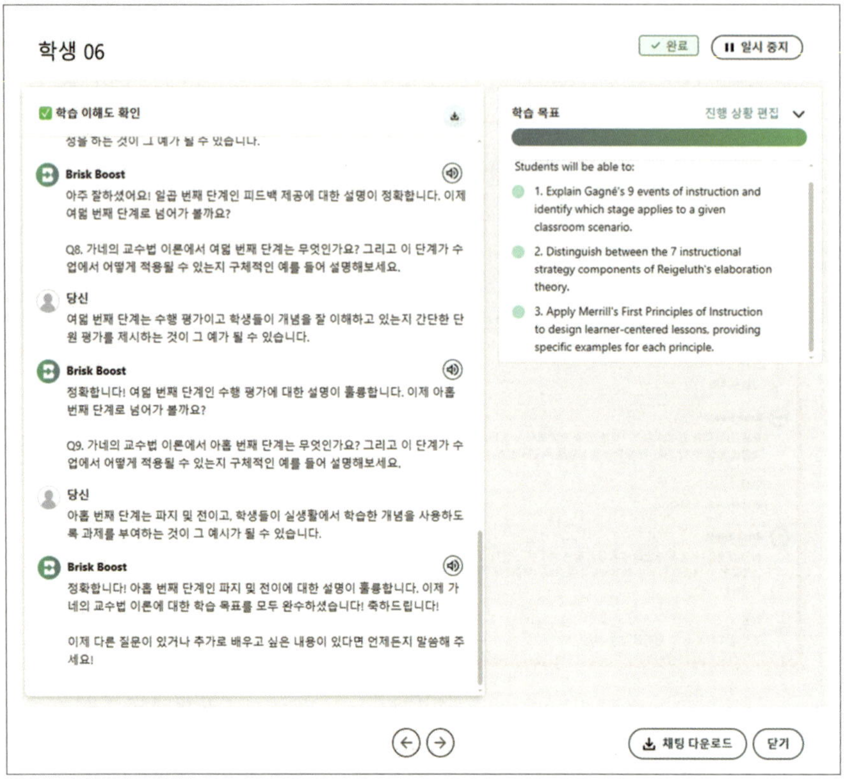

[그림 8-11] Brisk Teaching 도구: 개인별 학습 이해도 확인 활동 화면

[그림 8-12]는 '출구 티켓(exit ticket)' 기능으로, 학습자가 입력한 답변을 AI가 학습 목표별로 자동 분석하고 성취 수준을 시각적으로 피드백한 화면이다. 이 활동은 팀 단위로 구성되었으며, 수업 상황에 따라 개인별 활동이 어려운 경우 학습자들이 팀을 구성하여 수업 시간에 학습된 내용을 정리할 수 있다.

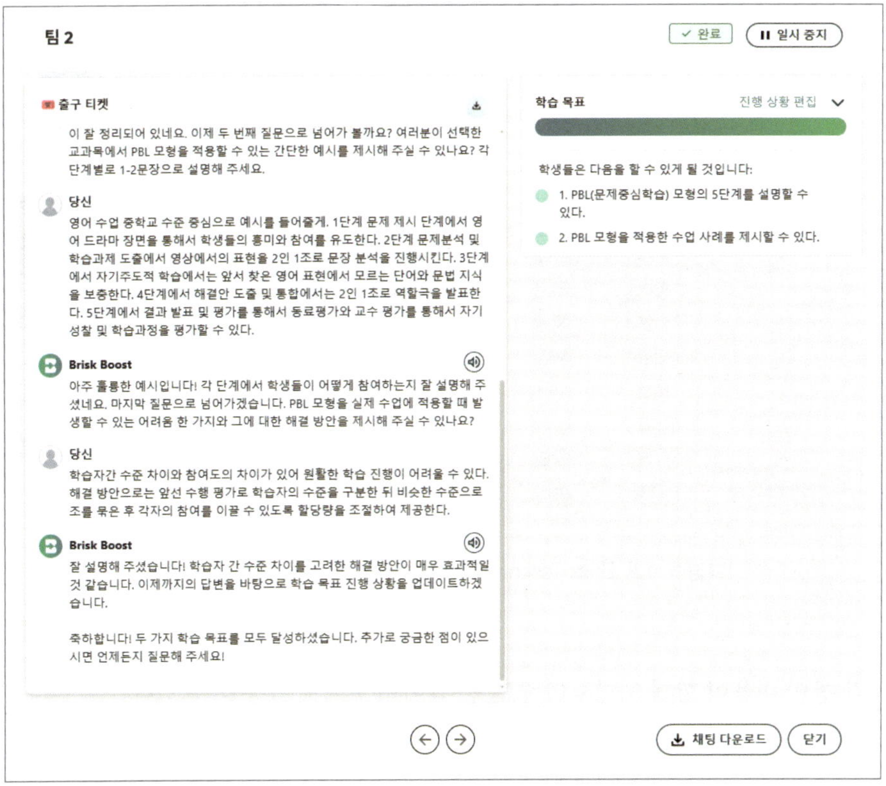

[그림 8-12] Brisk Teaching 도구: 팀별 출구 티켓 활동 화면

2.3 실시간 학습 참여 모니터링 및 피드백

브리스크티칭은 AI 챗봇 기반 활동뿐 아니라, 교수자가 학습자의 실시간 참여 현황을 모니터링할 수 있는 대시보드 기능을 함께 제공한다. 교수자는 활동 대시보드를 통해 각 학습자의 참여 여부, 응답 시간, 피드백 진행 상태 등을 시각적으로 확인할 수 있으며, 이를 바탕으로 즉각적인 개입이나 맞춤형 피드백을 설계할 수 있다.

[그림 8-13]은 브리스크티칭의 활동 대시보드 화면이다. 학생 이름, 팀 번호, 활동 시작 여부, 진행 상황 등이 일목요연하게 나타나며, 전체 참여 현황과 개별 진행 상태가 시각적으로 표시된다. 교수자는 이 화면을 통해 학습자 중 누가 활동을 시작했는지, 어떤 단계까지 완료했는지를 한눈에 파악할 수 있다. 오른쪽에는 참여 안내 링크와 QR 코드,

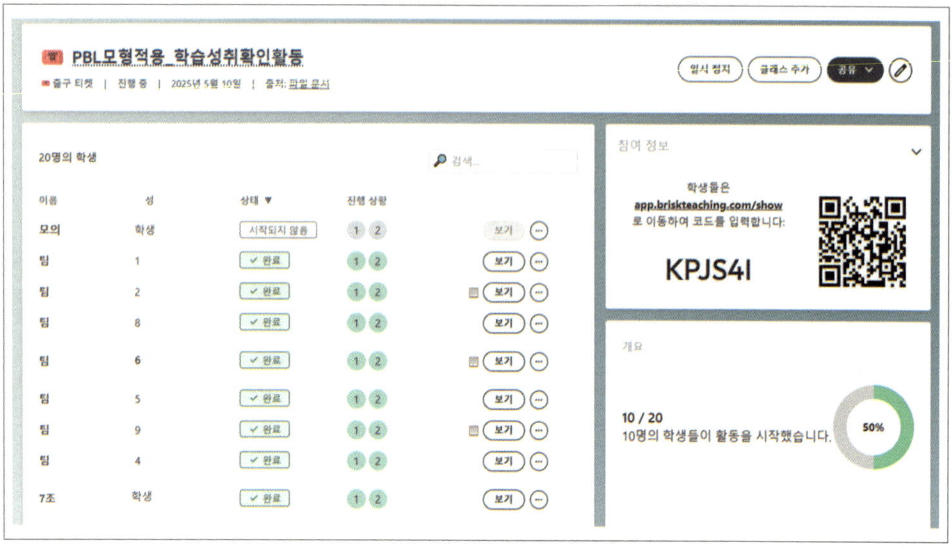

[그림 8-13] Brisk Teaching 도구: 팀별 Boost 활동 대시보드 화면

실시간 참여 비율이 함께 제공되며 수업 중 참여 유도에도 활용할 수 있다.

브리스크티칭은 개별 학습자의 활동 결과나 AI 피드백은 확인할 수 있지만, 전체 결과를 요약하거나 성취 수준을 자동으로 종합 분석하는 기능은 현재 제공하지 않는다. 이에 따라 교수자는 필요시 활동 데이터를 다운로드한 뒤, 다른 생성형 AI 도구를 활용해 학습 활동 결과를 종합 분석하고 피드백 자료를 구성할 수 있다.

[그림 8-14]는 교수자가 브리스크티칭에서 수집한 활동 데이터를 바탕으로 팀별 응답을 정리하고, 생성형 AI를 활용해 학습 목표 성취 수준을 분석한 사례이다. 각 팀의 응답은 성취 여부에 따라 '달성' 또는 '미달성'으로 분류되며, 피드백에는 응답의 논리 전개, 구조화 정도, 예시의 적절성 등을 중심으로 한 평가 결과가 포함되어 있다. 이와 같은 평가 결과는 교수자가 학생들에게 피드백하거나 다음 수업을 조정하는 데 참고할 수 있다.

팀별 PBL모형 적용 학습목표 성취 분석 결과

팀	성취 수준	피드백 의견
1조	달성	단계 설명과 수업 사례 제시가 명확하며 구조가 잘 정리되어 있음. 자료 활용 등 세부 활동 요소는 보완 여지 있음.
2조	달성	교수자-학습자 역할 구분이 잘 이루어졌고 사례도 구체적이나, 일부 내용은 목록 형태로 주체적인 서술이 부족함.
4조	미흡	PBL 특징에 대한 이해는 있으나 단계 설명과 수업 사례가 부족하여 학습목표 달성에 미치지 못함.
5조	미흡	사례 구성을 시도하였으나 단계별 흐름과 핵심 개념 이해가 불명확하고 응답이 다소 단편적임.
6조	달성	창의적 주제로 PBL 구조를 명확히 설명하였으며 실제 적용 가능성이 높음. 일부 자료 활용이 구체화되면 더욱 효과적임.
7조	미흡	실제적 문제 제시는 훌륭하나 단계 구성과 사례 설명이 충분히 전개되지 못함. 내용 흐름의 구조화가 필요함.
8조	달성	간호학 수업 사례가 각 단계에 적절히 대응되며 적용이 뛰어남. 다만 학습자 평가·피드백 요소는 다소 약함.
9조	달성	생물 수업에 PBL을 실험 기반으로 적용한 점이 인상적이며 구조도 명확함. 표현상의 다듬기가 보완점임.

[그림 8-14] 팀별 학습 성취 확인 활동에 대한 평가 결과 및 피드백 결과 화면

3 Snorkl을 활용한 멀티모달형 학습과 AI 피드백

스노클은 학습자가 텍스트 입력, 음성 녹음, 디지털 필기 등 다양한 방식으로 자신의 생각을 표현할 수 있도록 지원하고, 이를 기반으로 AI가 실시간 피드백을 제공하는 학습 도구이다. 학습자는 개념을 정리하거나 자신의 사고를 서술하는 과정에서 텍스트, 음성, 디지털 드로잉 등의 표현 방식을 선택하여 응답을 구성할 수 있다.

AI는 학습자의 응답에 포함된 논리 구조, 핵심 개념 포함 여부, 구체성과 창의성 등을 기준으로 분석을 수행하고, 이에 따라 개인 맞춤형 피드백을 제시한다. 학습자는 이러한 피드백을 바탕으로 자신의 응답을 점검하고 필요한 부분을 수정하여 다시 제출할 수 있으며, 이를 통해 학습 내용을 반복적으로 성찰하고 보완할 수 있다. 교수자는 스노클의

분석 기능을 활용하여 학습자의 성취 수준을 자동으로 분류하고, 전체 응답의 경향성과 특성을 시각적으로 확인할 수 있다.

3.1 디지털 화이트보드 기반 멀티모달 학습 활동

스노클은 텍스트, 음성, 그림, 손글씨 등 다양한 방식의 표현을 지원하는 멀티모달 학습 도구이다. 학습자는 주어진 질문이나 과제에 대해 디지털 화이트보드를 활용하여 텍스트를 입력하거나, 직접 손글씨를 추가해 응답할 수 있다. 이러한 방식은 다양한 표현 수단을 활용해 자신의 이해 수준이나 사고의 흐름을 구체화할 수 있도록 도와준다.

[그림 8-15]는 스노클을 활용한 개인별 형성 평가 문제 풀이 활동 화면이다. 학습자는 선택지와 함께 자신의 생각을 서술하고, 중요 개념이나 핵심 내용을 손글씨로 강조하거나 연결하여 응답을 구성하고 있다. 화면 우측에는 스노클 AI가 제공하는 피드백 창이 제시되며, 응답의 논리적 구성 여부, 문항 간 연계성, 개념 적용의 정확성 등에 대해 개별 피드백이 제공된다.

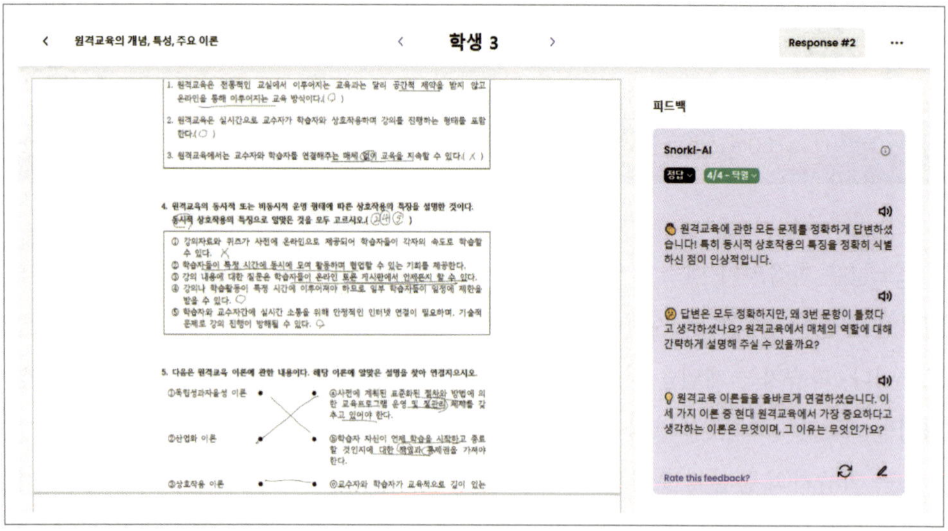

[그림 8-15] Snorkl 도구: 개인별 형성 평가 문제 풀이 활동 화면

[그림 8-16]은 팀 활동으로 진행된 교수학습 과정안 작성 실습 예시이다. 대표 학생이 팀의 의견을 바탕으로 스노클에 응답을 제출하면, AI는 목표 진술의 구체성, 수업 단계 구성의 적절성, 자료 활용 계획 등을 중심으로 피드백을 제공한다. 오른쪽 피드백 창에는 개선이 필요한 지점에 대한 구체적 질문이 제시되며, 학습자는 이를 바탕으로 응답 내용을 수정하거나 보완할 수 있다.

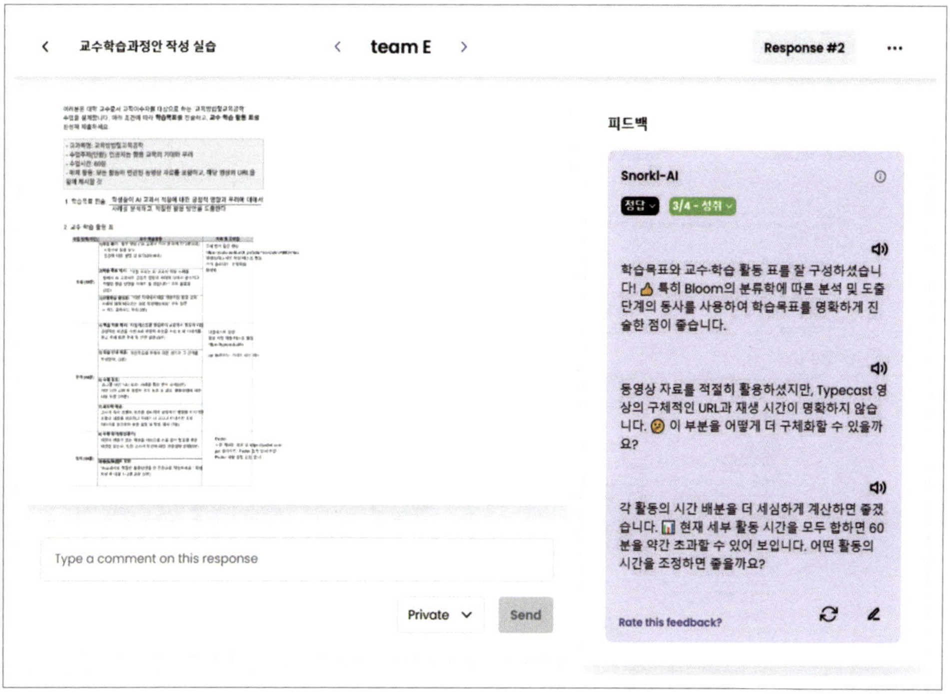

[그림 8-16] Snorkl 도구: 팀별 교수학습 과정안 작성 실습 화면

3.2 학습자 응답 결과에 대한 AI 평가 및 피드백

스노클은 학습자가 제출한 전체 응답을 기반으로 AI 피드백을 제공한다. 피드백은 응답의 논리 전개, 핵심 개념 포함 여부, 구체성, 표현의 명확성 등을 기준으로 구성되며, 학습자는 이를 바탕으로 자신의 응답을 반복적으로 수정하거나 보완할 수 있다. 응답의 성취 수준은 0/4(성장 중), 1/4(성장 중), 2/4(발전 중), 3/4(성취), 4/4(탁월)로 등급화되어

제공된다. 학습자는 각 등급에 포함된 구체적인 평가 내용을 통해 자신의 응답 수준을 점검하고 부족한 부분을 인식한 후 다시 응답을 구성할 수 있다.

[그림 8-17]은 동일한 과제에 대해 한 학습자가 네 차례에 걸쳐 응답(response)을 수정·제출한 예시이다. 오른쪽에는 각 응답에 대한 AI 피드백과 성취 수준이 함께 제시되어 있으며, 초기 응답은 0/4(성장 중), 이후 응답은 4/4(탁월)로 변화한 경향을 보여 준다. 각 등급에는 개선이 필요한 항목과 그에 대한 설명이 포함되어 있어 학습자는 이를 바탕으로 응답을 점진적으로 완성할 수 있다.

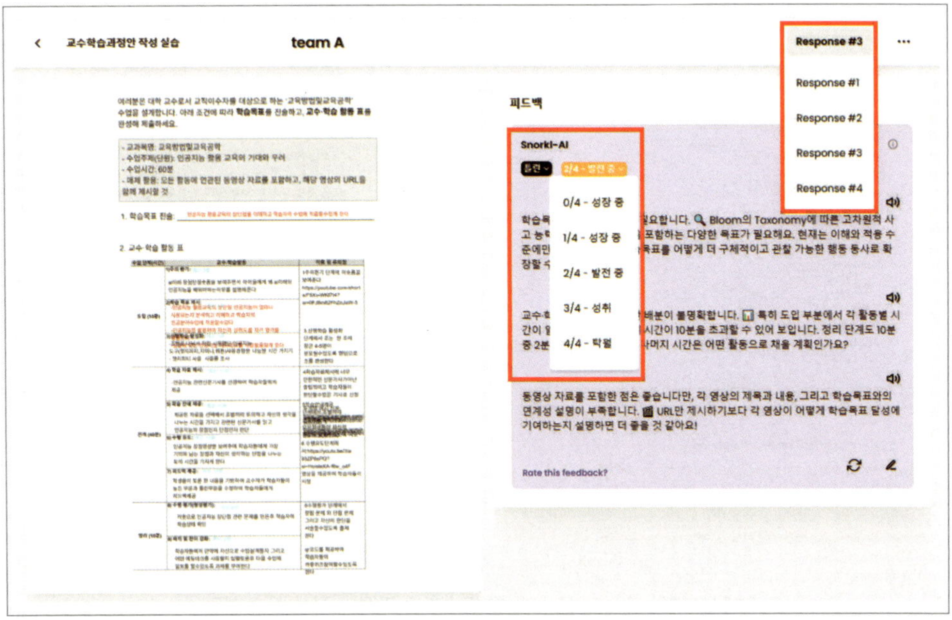

[그림 8-17] Snorkl 도구: AI 평가 등급 및 피드백 결과 화면

3.3 학습 경향 분석 및 피드백

스노클은 교수자가 학습자의 개별 응답을 검토하고 직접 피드백을 입력할 수 있는 기능을 제공한다. 피드백은 비공개로 설정할 수 있으며, 교수자는 학습자의 응답 중 핵심 개념의 누락이나 논리적 보완이 필요한 지점을 중심으로 구체적인 개선 방향을 안내할 수 있다.

[그림 8-18]은 원격 교육 문제 분석 과제에 대해 교수자가 학습자의 응답을 확인한 후, 보완해야 할 내용을 작성한 예시이다. 상단에는 AI가 제시한 주요 문항 기반 피드백이 제시되어 있고, 하단에는 교수자의 피드백 내용이 기록되어 있으며, 추가로 피드백을 입력할 수 있다. 학습자는 AI의 피드백과 교수자의 피드백을 함께 참고하여 응답을 보완할 수 있다.

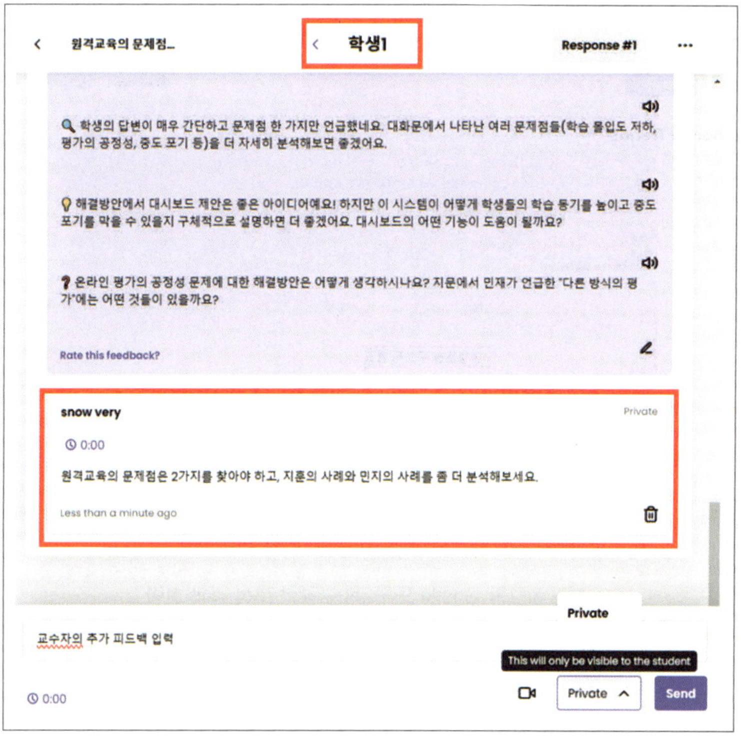

[그림 8-18] Snorkl 도구: 교수자의 추가 피드백 작성 화면

스노클은 전체 학습자의 제출 데이터를 자동으로 분석하고, 교수자가 학습 경향을 파악할 수 있도록 분류 결과를 시각적으로 제공한다. [그림 8-19]는 교수학습 과정안 작성 실습 결과를 분석한 화면으로, 응답이 세 가지 범주로 구분되어 표시된다. 상단의 '최고의 모범 사례'는 과제 요구사항을 충실히 반영하고 학습 목표를 달성한 응답으로, Team C, B, E의 제출물이 이에 해당한다. 중간의 '불충분한 구조적 정렬'은 과제의 기본 구조는 갖추었으나 학습 목표나 내용 흐름 간의 논리적 연결이 부족한 경우에 해당한다. 하단

의 '제출이 완료되지 않았거나 누락되었습니다'는 과제의 필수 요소가 일부 빠져 있거나 응답 자체가 제출되지 않은 상태를 의미한다. 이러한 결과를 통해 교수자는 수업 전반의 성취 경향을 확인하고 유형별로 보완이 필요한 학습자에게 추가 안내를 하거나 제출을 재요청할 수 있다.

[그림 8-19] Snorkl 도구: 학습 경향 분석 결과 화면

제9장

AI 활용 디지털 교재 개발

1. 디지털 교과서의 유형과 특징
2. AI 도구를 활용한 디지털 교재 기획
3. Book Creator를 활용한 디지털 교재 제작

디지털 교과서는 멀티미디어 자료와 상호작용 기능을 포함하여 학습자의 몰입을 높이고, 학습 경험을 보다 풍부하게 구성할 수 있는 교육 자원이다. 최근에는 AI 기술이 디지털 교재 개발 방식에 도입되면서 학습자의 수준과 선호에 기반한 콘텐츠 추천, 실시간 학습 데이터 분석, 개별화된 학습 경로 제공 등이 가능해지고 있다.

이 장에서는 디지털 교과서의 유형과 특징을 살펴보고, AI 도구를 활용한 교재 기획과 북크리에이터를 활용한 제작 사례를 중심으로 디지털 교재 개발 방안을 소개한다. 교수자는 AI 기술을 수업 맥락에 맞게 적용함으로써 학습자의 자기 주도적 학습을 지원하고 교육의 효과성을 높일 수 있다.

1 디지털 교과서의 유형과 특징

디지털 교과서는 ICT를 기반으로 한 교수학습 매체로, 전통적인 서책형 교과서의 한계를 보완하고 학습자의 몰입도와 이해도를 높이기 위해 개발되었다. 디지털 교과서의 개념은 기존의 텍스트 중심 수업을 멀티미디어와 상호작용 중심으로 전환하는 데 그 핵심이 있으며, 교수자 중심의 일방향 수업에서 학습자 중심의 참여적 수업으로 전환하고자 하는 교육 패러다임 변화에 따라 등장하였다. 1990년대 말부터 전 세계적으로 디지털 교육 자료 개발이 본격화되었고, 국내에서도 1997년부터 디지털 교과서 개발에 착수하며 현재에 이르고 있다.

디지털 교과서와 유사 개념으로는 디지털 교재와 디지털 콘텐츠가 있으나, 이는 서로 구분된다. 디지털 교재는 교수자가 수업을 위해 제작하거나 사용하는 다양한 전자적 자료를 포함하며, 디지털 콘텐츠는 특정 수업 단원 또는 주제에 한정된 멀티미디어 자료를 의미한다. 반면, 디지털 교과서는 국가 교육 과정에 따라 교과별로 편성된 정규 수업용 자료이며, 교과서로서의 법적 지위와 구조적 체계를 갖춘 점에서 차별화된다. 특히 최근 AI 기술이 접목된 디지털 교과서는 전통적 디지털 교과서에서 한 단계 진화한 형태로, 학습자의 데이터를 실시간으로 분석하고 맞춤형 콘텐츠를 제공하는 새로운 교육 도구로 주목받고 있다.

1.1 디지털 교과서의 유형

디지털 교과서는 크게 전통적 디지털 교과서와 AI 디지털 교과서로 구분된다. 이러한 구분은 교육부의 정책 변화 흐름과도 연결되며, 〈표 9-1〉은 2007년 '디지털 교과서 상용화 추진 방안', 2011년 '스마트교육 추진 전략', 2023년 'AI 디지털 교과서 추진 방안' 등 주요 정책을 통해 디지털 교과서의 발전 과정을 보여 준다.

〈표 9-1〉 디지털 교과서 개념 변화

정책	디지털 교과서 상용화 추진 방안	스마트교육 추진 전략	AI 디지털 교과서 추진방안
시기	2007. 3.	2011. 9.	2023. 6.
주체	교육인적자원부	교육과학기술부	교육부
정의	교과서 내용을 디지털화하여 전자 매체에 수록한 뒤 유·무선 정보 통신망을 이용하여 그 내용을 읽고, 보고, 들을 수 있도록 한 교과서	기존 교과 내용(서책형 교과서)에 용어사전, 멀티미디어 자료, 평가 문항, 보충·심화 학습 내용 등 풍부한 학습 자료와 학습 지원 및 관리 기능이 추가되고 에듀넷·티클리어 등 교육용 콘텐츠와 연계가 가능한 학생용 교재	학생 개인의 능력과 수준에 맞는 다양한 맞춤형 학습 기회를 지원할 수 있도록 AI를 포함한 지능 정보화 기술을 활용하여 다양한 학습 자료 및 학습 지원 기능 등을 탑재한 교과서
키워드	디지털 교과서 원형 개발	디지털 교과서 개념 정의	AI 디지털 교과서 개념 정의

출처: 국가기록원(2024).

전통적 디지털 교과서는 기존 서책형 교과서의 내용을 전자 매체로 전환한 형태로, 텍스트, 이미지, 동영상, 애니메이션, 3D 모델, AR 및 VR 등 다양한 멀티미디어 자료를 통합하여 제공한다. 이와 함께 용어사전, 보충·심화 자료, 평가 문항, 필기 및 하이라이트 기능, 음성 인식, 하이퍼링크 등의 상호작용 기능을 포함하여 학습자의 이해를 돕는다. 예를 들어, 과학 교과에서는 AR을 활용해 실험 과정을 시각화하거나, 영어 교과에서는 음성 인식 기능을 활용해 발음을 교정하는 등 보다 직관적이고 풍부한 학습 경험을 제공한다.

AI 디지털 교과서는 전통적 디지털 교과서에 AI 기술을 접목한 고도화된 형태로, 학습자의 반응 데이터를 실시간으로 분석하고, 학습 수준에 맞는 맞춤형 콘텐츠를 자동으로 제공한다. 문제 풀이 기반 코스웨어(courseware), 질문 기반 튜터링 시스템, 자동 피드백, 학습 경로 추천, 실시간 평가 및 진단 기능을 포함하고 있으며, 학습 분석, 적응형 학습, 학생 중심 설계(human-centered design) 등의 원리가 적용되어 있다. 또한 클라우드 기반 환경을 통해 장소에 구애받지 않고 접근할 수 있으며, 콘텐츠의 지속적인 업데이트와 관리도 용이하다. 다음 〈표 9-2〉는 AI 디지털 교과서의 주요 특성을 나타낸 것이다.

〈표 9-2〉 AI 디지털 교과서 주요 특성

공통(학생, 교사, 학부모)	학생	교사
• 대시보드를 통한 학생의 학습 데이터 분석 제공 • 통합 로그인 기능 • 쉽고 편리한 UI/UX 구성 및 접근성 보장[보편적 학습 설계(Universal Design for Learning: UDL)]	• 학습 진단 및 분석 • 학생별 최적의 학습 경로 및 콘텐츠 추천 • 맞춤형 학습 지원(AI 튜터)	• 수업 설계와 맞춤 처방(AI 보조교사) • 콘텐츠 재구성 및 추가 • 학생 학습 이력 등 데이터 기반 학습 관리

출처: 한국교육학술정보원(2023).

AI 디지털 교과서는 2025년부터 초등학교 3~4학년, 중학교 1학년, 고등학교 1학년을 대상으로 영어, 수학, 정보 과목 중심으로 도입되어 시범 운영 중이다.

이처럼 디지털 교과서는 기술 발전에 따라 유형이 고도화되고 있으며, 교수자와 학습자 모두에게 보다 효율적이고 맞춤화된 교육 경험을 제공하는 방향으로 진화하고 있다.

1.2 디지털 교과서의 특징

디지털 교과서는 다양한 기술과 기능을 통합함으로써, 기존의 서책형 교과서와는 다른 방식으로 학습자의 참여를 유도하고 교수학습 방법의 확장을 가능하게 한다. [그림 9-1]은 디지털 교과서의 주요 특징을 다섯 가지로 정리한 것이다.

첫째, 맞춤형 학습 지원이 가능하다. 디지털 교과서는 학습자의 수준, 진도, 성취도 등을 바탕으로 개인별 학습 경로를 제시하고, 보충·심화 자료나 맞춤형 피드백을 함께 제공할 수 있다. 학습자는 자신의 이해 정도에 따라 학습 내용을 선택하고 조절하는 방식으로 학습을 이어 갈 수 있다.

둘째, 상호작용과 피드백 기능을 제공한다. 하이퍼링크, 문제 풀이, 대화형 시뮬레이션, 실시간 피드백 등의 기능을 통해 학습자는 수업에 능동적으로 참여하고, 자신의 이해 수준에 따라 학습을 조절하며 자기 주도적으로 학습을 수행할 수 있다.

셋째, 다양한 멀티미디어 자료를 활용할 수 있다. 텍스트 외에도 동영상, 애니메이션,

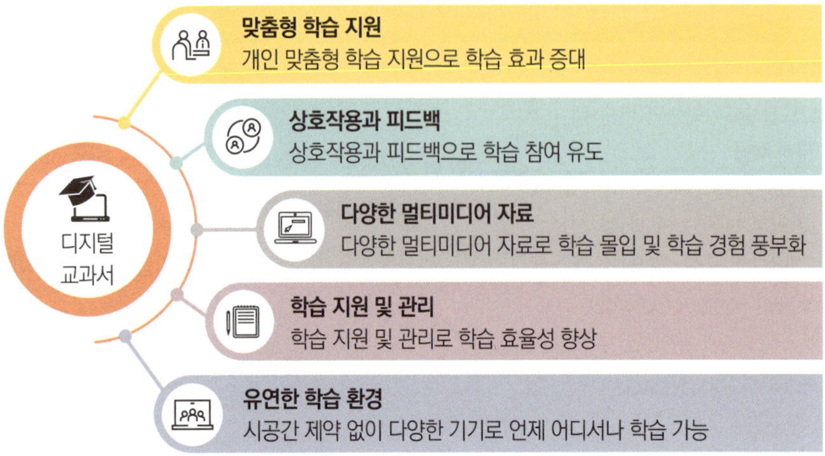

[그림 9-1] 디지털 교과서의 주요 특징

3D 모델, VR, AR 등 다양한 형태의 자료가 포함되어 있으며, 외부 학습 자료와의 연계도 가능하다. 이러한 자료들은 학습자의 흥미를 높이고 개념을 보다 직관적으로 이해하는 데 도움이 된다.

넷째, 학습 지원 및 관리 기능이 포함되어 있다. 학습 진도, 평가 결과, 성취도 분석뿐 아니라 노트, 필기, 책갈피 등의 기능이 제공되어, 학습자는 학습 내용을 정리하고 학습 과정을 체계적으로 관리할 수 있다. 교수자 역시 학습 데이터를 참고하여 수업 흐름을 조정하거나 학습 지도를 계획할 수 있다.

다섯째, 유연한 학습 환경을 제공한다. 디지털 교과서는 PC, 태블릿PC, 스마트폰 등 다양한 기기에서 접근할 수 있으며, 자료의 수정과 업데이트가 빠르게 이루어진다. 이를 통해 학습자는 시공간의 제약 없이 필요한 자료에 적시에 접근하고, 자신의 상황에 맞게 학습을 지속할 수 있다.

1.3 디지털 교과서의 발전

디지털 교과서의 개발은 국내에서 1997년 정보화 교육 추진의 일환으로 기초 연구가 시작된 이후, 2002년부터는 교육부 주도로 중장기 개발 계획이 수립되며 본격화되었다. 2007년에는 디지털 교과서 원형이 제작되었고, 2011년부터는 일부 연구학교를 대상으로 사회, 과학, 영어 과목에 디지털 교과서가 시범 적용되었다. 이후 2018년부터는 전국 초·중·고등학교의 일부 과목에서 디지털 교과서가 도입되었으며, 현장 적합성과 기술 안정성 검증을 병행해 왔다.

최근 AI 기술이 적용된 디지털 교과서는 학습자의 수준이나 반응에 따라 교육 내용을 조정하고 맞춤형 피드백을 제공하는 등 학습 효과 향상에 초점을 맞춘 기술적 발전이 진행되고 있다.

이러한 발전에도 불구하고, 디지털 교과서의 지속적인 확산과 효과적인 활용을 위해 해결해야 할 과제들이 여전히 존재한다. 먼저, 장시간 디지털 기기 사용으로 인한 시각 피로, 집중력 저하 등의 건강 문제가 지속적으로 제기되고 있으며, 이를 완화하기 위한 시청 시간 제한 기능, 자동 휴식 알림, 학습 중단 타이머 등의 기술적 보완 장치 도입이 필요하다. 또한 디지털 학습 환경의 형평성을 보장하기 위한 네트워크 인프라 확충과 디바이스 보급의 지역 간 격차 해소도 중요한 과제로 남아 있다.

기술적 측면에서는 다양한 운영체제(OS) 및 기기 간의 호환성을 보장하고, 사용자 친화적인 화면 설계와 콘텐츠 접근성 개선이 요구된다. 학습자의 연령, 기기 활용 능력, 학습 특성을 고려한 맞춤형 설계가 병행되어야 하며, 교육 현장에서 실질적인 편의성과 효율성을 제공하는 것이 핵심 과제이다.

보안 측면에서도 학습 데이터의 수집, 저장, 활용 과정 전반에 걸친 개인정보 보호 대책이 필요하며, 이에 대한 법적·제도적 기반 마련이 시급하다. 또한 축적된 학습 데이터를 분석하여 교수전략 수립 및 개별 피드백 제공에 디지털 AI 기술을 효과적으로 적용하려면, 교수자와 학습자는 각각의 역할에 맞는 디지털 리터러시와 AI 리터러시 역량을 갖출 필요가 있다. 이는 AI 기반 학습 분석 결과를 이해하고 해석하며, 교수학습 전략에 적절히 반영할 수 있는 기초가 된다.

무엇보다 중요한 것은 디지털 교과서를 단순한 기술 도구가 아닌 교육 혁신의 매개체로 인식하고 이를 효과적으로 수업에 통합할 수 있도록 교수자의 디지털 교육 역량을 체계적으로 지원하는 것이다. 이를 위해 실습 중심의 연수 프로그램, 교육 과정 내 연계 모델 개발, 교사 간 우수 사례 공유 체계 구축 등 다각적인 지원 전략이 필요하다.

2 AI 도구를 활용한 디지털 교재 기획

AI 도구는 디지털 교재 기획 및 설계 전 과정에서 교수자의 아이디어를 구체화하고, 설계 절차를 신속하게 추진할 수 있도록 지원하는 핵심 수단이다. 특히 반복적인 피드백과 빠른 수정이 요구되는 디지털 교재 개발의 특성을 고려할 때, 생성형 AI를 포함한 다양한 AI 도구는 초기 구상부터 최종 교재 완성까지 전 단계에서 전략적으로 활용될 수 있다.

이 절에서는 SAM(Successive Approximation Mode) 모델을 기반으로, AI 도구를 활용한 디지털 교재 기획 과정을 설명한다. SAM 모델은 전통적인 순차적 교수 설계 모델과 다르게 반복 설계(iterative design)와 빠른 프로토타이핑을 통해 최종 산출물의 완성도를 높이는 실천 중심의 접근 방식이다.

SAM 모델은 다음과 같은 세 단계로 구성된다. 첫째, 준비 단계(preparation phase)에서는 학습자 요구를 분석하고 주제를 구체화한다. 둘째, 반복 설계 단계(iterative design phase)에서는 교재 시안을 구성하고 AI 도구를 통해 다양한 자료와 내용을 제작하고 검토한다. 셋째, 반복 개발 단계(iterative development phase)에서는 초안 교재를 제작하고, 수정과 피드백을 거쳐 최종 교재를 완성한다. SAM 모델은 반복 설계와 프로토타이핑을 중심으로 하여, 생성형 AI의 자동화 기능, 실시간 피드백, 신속한 수정 및 개선과 긴밀하게 연계된다. 이러한 조합은 교수자가 학습자의 요구를 반영한 교재를 민첩하고 효과적으로 설계하고 개발할 수 있도록 하며, 변화하는 교육 환경에 유연하게 대응하는 디지털 교재 제작을 가능하게 한다.

이 절에서는 'AI 기반 에듀테크 활용 교수법'을 주제로, 제3장부터 제8장에서 소개한 다양한 AI 도구(구글앱스크립트, 뤼튼, 감마, 냅킨, 달리, 타입캐스트 등)를 연계하여, 디지털 교재를 SAM 모델의 단계에 따라 기획, 개발하는 실제 사례를 중심으로 설명한다.

2.1 준비 단계: 학습자 요구 분석과 주제 구체화

디지털 교재 기획의 출발점은 학습자의 요구를 분석하고 주제를 구체화하는 것이다. 구글앱스크립트를 활용하면 학습자의 AI 도구 활용 경험, 수업에서 기대하는 효과, 선호하는 학습 방식 등에 대한 설문조사를 실시할 수 있다. 예를 들어, 'AI 기반 수업에서 가장 중요하다고 생각하는 요소는 무엇입니까?' 'AI 도구를 활용한 학습 경험은 어느 영역에서 많았습니까?' 등의 문항을 활용할 수 있다.

[그림 9-2]는 슬라이도를 활용해 수집한 '에듀테크 도구 사용 경험' 설문 결과이다. 설문에 참여한 학습자들은 'AI 도구 활용 글쓰기 및 자료 요약' '영상 콘텐츠 시청 및 제작' '수업 자료 또는 발표 자료 디자인' 등의 영역에서 높은 경험을 보였다. 이는 학습자의 디지털 리터러시 수준을 파악하고, 교재 주제를 구성하는 데 실질적인 근거로 활용될 수 있다.

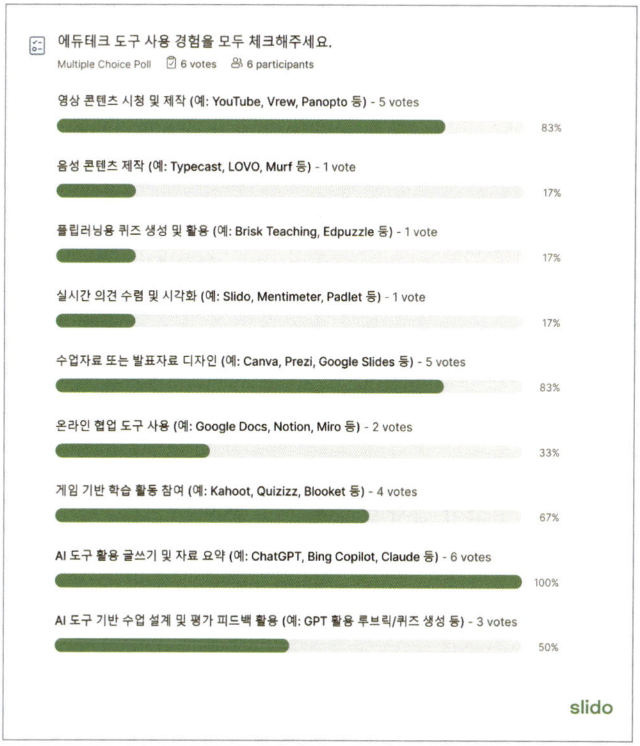

[그림 9-2] Slido 도구: 에듀테크 도구 사용 경험 설문 결과 화면

[그림 9-3]은 맵피파이(Mapify)를 통해 'AI 기반 에듀테크 활용 교수법'의 개요를 마인드맵으로 제시한 것이다. 요구조사 결과를 바탕으로 교수자는 'AI 기반 에듀테크 활용 교수법'의 주요 주제 범주를 도출하고, 그에 따라 디지털 교재의 전체 구성 체계를 설계할 수 있다. 이때 맵피파이를 활용하면 마인드맵 형식으로 주제 구조를 시각화할 수 있으며, 관련 도구와 교수전략, 교수자 및 학습자 역할 변화 등을 포함한 전체적인 개요를 정리할 수 있다.

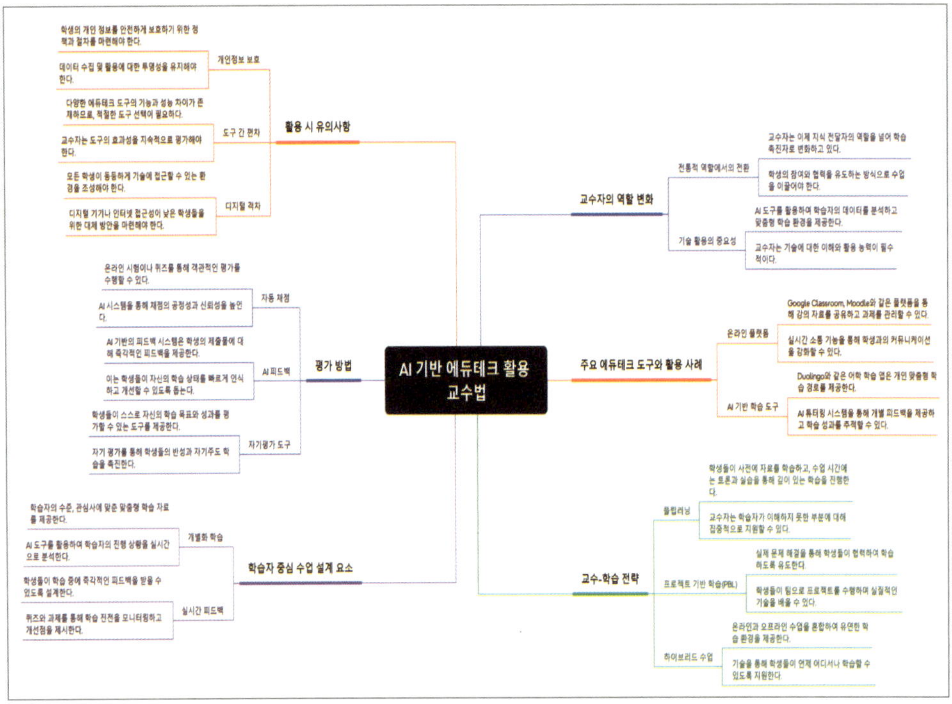

[그림 9-3] Mapify 도구: AI 기반 에듀테크 활용 교수법의 마인드맵 화면

[그림 9-4]은 학습자 요구조사 결과와 주제 개요를 바탕으로, 뤼튼에서 강의계획서 초안을 생성하는 과정을 보여 준다. 예를 들어, "예비 교사를 위한 대학 강의용 강의계획서를 작성해 줘. 주제는 'AI 기반 에듀테크 활용 교수법'이며, 슬라이도 설문을 통해 수집된 학습자 요구와 맵피파이로 구성된 마인드맵 내용을 반영하여 생성형 AI 도구를 중심으로 한 강의 구성안을 제시해 줘."라는 프롬프트를 입력하면, 뤼튼은 주차별 강의주제, 학습 목표, 교수학습 방법, 평가 방법 등을 포함한 강의계획서를 자동으로 생성한다.

≡ 뤼튼 예비교사를 위한 대학 강의용 강의계획서를 작성해줘. 주제는 'AI 기반 에듀테크

강의계획서: AI 기반 에듀테크 활용 교수법

주차	주제	학습 목표	교수 방법	평가 방법
1주차	AI와 에듀테크의 개요	AI와 에듀테크의 기본 개념 이해	강의, 토론	출석 체크
2주차	생성형 AI 도구 소개	다양한 생성형 AI 도구의 기능 이해	실습	실습 과제 제출
3주차	Slido를 활용한 실시간 피드백	Slido를 통한 실시간 의견 수집 방법 습득	실습	실습 과제 제출
4주차	Google Classroom과 Model	Google Classroom을 통한 자료 공유 및 관리 방법 이해	실습	실습 과제 제출
5주차	AI 기반 콘텐츠 제작	AI 도구를 활용한 영상 및 음성 콘텐츠 제작 방법 습득	실습	실습 과제 제출
6주차	마인드맵 활용법	Mapify를 활용한 마인드맵 작성 방법 이해	실습	실습 과제 제출
7주차	평가 방법론	AI 도구를 활용한 학습 평가 방법 이해	강의, 토론	중간고사
8주차	프로젝트 기반 학습	PBL을 통한 학습 효과 극대화 방법 이해	팀 프로젝트	팀 프로젝트 발표
9주차	자기주도 학습	자기주도 학습을 위한 도구 활용법 이해	실습	실습 과제 제출
10주차	AI 도구 활용 사례	다양한 AI 도구 활용 사례 분석	사례 연구	사례 연구 보고서 제출
11주차	기술의 윤리적 고려	AI 도구 사용 시 윤리적 고려 사항 이해	강의, 토론	출석 체크
12주차	종합 리뷰 및 피드백	전체 강의 내용 복습 및 피드백	토론	기말고사

강의 진행 방식

- 강의 방법: 강의, 실습, 토론, 팀 프로젝트
- 평가 방법: 출석, 과제, 중간고사, 기말고사, 팀 프로젝트 발표

참고 자료

- Google Classroom, Model, Slido, Mapify 등 다양한 에듀테크 도구 활용 자료 제공
- 관련 논문 및 기사 링크 제공

[그림 9-4] Wrtn 도구: AI 기반 에듀테크 활용 교수법의 강의계획서 초안 화면

또한 디핏을 활용하면 'AI 기반 수업 전략' '에듀테크 도구 분류' '학생 참여 설계 방법' 등 핵심 개념을 학습자의 수준에 맞춰 요약하고 정리할 수 있다. 이를 활용하여 교재 초안의 내용 수준과 복잡도를 학습자의 이해 수준에 맞게 조절할 수 있으며, 교재 설계 초기 단계에서 필요한 배경 자료 구성에 활용할 수 있다.

2.2 반복 설계 단계: AI 기반 교재 시안 구성 및 구체화

반복 설계 단계에서는 앞서 준비한 주제와 구성안을 바탕으로 교재 시안을 구성하고, 다양한 AI 도구를 적용해 설계안을 구체화한다. 이 단계의 핵심은 빠른 시안 작성과 AI 도구를 활용한 반복적 피드백을 통해 교재 시안을 개선해 나가는 것이다. 생성된 콘텐츠에 대해 교수자는 즉각적인 검토와 수정을 반복하면서, 학습자의 요구와 수업 목표에 부합하는 방향으로 내용을 구체화하고 구조를 조정할 수 있다.

[그림 9-5]는 감마를 활용해 'AI 기반 에듀테크 활용 교수법'을 주제로 슬라이드 형식의 교재 시안을 신속하게 생성하는 과정을 보여 준다. 예를 들어, "감마를 활용하여 'AI 기반 에듀테크 활용 교수법'에 대한 10분 분량의 강의자료를 만들어 줘. 예비 교사를 대상으로 하며, 에듀테크 도구 분류, 교수전략 예시, 학습자 참여 방법 등을 포함해 줘."라는 프롬프트를 입력하면, 관련 내용을 자동으로 구성한 슬라이드 초안이 생성된다. 이렇게 생

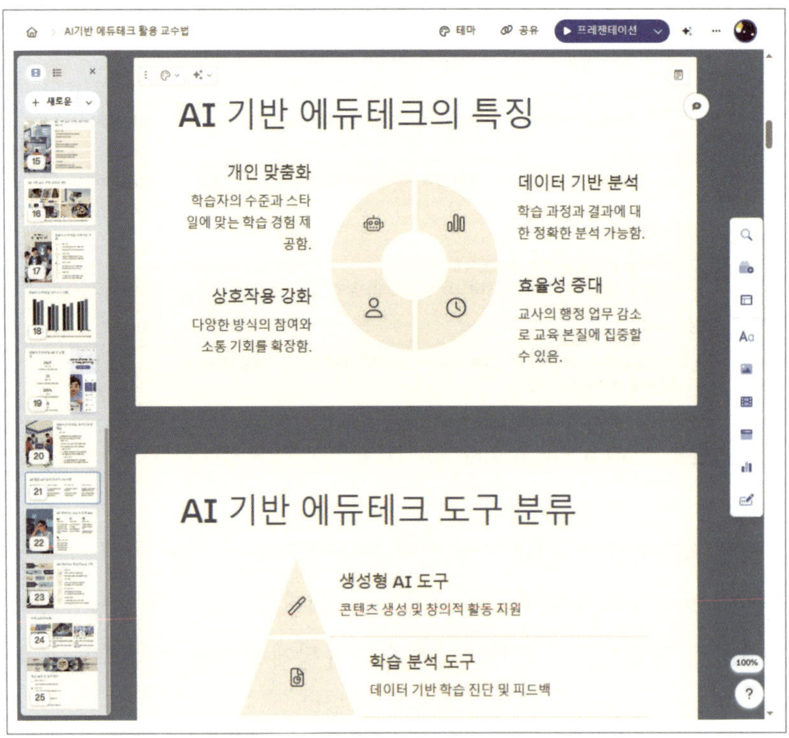

[그림 9-5] Gamma 도구: AI 기반 에듀테크 활용 교수법 강의자료 작성 화면

성된 시안은 교수자가 검토하고 피드백함으로써 반복적으로 개선해 나갈 수 있다.

감마 외에도 뤼튼은 반복 설계 단계에서 효과적으로 활용할 수 있는 도구이다. [그림 9-6]은 뤼튼을 활용하여 'AI 기반 에듀테크 활용 교수법'의 세부 주제에 대한 콘텐츠를 생성하고 수정하는 과정을 보여 준다. 예를 들어, 뤼튼에 다음과 같은 프롬프트를 입력하면 된다. "에듀테크 도구 분류, 수업 적용 예시, 학습자 참여 전략을 포함하여 예비 교사 대상의 슬라이드용 콘텐츠를 작성해 줘." 이렇게 생성된 초안은 교수자가 수업 흐름과 목표에 맞게 반복적으로 수정할 수 있으며, 감마나 뤼튼 등 다양한 AI 도구를 활용해 생성된 강의자료 시안을 비교·분석하고 보완할 수 있다. 이를 통해 교수자는 가장 효과적인 설계안을 선택하거나 병합하여 최종 교재 시안을 구성할 수 있으며, 시각화 도구를 결합하여 학습자의 이해를 돕는 구조로 발전시킬 수 있다.

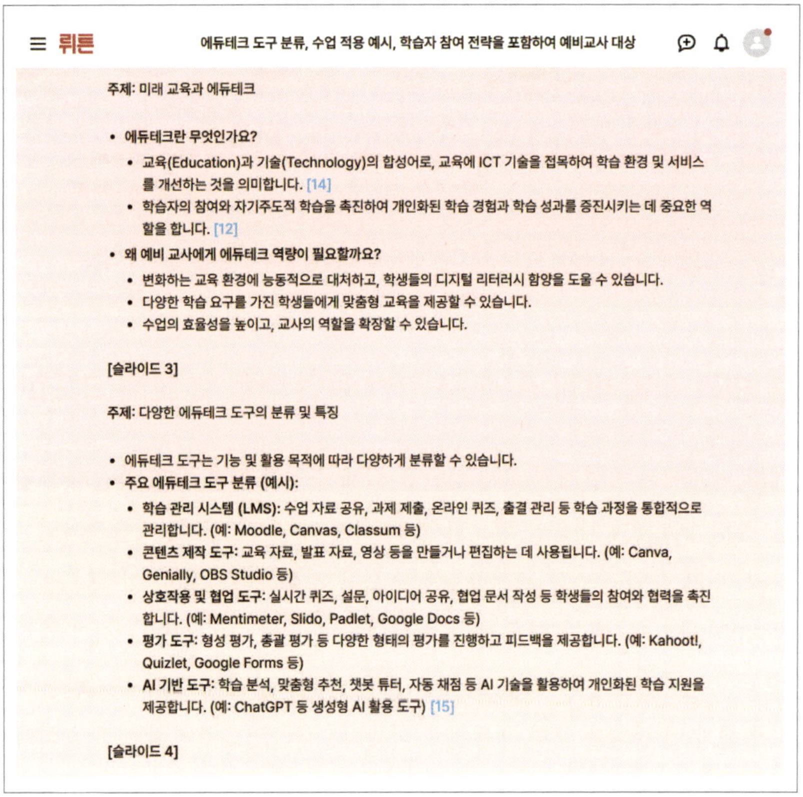

[그림 9-6] Wrtn 도구: AI 기반 에듀테크 활용 교수법 강의자료 작성 화면

이 단계에서는 냅킨을 활용해 수업 흐름이나 에듀테크 도구의 활용 전략을 다이어그램으로 시각화할 수 있다. 예를 들어, "AI 기반 에듀테크 활용 교수법을 적용한 수업 절차를 도식화해 줘."라는 프롬프트를 통해 교수학습의 흐름을 시각적으로 명확하게 표현할 수 있으며, 이를 바탕으로 수업의 구조와 콘텐츠 구성을 점검할 수 있다. [그림 9-7]은 냅킨으로 생성한 'AI 기반 에듀테크 활용 교수법 수업 절차'를 도식화한 예시로, 수업 목표 설정, 학습자 분석, AI 도구 선택 및 수업 자료 개발, 수업 실행, 피드백 및 평가, 지속적인 개선까지의 전체 흐름을 일목요연하게 보여 준다.

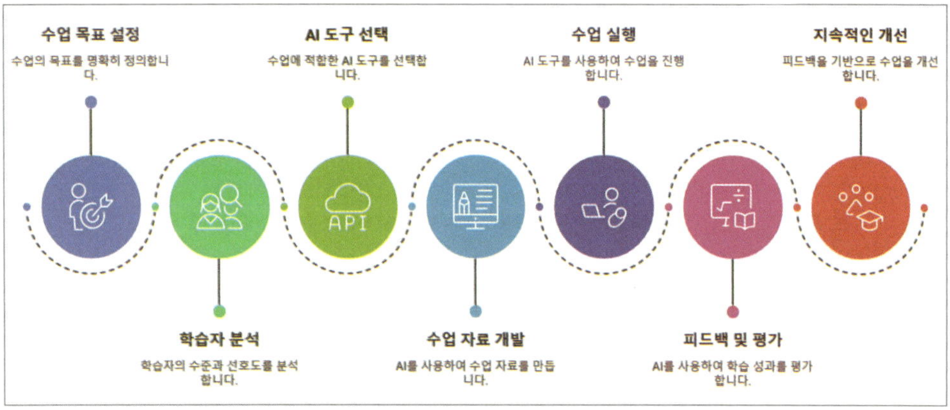

[그림 9-7] Napkin 도구: AI 기반 에듀테크 활용 교수법 수업 절차 도식화

2.3 반복 개발 단계: AI 도구 기반 실전 적용 및 교재 고도화

반복 개발 단계에서는 설계된 교재 시안을 실제 수업에 적용하고, 학습자의 참여 활동과 반응을 반영하여 교재 내용을 정교화한다. 이 단계에서는 특히 학습자와의 상호작용을 유도하고, 실제 수업 장면을 고려한 콘텐츠를 구체화하는 작업이 이루어진다.

[그림 9-8]은 타입캐스트를 활용하여 '에듀테크 활용에 대한 신임 교사와 경력 교사의 대화'를 오디오 콘텐츠로 제작하는 사례를 보여 준다. 이러한 오디오 기반 시나리오는 학습자가 실제 수업 상황을 보다 생생하게 이해하도록 돕고, 주제에 대한 흥미와 몰입을 높이는 데 효과적이다.

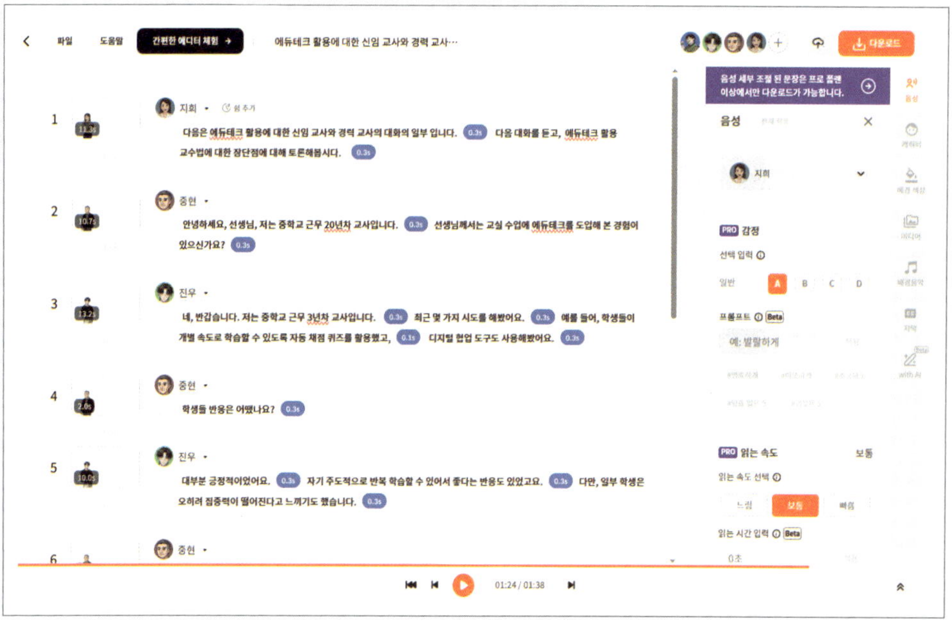

[그림 9-8] Typecast 도구: 에듀테크 활용에 대한 신임 교사와 경력 교사의 대화 사례 화면

이후, 달리로 제작한 시각 자료를 교수학습 자료로 활용할 수 있다. [그림 9-9]는 '인간 교사와 AI 교사가 동일한 과제를 평가했으나 결과가 다른 상황'을 묘사한 이미지이다. 이러한 이미지는 단순한 시각 자료를 넘어, 수업에서 다룰 토론 주제를 효과적으로 제시하는 도구가 될 수 있다.

해당 이미지를 활용하여 "AI 기반 평가와 인간 평가가 다를 경우, 학생은 어떤 생각을 할까?"라는 질문을 중심으로 AI 평가의 장단점, 공정성 문제, 수업 적용 시 유의점 등에 대해 토론 활동을 진행할 수 있다.

[그림 9-9] DALL·E 도구: 인간 교사와 AI 교사가 채점한 과제의 평가 결과가 다른 상황(이미지)

마지막으로, 멘티미터(Mentimeter)를 활용하여 수업에 대한 학습자의 반응을 실시간으로 수집할 수 있다. 예를 들어, "AI 기반 에듀테크 활용 교수법 수업에서 가장 유익하거나 인상 깊었던 활동은 무엇인가요?"라는 질문을 제시하고, 그 결과를 워드클라우드 형태로 시각화함으로써 수업 내용을 돌아보고, 교재 내용을 보완하거나 후속 수업 자료를 기획하는 데 참고 자료로 활용할 수 있다.

[그림 9-10]은 실제 수업에서 학습자 125명이 응답한 멘티미터 결과이다. '강의자료 제작' '자료 검색' '보고서 작성' 등의 키워드가 도출되어 학습자들이 어떤 영역에서 에듀테크 도구를 유용하게 인식했는지를 보여 준다.

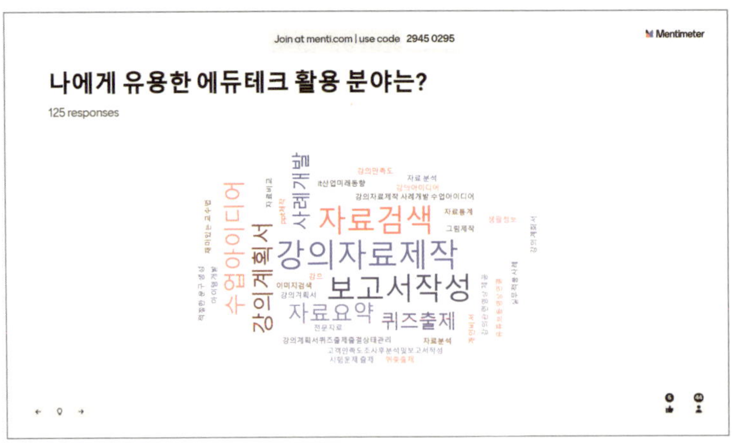

[그림 9-10] Mentimeter 도구: AI 기반 에듀테크 활용 교수법에 대한 학생 의견 화면

이처럼 반복 개발 단계에서는 오디오 콘텐츠, 이미지 자료, 실시간 반응 도구 등을 연계하여 수업 흐름과 교재 내용의 완성도를 높일 수 있다. 교수자는 다양한 형태의 학습 자료와 활동을 통합함으로써 학습자의 몰입도를 높이고, 실제 수업 장면에서의 적용 가능성을 점검할 수 있다. 또한 학습자의 반응과 피드백을 바탕으로 콘텐츠를 지속적으로 개선함으로써, AI 도구를 활용한 디지털 교재는 단순한 정보 전달을 넘어 상호작용과 성찰 중심의 학습 경험을 제공하는 교육 자료로 활용될 수 있다.

3 Book Creator를 활용한 디지털 교재 제작

북크리에이터(Book Creator)는 텍스트, 이미지, 영상, 오디오, 링크, 퀴즈 등 다양한 멀티미디어 자료를 통합하여 디지털 교재를 제작할 수 있는 온라인 도구이다. 직관적인 인터페이스를 기반으로 초보자도 쉽게 사용할 수 있으며 AI 도구로 생성한 텍스트 요약, 이미지, 음성 해설, 퀴즈 등을 전자책 형태로 구조화할 수 있는 강점을 갖는다.

교수자는 북크리에이터를 통해 학습자의 수준과 학습 목표에 따라 다양한 자료를 맞춤 구성할 수 있고, 학습자는 제작 활동에 참여하며 디지털 콘텐츠 활용 능력과 자기 주도성을 기를 수 있다.

3.1 북크리에이터를 활용한 맞춤형 교과서 제작

북크리에이터는 교수자가 학습자의 수준, 흥미, 학습 목표를 고려하여 다양한 형식의 자료를 통합한 디지털 교과서를 직접 제작할 수 있도록 지원하는 도구이다. 텍스트 기반의 설명뿐 아니라 이미지, 영상, 오디오, 링크, 퀴즈 등을 유기적으로 구성할 수 있어, 단원별 주요 개념을 보다 생생하고 풍부하게 전달할 수 있다. 특히 교수자는 AI 도구를 활용해 생성한 요약문, 그림 자료, 음성 설명 등을 손쉽게 삽입함으로써 교육 콘텐츠의 다양성과 접근성을 높일 수 있다.

이와 같은 디지털 교과서는 학습자의 인지적 수준에 맞는 정보 제공뿐 아니라, 감각적 자극과 활동 참여를 통한 능동적 학습 경험을 유도한다. 단순히 정보를 읽고 외우는 방식에서 벗어나 학습자가 자료를 듣고 보고 비교하며 직접 활동에 참여하도록 구성할 수 있다는 점에서 기존의 인쇄형 교과서와 차별화된다.

[그림 9-11]은 환경 교육 단원에서 '환경 문제의 현재와 미래'를 주제로 디지털 교과서를 구성한 사례를 보여 준다. 신재생에너지에 대한 설명을 담은 글과 그림 자료를 삽입하고, 관련 영상을 통해 개념을 시각적으로 이해한 뒤, 에너지원별 특징을 비교하는 활동지를 작성하며 탐구 기반 학습을 수행할 수 있다. 이후 퀴즈를 통해 배운 내용을 점검하고, 마지막에는 '나의 다짐' 작성 활동을 통해 학습 내용을 개인의 삶과 연결 지어 성찰할 수 있다.

[그림 9-11] Book Creator 도구: 환경 교육 관련 디지털 교과서 제작 예시 화면

3.2 북크리에이터를 활용한 팀 프로젝트 결과물 제작

북크리에이터는 학습자가 팀을 이루어 수행한 프로젝트 학습의 전 과정을 시각적으로 정리하고, 결과물을 구조화된 디지털 자료로 제작할 수 있는 플랫폼이다. 학습자는 문제 상황을 탐색하고, 아이디어를 도출하며, 활동을 실행한 뒤 그 과정을 텍스트, 이미지, 그림, 영상 등 다양한 형태로 기록하여 전자책 형태의 보고서로 완성할 수 있다.

교수자는 프로젝트 기반 수업에서 북크리에이터를 활용함으로써, 학습자가 문제 해결 과정에서 어떠한 자료를 탐색했는지, 어떤 선택과 실행을 했는지를 일목요연하게 파악하고, 이에 대한 피드백을 제공할 수 있다. 또한 학습자 역시 단순한 결과 제출을 넘어 자신의 활동을 설명하고, 친구들과 공유하며, 다른 팀의 결과와 비교해 보는 성찰적 경험을 할 수 있다.

[그림 9-12]은 '공기질 게시판을 활용한 강의실 환경 개선 프로젝트' 사례를 보여 준다. 이 활동은 학생들이 공기질에 대한 문제의식을 바탕으로 아이디어를 구상하고, 실제 게시판을 제작한 뒤 그 과정을 정리한 결과물이다. 슬라이더 형태의 프로토타입 설계, 제작 및 설치 사진, 설명 텍스트, 활동 소감 등을 북크리에이터에 통합하여 시각적이고 체계적인 콘텐츠로 구성하였다.

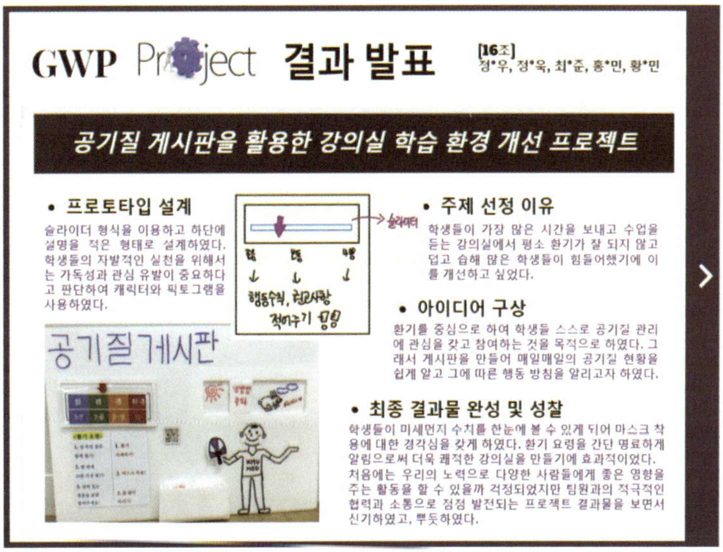

[그림 9-12] Book Creator 도구: 팀 프로젝트 결과물 예시 화면

이러한 프로젝트 결과물 제작 활동은 학습자의 창의력과 문제 해결 역량을 키우는 동시에, 팀 내 역할 분담과 협업의 중요성을 체험할 수 있는 기회를 제공한다. 또한 교수자는 결과물에 포함된 텍스트·이미지·제작 과정의 기록을 기반으로 학습자의 사고 흐름과 성장을 구체적으로 파악할 수 있어 평가와 피드백에 실질적인 도움을 받을 수 있다.

3.3 북크리에이터를 활용한 협업형 콘텐츠 제작

북크리에이터는 교수자와 학습자가 함께 참여하는 협업형 콘텐츠 제작 도구로 활용될 수 있다. 학습자는 팀을 이루어 콘텐츠의 주제 선정부터 자료 수집, 콘텐츠 구성, 시각 자료 제작, 퀴즈 생성에 이르기까지 각자의 역할을 분담하여 하나의 전자책을 공동으로 제작할 수 있다.

[그림 9-13]과 [그림 9-14]는 뮤지컬 〈시간을 파는 상점〉과 〈어린 왕자〉를 바탕으로 한 공연예술 협업 프로젝트의 결과물을 보여 준다. 학습자들은 각 뮤지컬 작품을 선정한 뒤, 줄거리 요약, 창작 배경 조사, 인물 소개, 주요 장면 분석, 감상문 작성 등의 활동을 역할별로 나누어 수행하였다.

각 팀은 조사한 내용을 바탕으로 카드 형식의 슬라이드 콘텐츠를 제작하고, 시청각 자료와 퀴즈를 포함한 전자책 형태로 통합하였다. 이 과정에서 학습자들은 북크리에이터 안에서 공동 편집 기능을 활용해 자료를 공유하고 수정하며 협력적으로 콘텐츠를 완성하였다.

완성된 콘텐츠는 학급이나 학년 전체와 공유하여 다른 팀의 콘텐츠를 감상하고 피드백을 주고받는 활동으로 확장할 수 있다. 또한 온라인에 게시하거나 QR 코드로 연결하여 다른 수업이나 발표 시간에 재활용하는 것도 가능하다.

[그림 9-13] Book Creator 도구: 뮤지컬 〈시간을 파는 상점〉을 주제로 제작한 협업형 콘텐츠 예시 화면

[그림 9-14] Book Creator 도구: 뮤지컬 〈어린 왕자〉를 주제로 제작한 협업형 콘텐츠 예시 화면

제10장

AI 활용 협업 수업 운영

1. 생성형 AI를 활용한 협업 수업 도구 개발
2. 메타버스 플랫폼을 활용한 가상 강의실 운영
3. Figjam과 Boardmix를 활용한 협업 수업 운영

협업 수업은 학습자가 상호작용을 통해 공동의 문제를 해결하면서, 비판적 사고력과 창의성, 학습 동기를 함께 향상시킬 수 있는 중요한 학습 방식이다. 최근에는 생성형 AI를 비롯한 다양한 디지털 도구들이 협업 수업에 필요한 의사소통, 자료 공유, 실시간 피드백 기능을 지원하면서, 수업의 설계와 운영을 보다 유연하고 효율적으로 변화시키고 있다.

이 장에서는 생성형 AI를 활용한 수업 보조 도구 개발, 메타버스 플랫폼을 활용한 가상 강의실 운영, 피그잼과 보드믹스를 통한 실시간 협업 활동 사례를 중심으로 협업 수업의 실행 전략을 살펴본다. AI 기반 도구를 적절히 활용함으로써, 교수자는 학습자의 참여를 촉진하고 협력적 문제 해결을 중심으로 한 수업 환경을 효과적으로 구성할 수 있다.

1 생성형 AI를 활용한 협업 수업 도구 개발

학습자 간 상호작용이 원활히 이루어지려면 팀 구성, 역할 분담, 실시간 피드백을 제공할 수 있는 환경이 필요하다. 이러한 환경을 지원하는 수업 보조 도구를 이제 교수자가 생성형 AI를 활용하여 직접 개발할 수 있게 되었다. 자연어 프롬프트만으로 팀 구성 프로그램, 과제 할당 알고리즘, 자리 배치 프로그램 등을 구현할 수 있어 별도의 코딩 지식 없이도 수업 상황에 맞춘 맞춤형 협업 지원 도구를 설계하고 현장에서 바로 활용할 수 있다.

1.1 학습자 특성을 반영한 팀 구성 자동화

협업 중심 수업에서 효과적인 팀 구성은 수업의 질과 학습자의 참여 수준에 직접적인 영향을 미친다. 학습자 간의 상호작용 방식, 문제 해결 전략, 협력의 질은 팀 구성 방식에 따라 달라질 수 있으며, 이는 곧 학습 성과와도 밀접하게 연결된다. 예를 들어, 다양한 능력과 성향을 지닌 학생들로 구성된 이질 집단은 창의적인 사고와 상호보완적 협력을 촉진할 수 있는 반면, 유사한 수준이나 학습 스타일을 지닌 동질 집단은 빠른 의사소통과 과제 수행의 효율성을 높이는 데 유리하다. 따라서 협업 수업에서는 수업 목표, 활동의 유형, 학습자의 수준을 종합적으로 고려하여 전략적으로 팀을 구성하는 것이 필요하다.

이러한 팀 구성 과정을 수작업으로 진행하면 시간과 노력이 많이 들고, 다양한 조건을 동시에 반영하기 어려운 경우가 많다. 이를 해결하기 위해 생성형 AI를 활용하면, 학습자의 성향, 선호도, 수준 등을 반영하여 팀을 자동으로 편성하는 도구를 직접 설계할 수 있다. 예를 들어, 학기 초 설문조사를 통해 수집한 학생 정보(성별, 학년, 학습 스타일 등)를 바탕으로, 지정된 조건에 따라 팀을 무작위 또는 기준 기반으로 배정하는 HTML과 자바스크립트(JavaScript) 코드 생성을 생성형 AI에 요청할 수 있다.

다음은 생성형 AI 도구를 활용해 팀 구성 시스템을 실계힐 때 사용된 프롬프트 예시문이다. 이 코드는 학생 정보를 붙여 넣는 입력창, 팀 구성 조건을 선택하는 인터페이스, 결과를 표로 출력하는 구성으로 이루어져 있다.

생성형 AI 도구: 프롬프트 예시문

"학생 정보(이름, 1순위, 2순위 과제)를 탭으로 입력받고, 과제 주제 목록과 팀 인원수를 지정하면, 학생 선호도를 우선 반영해 과제별로 균등하게 팀을 배정해 줘. 결과는 3열 카드형 표로 보여 주고, 화이트 · 연그레이 · 블루 포인트의 UI로 구현하고, HTML+CSS+JavaScript 코드로 완성해 줘."

[그림 10-1]은 이러한 프롬프트를 기반으로 생성된 코드의 일부를 보여 준다. 이 코드는 팀 구성 시스템의 인터페이스를 설계한 것으로, 웹페이지상에서 학습자 데이터를 입력받고, 구성 조건을 설정한 후 결과를 출력하는 데 필요한 구조와 디자인 요소를 포함하고 있다.

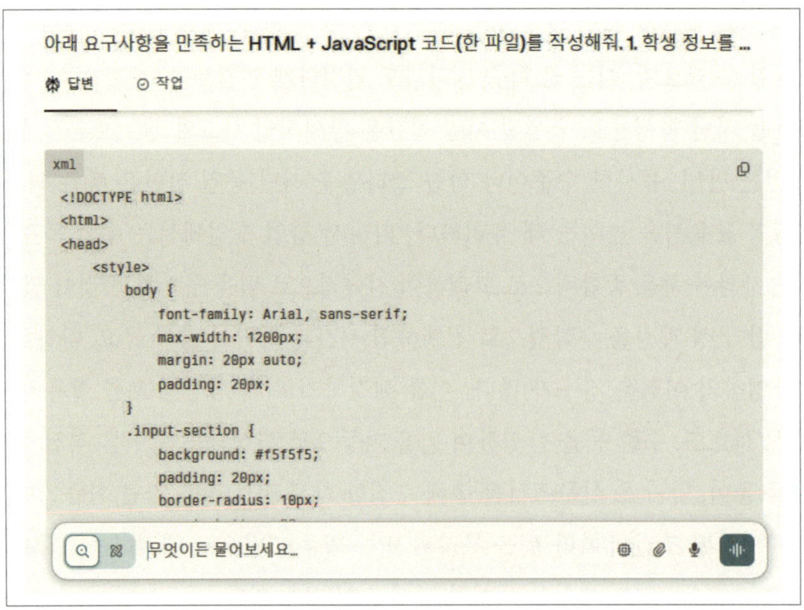

[그림 10-1] 생성형 AI 플랫폼: 팀 구성 자동화 HTML 코드 생성 결과 화면

[그림 10-2]는 학습자 데이터를 입력하고 팀 구성 기준을 설정하는 입력 화면이다. 이름, 성별, 학년, 학습 스타일 항목은 탭으로 구분하여 입력하고, 팀 구성 조건은 드롭다운 메뉴에서 설정할 수 있다. 예를 들어, 팀 구성 기준을 '학습 스타일'로 팀 유형을 '이질 집단'으로 선택하면, 각기 다른 학습 스타일을 가진 학습자들이 한 팀으로 배치되도록 조건이 적용된다.

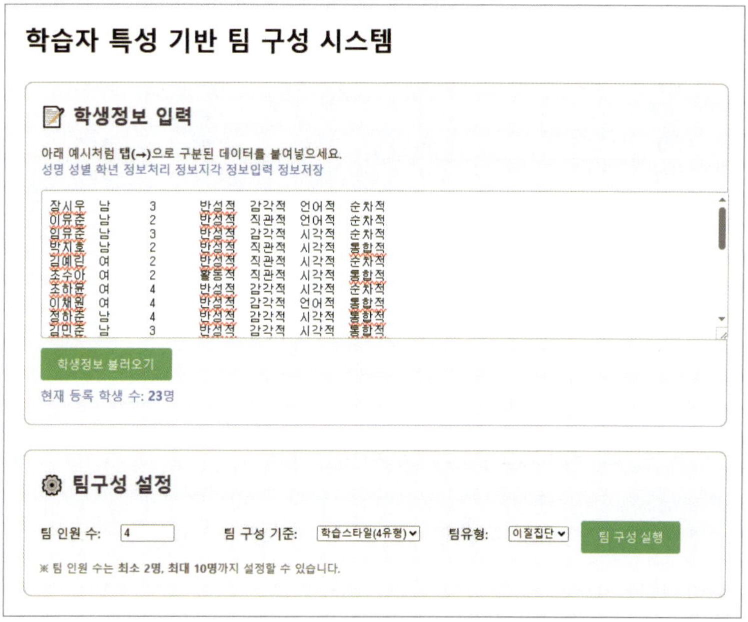

[그림 10-2] 팀 구성 자동화 HTML 코드 실행: 학생 정보 입력 및 팀 구성 설정 화면

[그림 10-3]은 [그림 10-2]의 화면에서 '팀 구성 실행' 버튼을 클릭했을 때 출력되는 결과 화면이다. 팀별로 학습자의 이름, 성별, 학년, 학습 스타일이 표 형식으로 정리되어 표시된다. 이를 통해 교수자는 팀 내 학습자 특성의 분포를 한눈에 확인하고, 수업에 반영할 수 있다.

팀구성 결과

팀 1 (4명)

성명	성별	학년	정보처리	정보지각	정보입력	정보저장
이유준	남	2	반성적	직관적	언어적	순차적
박지호	남	2	반성적	직관적	시각적	통합적
장시우	남	3	반성적	감각적	언어적	순차적
이채원	여	4	반성적	감각적	언어적	통합적

팀 2 (4명)

성명	성별	학년	정보처리	정보지각	정보입력	정보저장
임유준	남	3	반성적	감각적	시각적	순차적
김민준	남	3	반성적	감각적	시각적	통합적
최서연	여	3	반성적	직관적	언어적	통합적
이하준	남	4	활동적	감각적	시각적	통합적

[그림 10–3] 팀 구성 자동화 HTML 코드 실행: 팀 구성 결과 화면

1.2 학습자 선택권을 반영한 과제 매칭

협업 수업에서 과제 주제를 어떻게 배정하느냐는 학습자의 몰입도와 책임감에 직접적인 영향을 미친다. 기존의 일방적인 과제 할당 방식은 학습자의 흥미나 역량을 충분히 반영하기 어려운 반면, 학습자가 직접 선호 주제를 선택할 수 있도록 하면 과제 수행에 대한 주인의식이 높아지고, 학습 참여도 또한 자연스럽게 향상된다. 특히 선택권을 제공하는 수업 구조는 자기 주도적 학습을 촉진하며, 학습자의 만족도와 결과물의 질을 높이는 데 기여한다.

이러한 선택 기반 과제 배정을 보다 체계적이고 효율적으로 실현하기 위해, 생성형 AI 도구를 활용할 수 있다. 예를 들어, 학기 초에 간단한 설문을 통해 학생의 1순위, 2순위 과제 선호도를 수집한 뒤, 해당 데이터를 바탕으로 과제별 팀을 구성하는 자동화 시스템을 설계할 수 있다. 이 시스템은 선호도 우선 원칙을 따르되, 특정 과제에 학생이 몰리는 현상을 방지하기 위해 전체 인원을 균등하게 분산시키는 알고리즘을 포함한다.

다음은 학생 선호도 기반 과제 매칭 프롬프트 예시문이다.

생성형 AI 도구: 프롬프트 예시문

"학생 정보(이름, 1순위, 2순위 과제)와 과제 주제 목록을 입력하면, 학생 선호도(1→2순위)를 우선 반영하여 팀을 자동 배정하고, 과제별 인원이 균등하게 배분되도록 조정하는 HTML + JavaScript 코드를 만들어 줘. 결과는 카드형 그리드로 시각화하고, UI가 보기 좋도록 CSS도 포함해 줘. 배정 안내 문구도 출력해 줘."

[그림 10-4]는 해당 프롬프트로 생성한 과제 매칭 프로그램의 화면이다. 학생 정보(이름과 선호 과제)와 과제 주제 목록을 탭으로 구분하여 입력하고, 팀 인원수를 선택할 수 있다.

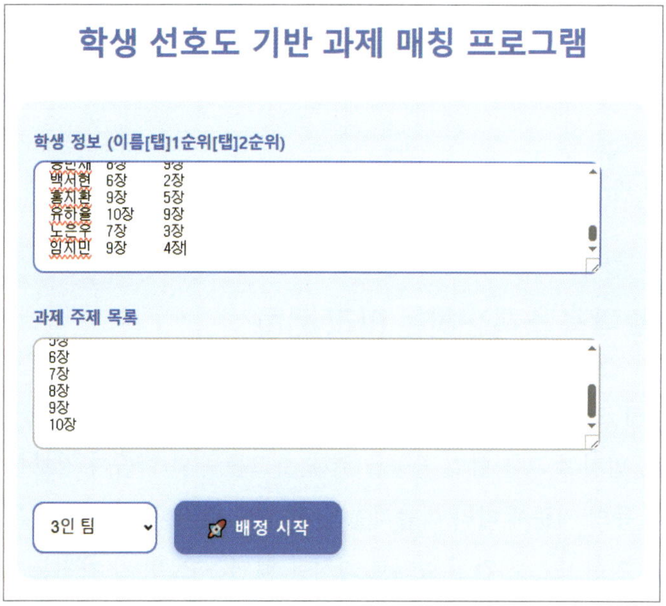

[그림 10-4] 학생 선호도 기반 과제 매칭 HTML 코드 실행: 학생 정보 및 과제 주제 목록 입력 화면

[그림 10-5]는 과제별로 매칭된 결과를 카드 형태로 보여 주는 화면이다. 학생들은 자신의 선호도를 기반으로 팀에 배정되며, 각 카드에는 팀 구성원과 학생 개별의 과제 선호도가 함께 표시된다. 상단 안내 문구는 일부 무작위 배정이 포함되었음을 알려 주어 학습자에게 공정성과 투명성을 제공한다.

[그림 10–5] 학생 선호도 기반 과제 매칭 HTML 코드 실행: 과제별 배정 결과 화면

1.3 상호작용을 촉진하는 자리 배치

협업 수업에서 자리 배치는 학습자 간 상호작용의 방식과 질을 결정짓는 중요한 교수 설계 요소이다. 먼저 소그룹 협업 활동을 위해 소그룹 수와 학습자 정보를 입력하고, 학년·성별·전공 등의 기준에 따라 학습자를 균형 있게 배정한다. 각 팀원은 마주 보며 토의할 수 있도록 원형 또는 사각형 형태로 좌석을 배열하고, 팀 간 간격은 토론 주제와 활동 유형에 맞추어 조정한다. 이때 학습자의 배경이 다양하게 반영되면 팀 내 역할 분담이 원활해지고 토론이 보다 활발해진다.

생성형 AI 도구를 활용하면 이러한 조건을 자동으로 분석하여 최적의 자리 배치 시나리오를 신속하게 설계할 수 있다. 이와 관련된 프롬프트 예시문은 다음과 같다.

생성형 AI 도구: 프롬프트 예시문

"학생 정보(성명, 성별, 학년, 전공)를 탭으로 입력받아 소그룹 수, 그룹 기준(학년/성별/전공), 그룹 유형(동질/랜덤) 설정 메뉴를 제공하고 기준에 맞지 않으면 랜덤으로 그룹을 배정해 줘. 결과를 가로 3개조씩 카드 형태로 화이트 · 연그레이 · 블루 포인트의 현대적 UI로 설정하고, HTML, CSS, JavaScript가 한 파일에 포함된 완성 코드를 만들어 줘."

[그림 10-6]은 학습자의 성명 · 성별 · 학년 · 전공 정보를 탭 구분 형식으로 입력하고, 소그룹 수와 구성 기준과 유형을 선택할 수 있는 화면이다. 교수자는 이 화면에서 원하는 배치 기준을 간편하게 설정하고, 즉시 결과를 확인할 수 있다.

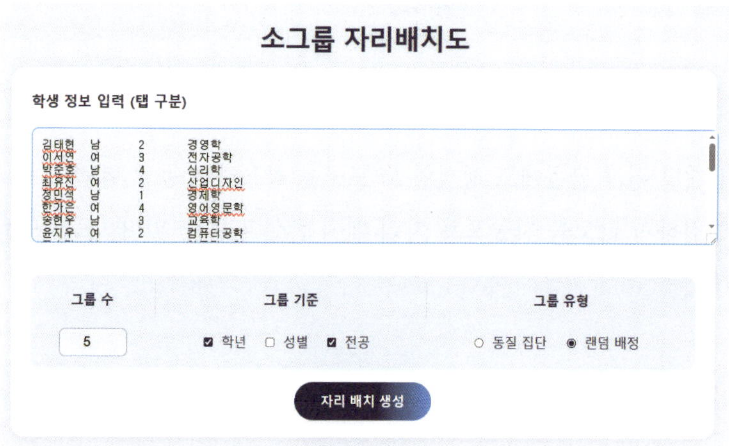

[그림 10-6] 소그룹 자리 배치도 설정 화면

[그림 10-7]은 입력값을 바탕으로 자동 생성된 소그룹 자리 배치 결과이다. 학습자는 다섯 개 조로 나뉘어 배정되었으며, 각 조에는 학년 · 성별 · 전공이 고르게 반영되었다. 카드 형태로 시각화된 화면은 각 조별 구성원과 배치 기준을 한눈에 보여 주어, 교수자가 수업 중 자리 구성을 안내할 때 효과적인 시각적 도구로 활용된다.

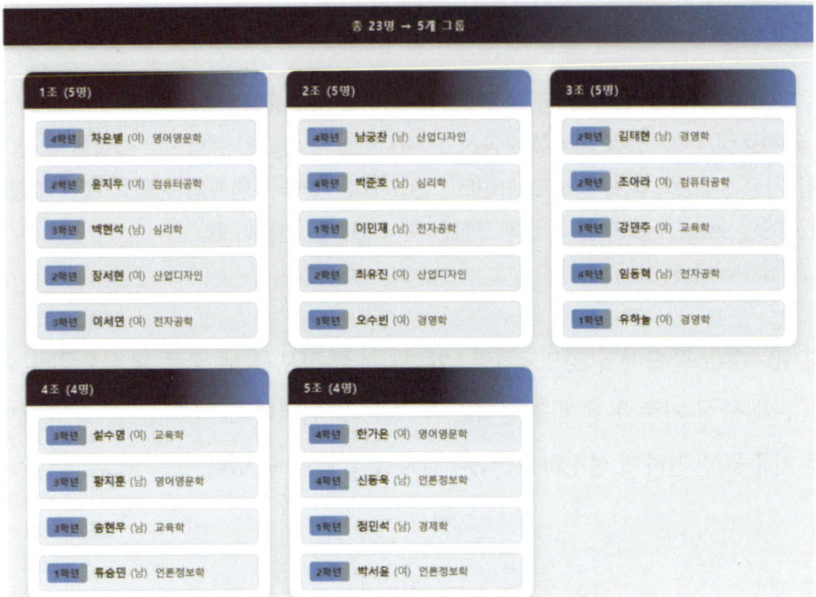

[그림 10-7] 소그룹 자리 배치도 결과 화면

시험이나 개별 평가 활동에도 생성형 AI 도구를 활용하면 동일 학년 또는 동일 전공 학습자가 인접하지 않도록 자동으로 자리 배치를 설계할 수 있다. 프롬프트 예시문은 다음과 같다.

생성형 AI 도구: 프롬프트 예시문

"학생 정보(이름, 전공, 학년)를 탭으로 입력받아 행/열 수를 직접 지정하면, 같은 학년 · 전공이 인접하지 않도록 좌석을 자동 배치하고, 결과를 표로 출력해 줘. 화이트+연그레이+블루 포인트의 현대적 UI로 구성해 주고, HTML+CSS+JavaScript 코드로 완성해 줘."

이렇게 프롬프트를 입력하면 간단한 자리 배치도 프로그램이 생성된다. 이후 기능을 단계별로 추가하면서 각 단계별 결과를 검토하여 개선사항을 반영해 나간다. 프로그램이 정상적으로 작동하는지 반드시 검증해야 하며, 모든 기능을 한 번에 구현하기보다는 단계별로 보완하며 완성한다.

[그림 10-8]은 타이머를 포함한 시험용 자리 배치도 결과 화면이다. 상단에는 학습자 정보(이름 · 전공 · 학년)를 입력하는 창과 '행(가로줄) 수' '열(세로줄) 수'를 지정하는 입력칸, '자리 배치하기' 버튼이 있다. 중앙에는 시험 시간을 설정하는 입력칸과 '타이머 시작' 버튼이 배치되어 있으며, 타이머를 실행하면 시험 시작 시각과 종료 시각이 실시간으로 표시된다. 하단에는 5×5 격자 형태로 학년 · 전공 중복 없이 자동 배치된 좌석이 나타나며, 각 칸에 학습자의 이름 · 학년 · 전공 정보가 함께 표시된다.

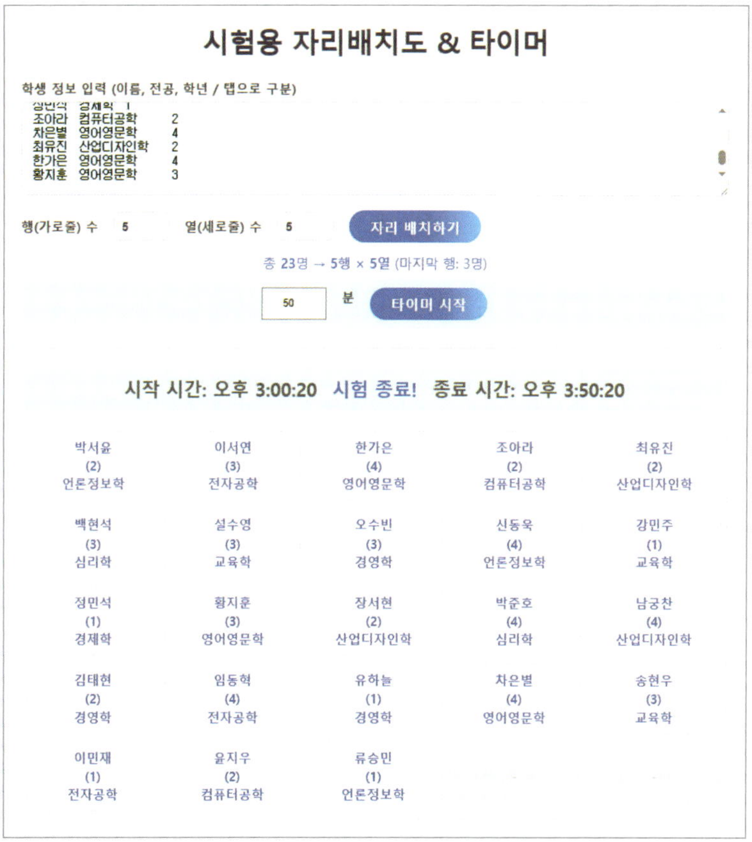

[그림 10-8] 시험용 자리 배치도 및 타이머 화면

2 메타버스 플랫폼을 활용한 가상 강의실 운영

메타버스 플랫폼은 VR, AR, 혼합현실(Mixed Reality: MR) 기술을 바탕으로 몰입형 교육 환경을 제공하는 새로운 교수학습 도구이다. 국내외 다양한 메타버스 플랫폼이 등장하고 있으며, 국내에서는 게더타운(Gather Town), 스팟(Spot), 제페토(ZEPETO) 등이 교육 현장에 도입되어 수업에 활용되고 있다. 이들 플랫폼은 3D 가상 공간 내에서 강의실, 세미나, 팀 활동 등을 구현하여 학습자들이 실제와 유사한 상호작용을 경험할 수 있도록 지원한다. 이를 통해 학습자는 물리적 한계를 넘어 가상 공간에서 협업하며 창의적인 문제 해결 활동에 참여할 수 있다.

가상 강의실 운영은 학습 참여도와 몰입감을 높이고, 다양한 지역과 문화의 학습자들이 실시간으로 소통하며 협력할 수 있는 기회를 제공한다. 이러한 체험 중심의 학습 환경은 학습 동기를 증진시키고 창의적 프로젝트 수행에 기여할 수 있지만 동시에 개인정보 보호, 기술 접근성의 불균형, 과도한 기술 의존성 등의 과제도 함께 제기된다.

2.1 메타버스의 개념과 특성

메타버스(metaverse)는 '가상(meta)'과 '우주(universe)'의 합성어로, 사용자가 아바타를 통해 3차원 가상 공간에서 실시간으로 상호작용할 수 있는 몰입형 디지털 환경이다. 메타버스는 VR, AR, MR 등의 기술이 융합되어 현실과 유사한 경험을 제공하는 새로운 플랫폼이다. 최근 ICT의 발달에 따라 메타버스는 교육, 엔터테인먼트, 비즈니스 등 다양한 분야에서 활용되고 있으며, 특히 교육 분야에서는 가상 강의실 운영 및 협업 학습 도구로서 주목받고 있다.

메타버스의 특성은 다음과 같다.

첫째, 몰입성이다. 메타버스는 고품질의 3D 그래픽, 음성 채팅, 제스처 인식 등 다양한 기술적 요소를 결합하여 사용자가 가상 공간에 깊이 몰입할 수 있도록 돕는다. 이로 인해 학습자들은 실제와 유사한 환경에서 강의에 집중할 수 있다.

둘째, 상호작용성이다. 메타버스는 아바타를 통한 실시간 의사소통과 텍스트, 오디오, 동영상 등의 다양한 소통 방식을 제공한다. 이러한 상호작용은 교수자와 학습자, 학습자 상호 간의 협업 학습을 촉진하는 데 효과적이다.

셋째, 확장성이다. 메타버스는 가상 공간의 범위나 참여 인원에 물리적 제약이 없으므로, 대규모 강의나 이벤트도 유연하게 운영할 수 있다.

넷째, 지속성이다. 메타버스는 사용자가 접속하지 않아도 가상 공간이 계속 운영되는 특성이 있어 강의 종료 후에도 학습자들이 자료 탐색이나 추가 학습 활동을 이어 갈 수 있다.

다섯째, 학습 활용 가능성이 있다. 메타버스는 실시간 상호작용과 게이미피케이션을 결합하여 학습 동기를 높이고 가상 실험실이나 모의 시뮬레이션 등 다양한 교육 도구로 활용될 수 있다.

2.2 메타버스를 활용한 수업 사례

메타버스 플랫폼을 활용한 수업 설계 요소

메타버스 기반 수업을 효과적으로 설계하기 위해서는 체계적인 단계별 접근이 필요하며, 수업 전, 도입, 전개, 정리 단계에서 고려해야 할 요소들이 있다.

첫째, 수업 전 단계에서는 학생들이 메타버스 플랫폼의 사용법을 익힐 수 있도록 관련 읽기 자료나 동영상 튜토리얼을 제공하고, 수업 접속에 필요한 링크와 안내사항을 미리 전달하는 것이 중요하다. 예를 들어, [그림 10-9]와 같이 메타버스 강의실 주소로 접속하여 아바타를 설정하는 과정을 안내할 수 있다. 이러한 사전 안내 자료를 통해 학생들은 가상 공간에 원활하게 접속하고, 수업 참여를 준비할 수 있다.

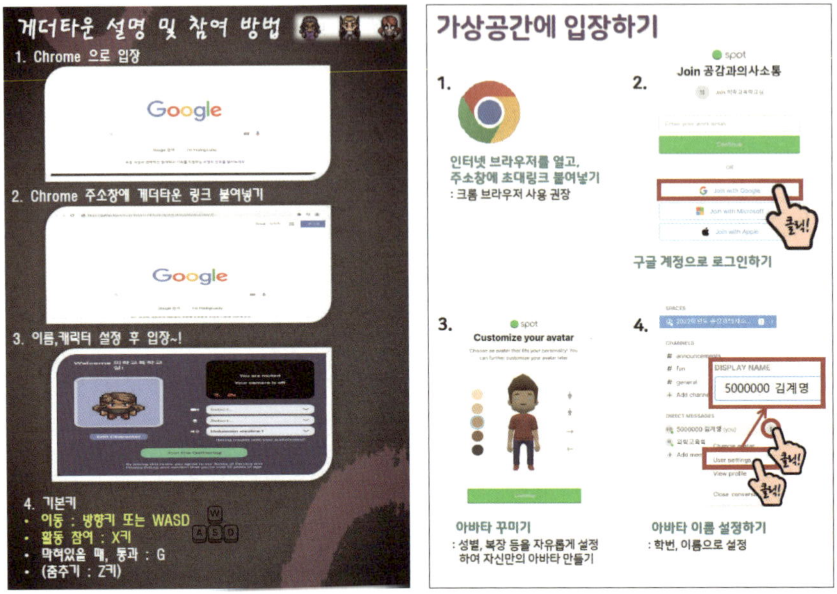

[그림 10-9] 메타버스 기반 수업 설계: 수업 준비 안내 자료 제공 화면

[그림 10-10] 메타버스 기반 수업 설계: 출석 체크 화면

둘째, 수업 도입 단계에서는 학생들이 제공된 링크를 통해 메타버스 플랫폼에 접속하여 각자의 아바타를 설정하고 출석 확인을 진행한다. 예를 들어, [그림 10-10]처럼 가상

강의실 화면에서 자신의 이름을 입력하고 자리를 선택함으로써, 교수자는 출석 여부를 쉽게 확인할 수 있다. 이 과정을 통해 학생들은 실제 교실과 유사한 환경에서 학습에 몰입할 수 있으며 본격적인 수업 활동을 준비할 수 있다.

셋째, 수업 전개 단계에서는 다양한 학습 활동을 본격적으로 진행한다. 팀별 토론, 실시간 퀴즈, 글쓰기 활동, 동영상 시청 및 토론 등 여러 활동을 구성하여 학생들이 적극적으로 참여할 수 있도록 유도한다. 예를 들어, [그림 10-11]과 같이 학생들이 가상 공간에서 퀴즈 문제를 풀며 이동하는 모습이 나타나는데, 교수자는 이 과정에서 학생들의 정답 여부와 참여 상황을 실시간으로 모니터링하고 즉각적인 피드백을 제공할 수 있다.

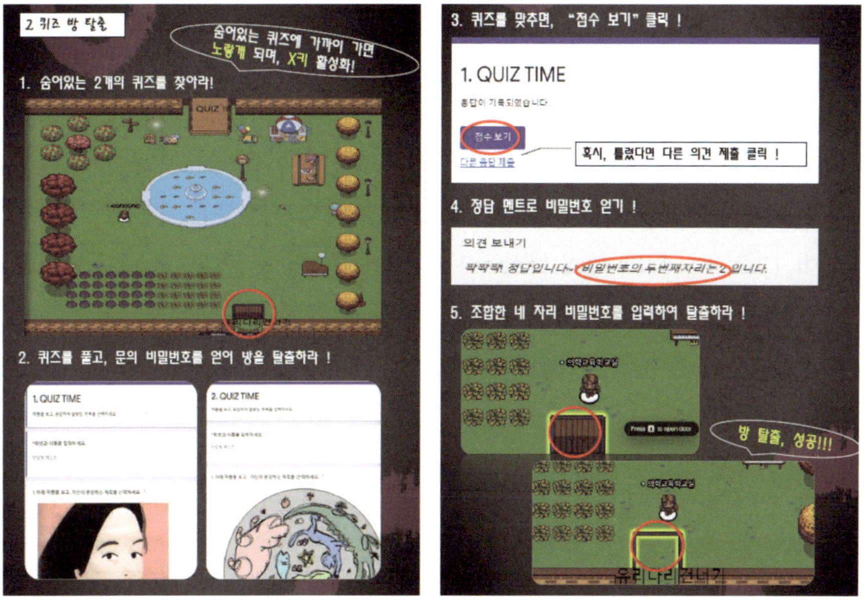

[그림 10-11] 메타버스 기반 수업 설계: 퀴즈 학습 활동 화면

또한 [그림 10-12]와 같이 메타버스 플랫폼과 패들렛과 같은 협업 도구를 연동하여 학생들이 창의적인 아이디어를 공유하고 글쓰기 활동을 통해 의견을 정리할 수 있도록 지원하는 방법도 활용할 수 있다. 이러한 도구의 연동은 다양한 활동의 확장성을 높여 학생들이 여러 방식으로 상호작용하며 학습에 몰입할 수 있는 환경을 조성할 수 있다.

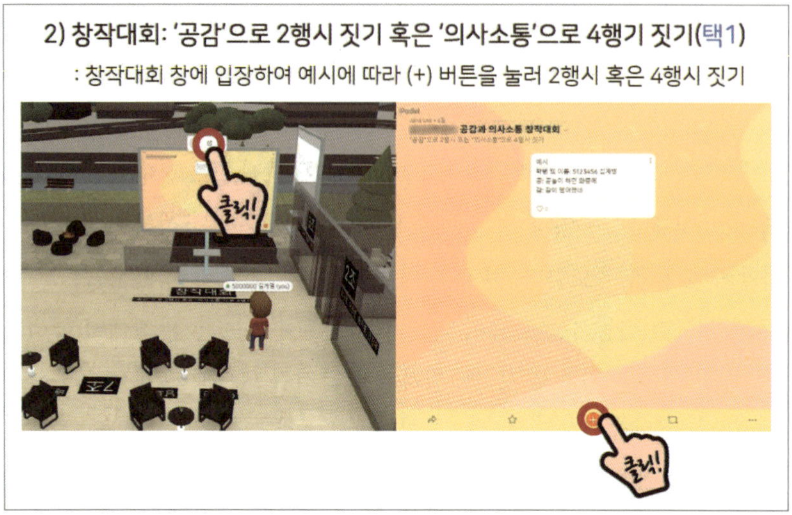

[그림 10-12] 메타버스 기반 수업 설계: Padlet 도구와 연동한 글쓰기 활동 화면

넷째, 수업 정리 단계에서는 팀별 활동 결과와 개인별 학습 성찰 내용을 공유하고, 교수자가 이를 바탕으로 구체적인 피드백을 제공할 수 있는 절차를 마련할 필요가 있다. 예를 들어, [그림 10-13]과 같이 학생들은 한 학기 수업을 되돌아보며 관련 설문에 응답하고 제출할 수 있다. 이 과정을 통해 학생들은 학습 경험을 스스로 정리하고, 교수자는 학생들의 만족도와 요구사항을 파악하여 향후 수업 개선에 반영할 수 있다.

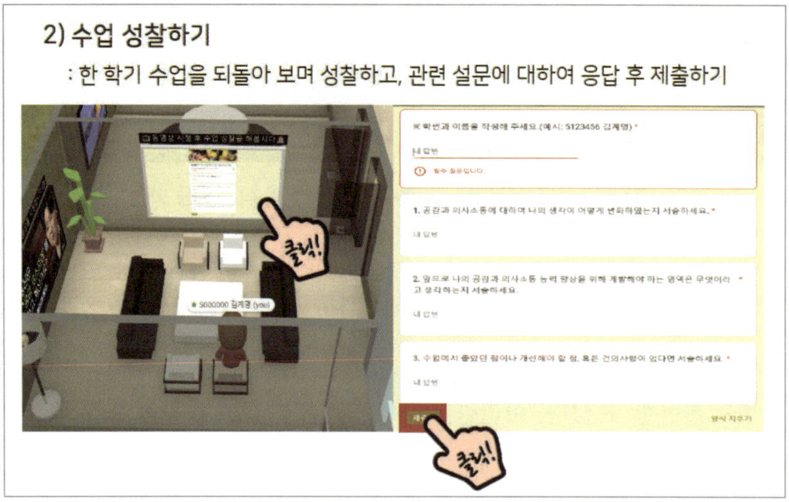

[그림 10-13] 메타버스 기반 수업 설계: 수업 성찰 활동 화면

이 밖에도 가상 공간에서 발생할 수 있는 문제 상황에 대비하여, 교수자와 학습자가 채팅방을 활용해 소통할 수 있는 방안을 마련할 수 있다. 또한 [그림 10-14]처럼 갤러리와 휴게실 공간을 구성하여 지난 학기 수업 사진과 영상을 관람하며 의견을 교환하도록 지원할 수도 있다. 이 과정에서 학생들은 과거 학습 경험을 돌아보고 서로의 생각을 공유하며 가상 환경에서도 친밀감을 형성할 수 있다.

[그림 10-14] 메타버스 기반 수업 설계: 기타 학습 활동 화면

메타버스 플랫폼을 활용한 수업 운영 사례

메타버스 플랫폼은 교수자가 강의식 수업부터 참여형 수업까지 다양한 교수학습 활동을 구현하는 데 활용할 수 있다. 예를 들어, 교수자는 게더타운이나 스팟과 같은 플랫폼을 사용해 가상 강의실을 구축하고, 학생들이 아바타로 접속한 상태에서 팀별 토론, 실시간 퀴즈, 문제 해결 활동, 창의적 과제 수행 등 다양한 수업을 진행할 수 있다. 게더타운과 스팟은 모두 공간을 자유롭게 구성할 수 있으며 아바타 기반 상호작용을 지원한다. 다만, 게더타운은 2D 게임처럼 픽셀 기반의 그래픽 환경을 제공하고, 스팟은 실제 사무 공간에 가까운 인터페이스와 자동 카메라 연결 기능을 갖추고 있어 상호작용 방식에 차이가 있다. 교수자는 수업의 목표와 활동 유형에 따라 각 플랫폼의 특성을 고려해 적절히 선택할 수 있다.

이러한 수업 활동은 학생들이 가상 강의실에서 실제와 유사한 상황을 체험하며 몰입할 수 있도록 지원하고, 전통적인 교실에서는 경험하기 어려운 개방적이고 유연한 소통 환경을 조성한다. 아바타를 통한 자유로운 이동과 실시간 채팅 및 음성 대화 기능은 팀별 프로젝트나 협력 학습에서 신뢰와 친밀감을 높이는 데 도움이 된다.

또한 메타버스 기반 수업은 사회적 상호작용을 촉진하고 학습 몰입도를 높이는 데 긍정적인 효과가 있지만, 프라이버시 침해, 익명성에 따른 부적절한 행동, 아바타 기반 정체성 혼란 등 해결해야 할 과제도 존재한다. 교수자는 이러한 문제에 대비해 수업 전 명확한 이용 수칙을 안내하고, 학습 환경이 안전하고 원활하게 운영될 수 있도록 관리 체계를 마련하는 것이 도움이 된다.

[그림 10-15]는 게더타운 플랫폼을 활용한 가상 강의실 화면의 예시이다. 화면에는 출석체크방, 퀴즈 방탈출, 유리다리 건너기, 행시 짓기 활동, 동영상 시청 및 성찰, 교과목 운영 만족도 조사 공간 등이 배치되어 있다. 각 활동 구역은 발자국 아이콘으로 연결되어, 학생들이 자연스럽게 다음 활동으로 이동하도록 설계되었다.

[그림 10-15] Gather Town 플랫폼 기반 메타버스 강의실 구성 화면

- **출석체크방** 학생들은 본인 이름이 적힌 의자에 앉아 출석을 확인할 수 있고, 교수자는 이를 통해 출석 여부를 쉽게 파악할 수 있다.
- **퀴즈 방탈출** 퀴즈 문제를 풀며 방탈출 형식으로 학습 내용을 복습하고, 문제 해결 능력을 높일 수 있다.
- **유리다리 건너기** 가상의 유리다리를 건너며 장애물을 피하는 활동으로, 집중력과 협동심을 기를 수 있다.
- **행시 짓기 활동** 교과목명을 주제로 행시를 지으면서 수업 성과를 정리하고, 학생들 간 의견을 교환하며 상호소통할 수 있다.
- **동영상 시청 및 수업 성찰** 강의 동영상을 시청한 후, 피드백과 성찰 내용을 공유하며 학습 내용을 더욱 깊이 있게 이해하도록 돕는다.
- **수업 만족도 조사** 교과목 운영 전반에 대한 만족도 조사를 진행하고, 학생들이 수업 전·후로 변화된 공감 능력과 의사소통 능력을 스스로 평가하도록 유도할 수 있다.

다음으로 스팟 플랫폼을 활용해 구성된 메타버스 강의실을 소개하면 [그림 10-16]과 같다. 각 공간은 메타버스 수업 환경의 특징을 살려 학생들이 자유롭게 이동하고 활동할 수

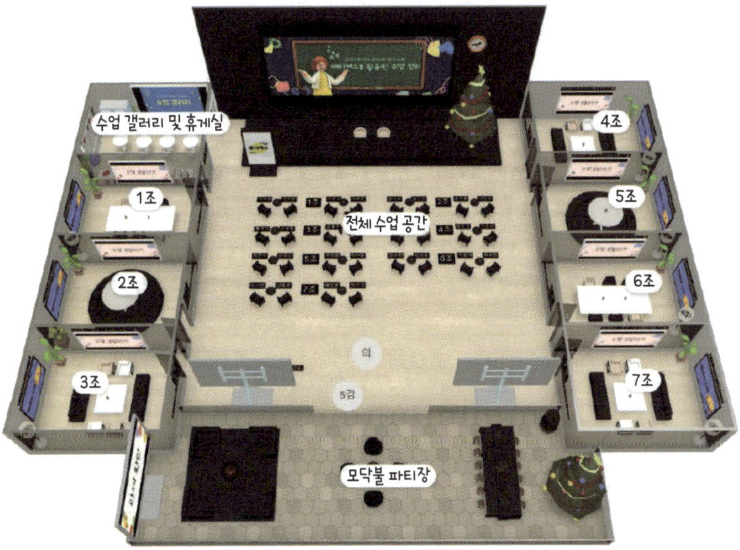

[그림 10-16] SPOT 플랫폼 기반 메타버스 강의실 구성 화면

있도록 구성되었으며 조별 학습과 전체 수업 참여를 모두 지원하는 구조로 설계되었다.

- **수업 갤러리 및 휴게실** 지난 수업 자료와 활동 사진, 영상을 감상하며 학습 경험을 공유하고 이야기를 나눌 수 있는 공간이다.
- **조별 회의실** 조별 토론과 프로젝트를 효율적으로 진행할 수 있도록 독립된 공간에 모니터와 테이블이 구비되어 있다.
- **전체 수업 공간** 대형 스크린과 개인 좌석이 마련된 중앙 강의실로, 공지사항 공유와 발표가 이루어진다.
- **모닥불 파티장** 자유로운 소통과 교류를 위한 공간으로, 학생들이 모닥불 주변에서 이야기를 나누며 휴식을 취할 수 있다.

이 밖에도 메타버스 플랫폼은 학생들의 과제 결과물을 전시하고 공유하는 온라인 전시장으로 활용될 수 있다. 특히 [그림 10-17]과 같이 스팟 플랫폼을 기반으로 구현된 메타버스 전시장 사례에서는 다음과 같은 특징을 확인할 수 있다.

[그림 10-17] SPOT 플랫폼 기반 메타버스 전시장 구성 화면

- **개별 전시 공간** 학생들의 과제 결과물이 각각의 가상 부스나 모니터에 전시되어 있어 동료 학생들과 교수자가 자유롭게 작품을 관람할 수 있다.
- **공동 발표 공간** 전시장 중앙에 위치한 대형 스크린을 통해 주요 발표 내용이나 관

련 영상을 상영하여 학생들이 전체적인 내용을 쉽게 이해하도록 돕는다.

- **실시간 상호작용** 학생들은 아바타를 통해 전시장 내에서 채팅과 음성 대화 기능을 활용하여 작품에 대해 활발하게 토론하고 즉각적인 피드백을 주고받을 수 있다.

3 Figjam과 Boardmix를 활용한 협업 수업 운영

피그잼(Figjam)과 보드믹스(Boardmix)를 협업 중심 수업에서 학습자의 상호작용과 AI 기반 피드백을 지원하는 디지털 협업 도구이다. 두 도구는 실시간으로 시각적 협업 환경을 제공하여, 학생들이 포스트잇, 텍스트, 이미지 등을 이용해 아이디어를 자유롭게 표현하고 공유할 수 있도록 한다. AI 기능은 학습자의 의견을 자동으로 구조화하고 요약하여 교수자와 학습자가 수업 흐름과 주요 쟁점을 신속하게 파악하고 대응할 수 있도록 돕는다.

이들 도구는 브레인스토밍, 주제 선정, 토론, 성찰 활동 등 수업 단계에 맞춰 다양한 학습 활동을 지원하며, 학습자의 적극적인 참여와 활발한 상호작용을 촉진한다. AI 요약을 통해 교수자는 토론 중 핵심 논점을 쉽게 확인하고 적절한 추가 질문이나 보조 설명을 제공할 수 있다. 학습자는 실시간 AI 피드백을 바탕으로 자신의 생각을 보완·정리하며 협업 학습 과정에서 비판적 사고력과 문제 해결 능력을 강화할 수 있다.

3.1 피그잼을 활용한 브레인스토밍과 AI 주제 분류

피그잼은 협업 기반 프로젝트의 주제를 도출하는 초기 단계에서 유용하게 활용될 수 있다. 학습자들은 주제와 관련된 다양한 아이디어를 포스트잇 형태로 자유롭게 제시하며 브레인스토밍 활동을 수행한다. 이후 AI 기능을 통해 유사한 아이디어들이 자동으로 분류되어 시각적으로 정리됨으로써, 전체 아이디어의 흐름과 구성 방향을 명확히 파악할 수 있다. 학생들은 이 분류 결과를 바탕으로 프로젝트의 핵심 주제를 도출하고 팀별 협업의 출발점을 설정하게 된다.

[그림 10-18]은 학생들이 팀 프로젝트 주제를 정하기 위해 자유롭게 아이디어를 제출한 초기 화면이다. 학생들은 다양한 사회 문제나 지역 이슈와 관련된 아이디어를 포스트잇 형식으로 제시하며, 협업을 위한 브레인스토밍 활동을 진행한다.

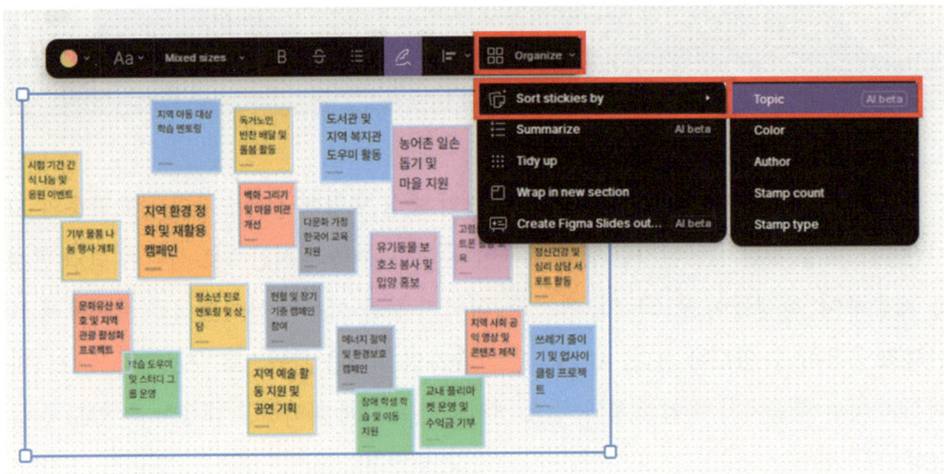

[그림 10-18] Figjam 도구: 프로젝트 주제 아이디어 제출 및 AI 자동 분류 설정 화면

[그림 10-19]는 학생들이 제출한 아이디어가 AI를 통해 주제별로 자동 분류된 결과 화면이다. 학생들은 자동 분류된 내용을 통해 아이디어의 공통점과 차이점을 명확히 파악하고, 이를 바탕으로 팀별 프로젝트 주제를 구체화할 수 있다.

[그림 10-19] Figjam 도구: 프로젝트 주제별 AI 자동 분류 결과 화면

3.2 보드믹스를 활용한 온라인 토론과 AI 피드백

보드믹스는 학습자들이 온라인 토론에서 자유롭게 의견을 표현하고 상호작용을 촉진할 수 있는 도구이다. 학생들은 각 질문에 대한 생각을 포스트잇과 도형 등으로 구조화하여 제시하며, AI 기능은 이를 분석하여 주요 논점을 빠르게 요약해 준다. 교수자와 학습자들은 AI가 정리한 내용을 통해 토론에서 중점적으로 다룰 부분을 쉽게 파악하고 의견을 더욱 구체적으로 발전시킬 수 있다.

[그림 10-20]은 토론 질문별로 학생들이 작성한 의견을 AI가 분석하여 텍스트로 요약한 화면이다. AI는 질문에 대한 개별 응답을 분석하여 공통된 쟁점을 문장 형태로 정리해 주며, 교수자는 이를 바탕으로 토론을 정리하고 수업을 이어 갈 수 있다.

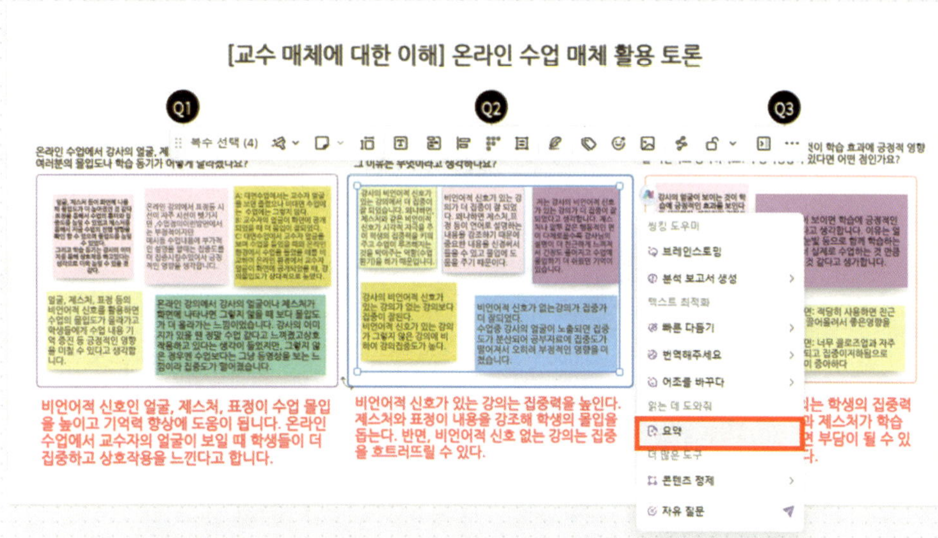

[그림 10-20] Boardmix 도구: 온라인 토론 활동에 대한 AI 요약 결과 화면

3.3 보드믹스를 활용한 학습 성찰과 피드백

보드믹스는 학습자가 수업 후 자신의 학습 경험을 성찰하고 정리할 수 있도록 지원한다. 학습자는 수업의 난이도, 학습 흐름, 중요하다고 느낀 내용, 이해가 어려웠던 점, 앞으로의 실천 계획 등의 성찰 내용을 작성할 수 있다. AI는 학습자의 성찰 내용을 분석하여 주제별로 구조화된 피드백을 제공하며, 교수자는 이 분석 결과를 바탕으로 수업 운영에 참고할 수 있다.

[그림 10-21]은 학습자들이 수업 후 학습 난이도와 성찰 내용을 작성하고, AI가 이를 분석하여 텍스트로 요약한 화면이다. 학습자는 자신의 학습 과정을 효과적으로 돌아보고, 교수자는 학습 성찰 내용을 종합한 피드백을 바탕으로 보충 자료, 다음 수업의 개선 자료 등을 마련할 수 있다.

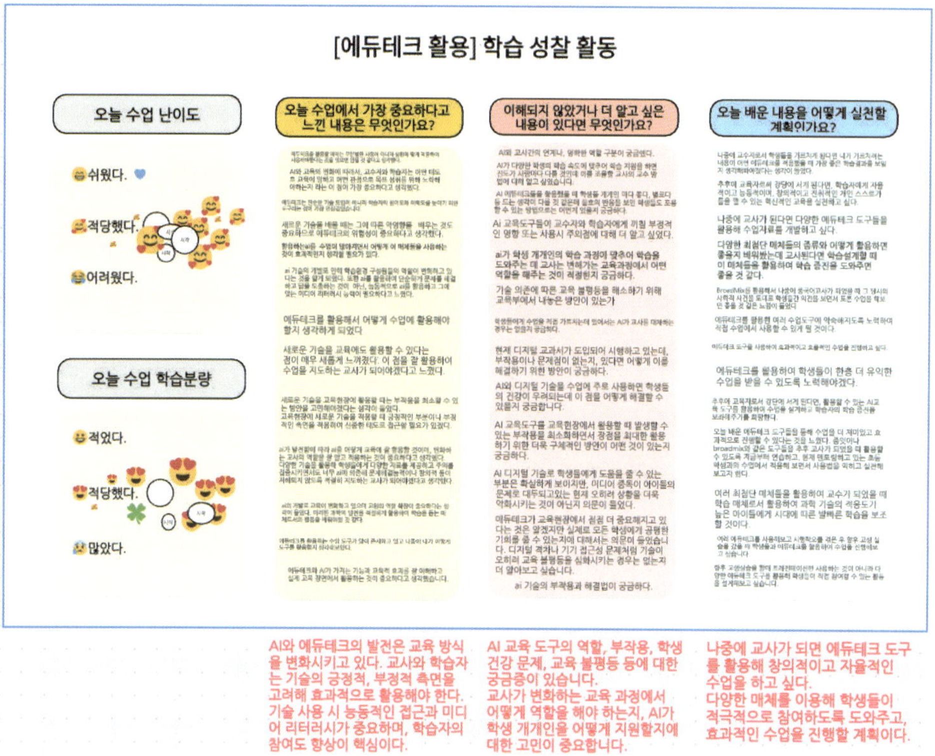

[그림 10-21] Boardmix 도구: 학습 성찰 활동에 대한 AI 요약 결과 화면

제11장

AI 윤리와 디지털 시민성

AI 윤리와 디지털 시민성은 AI 기술이 교육 현장에 적용되는 과정에서 기술적 편의성과 효율성 만큼 주목해야 할 중요한 주제이다. 알고리즘 편향, 결과의 불투명성, 저작권 문제, 개인정보 보호 등은 AI 기술을 활용할 때 함께 고려해야 할 윤리적 쟁점이자, 디지털 사회 구성원으로서 책임 있는 태도를 요구하는 내용들이다.

이 장에서는 AI 활용과 관련된 주요 윤리 이슈와 개인정보 보호 수칙, 디지털 시민성의 개념과 적용 사례를 중심으로, 교육 현장에서 실제 적용할 수 있는 방안을 살펴본다. 교수자는 AI 도구를 수업에 적용할 때, 윤리적 기준과 디지털 시민성의 관점을 함께 고려하여 학습자가 기술을 올바르게 이해하고 책임 있게 활용할 수 있도록 수업을 구성해야 할 것이다.

1 AI 윤리 문제와 책임

AI 기술이 사회 전반에 확산되면서, 그 윤리적 문제와 책임 소재에 대한 논의가 점차 중요해지고 있다. AI가 내리는 결정의 투명성, 공정성, 사회적 책임 등은 기술 발전과 함께 반드시 해결해야 할 과제로 부상하고 있다.

1.1 AI 윤리의 주요 쟁점

AI 윤리의 주요 쟁점은 AI가 인간의 삶과 사회에 미치는 영향이 커질수록 더욱 복합적으로 드러난다. AI가 방대한 데이터를 바탕으로 의사결정을 내리는 과정에서, 사회적 편견이나 불평등이 알고리즘에 반영되어 차별적 결과가 발생할 수 있다. 또한 AI의 결정 과정이 '블랙박스'처럼 불투명하게 작동하면 사용자는 그 결과를 신뢰하기 어렵고, 책임 소재 역시 모호해진다. 더불어 AI 기술이 악의적으로 오남용될 경우 개인정보 침해, 딥페이크와 같은 사회적 해악이 증폭될 수 있다. 최근에는 AI 학습용 데이터로 무단 저작물을 활용하면서 발생하는 저작권·지적재산권 분쟁이 새로운 윤리 과제로 떠오르고 있다.

이러한 맥락에서 AI 윤리의 쟁점은 알고리즘의 편향성, 투명성 부족, 오남용 가능성, 저작권·지적재산권 분쟁으로 요약할 수 있다.

첫째, 알고리즘의 편향성은 AI가 학습하는 데이터에 내재된 사회적 편견이 그대로 반영되어 특정 집단에 차별적인 결과를 초래하는 문제이다. 이는 채용, 대출 심사, 범죄 예측 등 민감한 영역에서 불공정을 야기할 수 있다. 실제 2023년에 구글 이미지 분류 AI가 흑인 여성을 고릴라로 오분류한 사건은 학습 데이터셋의 인종적 다양성 부재가 초래한 전형적 사례로, 기술적 개선뿐 아니라 다문화 데이터 수집 프로토콜 개선이 필요함을 시사한다.

이와 관련하여, 〈표 11-1〉에 제시된 2024년 OECD AI 원칙은 AI 개발 과정에서 인권,

민주적 가치, 공정성을 최우선 과제로 규정하고 있다. 또한 2024년 유럽연합 AI 법은 고위험 AI 시스템에 대한 사전 편향성 검증을 의무화하고 있다.

〈표 11-1〉 OECD AI 원칙

원칙	주요 내용
포용적 성장, 지속 가능한 개발, 웰빙	이해관계자는 책임감 있는 AI 관리에 참여한다. AI는 인간 능력 증강, 창의성 향상, 소외 계층 포용, 불평등 감소, 환경 보호를 통해 포용적 성장 · 웰빙 · 지속 가능한 개발을 활성화한다.
인권, 민주적 가치, 공정성	AI 행위자는 법치주의, 인권, 민주적 가치, 차별 금지, 평등, 자율성, 개인정보 보호 등을 존중한다. 허위 정보에 대응하면서 표현의 자유를 보장한다.
투명성, 설명 가능성	AI 주체는 맥락에 적합하고 최신 기술을 반영한 의미 있는 정보를 제공한다. 시스템의 기능 · 한계 · 의사결정 과정을 명확히 설명하고 이의 제기 절차를 마련한다.
견고성, 보안성, 안전성	AI 시스템은 정상 사용, 예측 가능한 오용, 불리한 조건에서도 안전하게 작동한다. 과도한 피해 시 재정의 · 수리 · 폐기 메커니즘을 갖추고 정보 무결성과 표현의 자유를 보장한다.
책임성	AI 주체는 데이터 · 프로세스 · 의사결정의 추적성을 보장하고, 체계적 위험 관리 접근을 지속적으로 적용하며 이해관계자 협력을 통해 위험을 해결한다.

출처: OECD (2019, updated 2024).

둘째, 투명성 부족은 AI의 의사결정 과정을 인간이 이해하기 어려운 '블랙박스' 문제에서 비롯된다. AI가 어떤 근거로 특정 결론을 도출했는지 설명할 수 없다면, 그 결과에 대한 신뢰를 확보하기 어렵다.

실제로 2025년 1월에 국내 주요 기업들이 채용 전형에 도입한 'AI 면접관' 시스템의 면접 평가 기준과 알고리즘 작동 원리를 일체 공개하지 않아 지원자들이 자신의 결과를 이해하거나 이의를 제기할 수 없다는 논란이 제기되었다. 이 사례는 AI의 투명성이 부족할 경우, 채용 과정에서 부당한 결과가 발생해도 그 이유를 확인하거나 정당하게 이의를 제기하기 어렵다는 점을 보여 준다.

[그림 11-1] DALL · E 도구: AI 면접 채용 과정 예시

이와 관련하여 2024년 OECD AI 원칙은 '투명성과 설명 가능성'을 주요 원칙으로 제시하며, AI 시스템의 기능 · 한계 · 의사결정 과정을 맥락에 적합한 방식으로 설명하도록 요구한다. 또한 2024년 유럽연합 AI 법은 고위험 AI 시스템에 대해 '설명 가능한 AI 도구 채택 및 결과 해석 절차 마련'을 의무화하여 이해관계자가 AI 결정을 검증 · 이의 제기할 수 있는 절차를 마련하도록 규정하고 있다.

셋째, 오남용 가능성은 AI 기술이 가짜 뉴스 생성, 사이버 공격, 사회적 감시 등 악의적 목적으로 사용될 위험을 내포한다.

예컨대, 2024년 9월 26일 국회 본회의를 통과한 「딥페이크 성적 이미지 시청 · 소지 처벌법」은 피해자의 동의 없이 생성 · 유포된 성적 콘텐츠를 시청 · 소지하는 행위를 범죄로 규정함으로써 AI 기반 콘텐츠 오남용에 대한 강력한 경고 메시지를 전달한다. 이 법은 AI가 악의적 목적으로 제작한 디지털 이미지 · 영상을 활용한 범죄를 예방하고 피해자의 권익을 보호하기 위한 법적 장치를 마련한 사례이다.

이와 관련하여 OECD AI 원칙은 '책임 있는 개발 · 운영'을 강조하며, AI 오남용 리스크를 최소화하기 위해 설계 단계부터 악용 가능성 평가 및 대응 절차 수립을 요구한다. 또한 유럽연합 AI 법은 '위험 관리 체계 구축'을 통해 AI 시스템이 악의적 용도로 전용되지 않도록 사전·사후 통제 절차 마련을 의무화하고 있다.

넷째, 저작권·지적재산권 분쟁은 AI가 활용하는 모든 데이터 수집·처리 과정에서 원저작자의 권리가 침해될 위험을 의미한다.

예컨대, 2023년 대한민국 공익광고제에서 대통령상(대상)을 수상한 포스터 〈멸종위기 1급 대한민국〉은 AI로 제작된 작품이 국내 공모전에서 수상작으로 공식 인정받은 첫 사례로, AI와 인간의 창작 경계를 드러낸 상징적인 사건이다.

[그림 11-2] 국내 첫 AI 작품 공모전 수상 사례: 〈멸종위기 1급 대한민국〉

이 포스터는 텍스트 프롬프트를 입력해 이미지를 생성하는 미드저니(Midjourney) AI 도구를 활용해 제작되었고, 포토샵 등의 후작업이 더해졌다. 저출산 위기를 동물원의 멸종위기종에 빗대어 표현한 이 작품은 AI 특유의 세밀하지 못한 묘사(손가락, 귀 등)로 인해 AI 작품임이 뒤늦게 밝혀지며 창작자 권리 보호와 공정성 문제가 불거졌다. 주최 측은 창의성과 기획력, 메시지의 전달력 등을 평가해 수상에 문제가 없다는 입장을 밝혔으나, AI가 만든 콘텐츠가 기존 저작물을 학습한 결과일 뿐이라는 비판과 독창성을 인정해야 한다는 의견이 엇갈리며 AI와 예술의 경계에 대한 사회적 논의를 촉발했다.

또한 영화 〈AI 수로부인〉은 국내 최초로 생성형 AI가 제작 전 과정에 활용된 작품으로, '편집 저작물' 형태로 저작권 등록이 인정되었다. 이는 AI와 인간의 협업으로 만들어진 창작물에 대해 저작권이 인정된 중요한 선례로 평가되고 있다.

[그림 11-3] 국내 첫 AI 영화 인정 사례: 〈AI 수로부인〉

이 영화는 시나리오, 이미지, 영상, 음성, 음악 등 전 과정에 GPT-4, 미드저니, 스테이블디퓨전(Stable Diffusion) 등 다양한 AI 도구가 활용되었으나, 인간이 AI 산출물을 선택·배열·구성하는 과정의 창작성에 대해 저작권이 한정적으로 인정됐다. 이는 향후 AI와 예술의 경계, 저작권 문제에 있어 국내외적으로 중요한 기준을 제공하고 있다.

반면, 이와 대조적으로 AI 활용이 저작권 침해 논란이나 오인으로 이어진 사례도 있다. 2025년 4월에는 한 초등교사가 AI 모델 '플라멜'로 제작한 지브리풍 이미지를 수업자료로 배포했다가 저작권 위반 논란이 발생했고, 2025년 5월에는 대학생이 직접 작성한 보고서가 AI 생성 텍스트로 오인되어 'AI 표절' 판정을 받았다가, 작성 과정을 담은 증거로 억울함을 해명할 수 있었다.

이러한 사례는 AI 활용 전반에서 데이터 출처·권리 상태를 사전에 검증하고, 합법적

라이선스 확보와 출처 명기 등 구체적 가이드라인과 이의 제기 절차를 마련해야 함을 보여 준다.

이와 관련하여 2024년 OECD AI 원칙은 '책임성' 원칙을 통해 AI 학습용 데이터뿐 아니라 모든 데이터의 출처·권리 상태를 명확히 관리하도록 권고하며, 유럽연합 AI 법은 고위험 AI 시스템에 대해 '데이터 거버넌스 체계 구축'을 의무화하여 학습 데이터의 법적·윤리적 관리 절차를 강화하고 있다.

우리나라의 국가 AI 윤리 기준과 교육 분야 AI 윤리 원칙은 AI 활용의 공공성과 책임성을 강조하고 있다. 〈표 11-2〉에 제시된 교육 분야 AI 윤리 원칙 중, '⑩ 데이터를 합목적적으로 활용하고 교육 당사자의 프라이버시를 보호한다'는 원칙에서는, 수집·처리되는 모든 데이터를 목적에 부합하도록 최소한으로 사용하되, 개인정보와 저작권 등 사적 영역을 철저히 보호할 것을 명시하고 있다. 또한 '⑦ 사회 공공성 증진에 기여한다'는 원칙에서는 AI 활용이 사회적 가치를 높이고 공공성을 증진하도록 거버넌스와 투명성을 확보할 것을 권고하고 있다. 이를 통해 AI 저작권·권리 분쟁 위험을 최소화하고, 교육 현장에서 AI 활용의 공정성과 신뢰성을 확보하기 위한 노력이 이루어지고 있다.

〈표 11-2〉 교육 분야 AI 윤리 원칙

분류	윤리 원칙
대원칙	사람의 성장을 지원하는 AI
세부원칙	① 인간의 성장 잠재성을 이끌어 낸다.
	② 학습자의 주도성과 다양성을 보장한다.
	③ 교수자의 전문성을 존중한다.
	④ 교육 당사자 간의 관계를 공고히 유지한다.
	⑤ 교육의 기회 균등과 공정성을 보장한다.
	⑥ 교육 공동체의 연대와 협력을 강화한다.
	⑦ 사회 공공성 증진에 기여한다.
	⑧ 교수학습 과정에서의 안전을 보장한다.
	⑨ 데이터 처리의 투명성을 보장하고 설명 가능해야 한다.
	⑩ 데이터를 합목적적으로 활용하고 교육 당사자의 프라이버시를 보호한다.

출처: 교육부(2022).

1.2 책임 소재와 대응 방안

AI의 결정으로 인해 피해가 발생할 때 책임 소재를 명확히 규정하는 것은 법적·사회적으로 매우 복잡한 문제이다. AI는 자율적으로 판단하고 행동할 수 있지만, 그로 인해 발생한 피해의 책임을 누구에게 물을지에 대한 명확한 기준은 아직 완전히 정립되지 않았다. 이에 따라 현재로서는 AI 시스템의 개발자, 데이터 공급자, 운영자, 사용자 등 다양한 인간 행위자에게 책임을 분담시키는 방식이 일반적으로 채택되고 있다.

첫째, 개발자의 책임이 대표적으로 부각된 사례로는 2025년 미국 플로리다에서 발생한 AI 챗봇과 청소년 간의 대화로 인한 자살 사건이 있다. 이 사건에서 유가족은 챗봇이 미성년자에게 유해한 정보를 제공했고, 개발사와 플랫폼 운영자가 충분한 보호 장치 없이 서비스를 제공했다고 주장했다. 미국 연방법원은 서비스의 설계 결함, 경고 부족, 미성년자 보호 미흡 등의 사유로 개발사와 운영자에게 제품 책임과 과실 책임을 물을 수 있는지에 대한 재판을 계속 진행할 수 있다고 판단했다. 이는 AI 개발사의 법적 책임 규정과 관리 방안에 대한 사회적 논의를 불러일으키는 계기가 되었다.

둘째, 데이터 공급자의 책임은 AI가 부정확하거나 편향된 데이터를 학습해 차별적 결과를 초래할 때 발생한다. 예를 들어, 2018년 아마존(Amazon)이 도입한 AI 채용 시스템은 기존 채용 데이터의 남성 편향성을 학습해 여성 지원자를 차별적으로 평가하는 문제가 드러났다. 이 사건은 데이터 공급자인 아마존이 내부 데이터 관리 및 편향성 점검에 소홀했던 사례로, AI 공정성 확보를 위해 데이터 공급자가 데이터의 품질과 다양성을 책임져야 함을 사회적으로 환기시킨 대표적인 예이다.

셋째, 운영자의 책임은 AI 시스템을 도입·운영하는 기업이나 기관이 관리 소홀로 인해 피해를 초래했을 경우에 적용된다. 2023년 영국 런던에서는 AI 기반 얼굴인식 시스템의 오작동으로 다수의 시민이 무고하게 추적·조사·체포되는 일이 여러 차례 발생했다. 이 사건은 경찰과 관련 기업이 데이터 품질 관리, 알고리즘 검증, 평등권 보호 등 책임 있는 통제 의무를 다하지 않은 결과로, 법적·사회적 비판을 받았나. 실세로 일부 피해자들은 경찰과 시스템 운영 기업을 상대로 법적 소송을 제기하였고, 영국 정보위원회(Information Commissioner's Office. ICO)는 관련 기업의 데이터 보호법 위반을 공식적으로 지적했다.

넷째, 사용자의 책임은 사용자가 AI의 한계와 위험성을 제대로 인지하지 못하고 오남용했을 때 발생한다. 최근 교육 현장에서는 학생들이 생성형 AI 챗봇이나 이미지 생성 서비스에 이름, 연락처, 사진 등 민감한 개인정보를 무분별하게 입력해 개인정보 유출과 프라이버시 침해가 발생하는 사례가 증가하고 있다. 2025년 국내에서는 '지브리풍 프사' 등 AI 이미지 생성 서비스를 이용한 학생들이 자신의 개인정보 입력 후 해당 정보가 어디에 저장되고 어떻게 활용되는지 몰라 불안감을 호소한 사례가 보도되었다. 전문가들은 AI가 개인정보를 학습 데이터로 활용하여 제3자 제공이나 유출 위험이 크다고 지적하며, 개인정보보호위원회는 생성형 AI 사용 시 개인정보 입력 자제를 권고하는 보안 지침을 발표했다.

또한 AI 챗봇이나 교육용 플랫폼에 과제, 상담, 일기 등 민감한 정보를 입력했다가 데이터 유출 사고가 발생한 사례도 꾸준히 보고되고 있다. 2024년에는 국내외에서 AI 플랫폼을 통한 민감한 정보 유출 사건이 다수 발생했으며, 교육 현장에서도 개인정보 보호와 AI 오남용 방지를 위한 가이드라인 마련이 강조되고 있다

이러한 책임 문제를 해결하기 위해 국제사회와 각국 정부는 AI 책임 소재와 관련된 규정과 제도를 적극적으로 추진하고 있다. OECD AI 원칙은 AI 개발·운영 전 단계에서 책임 주체를 명확히 하고, 피해 발생 시 구제 절차를 마련할 것을 권고하고 있다(OECD, 2019). 유럽연합은 2024년 발효된 유럽연합 AI 법과 'AI 책임 지침(AI Liability Directive)'을 통해 고위험 AI 시스템의 개발자, 공급자, 운영자, 사용자 등 각 주체별 책임을 법적으로 명확히 규정하고, 인간 감독, 추적 가능성, 위험 관리 체계 구축, 투명성·설명 책임, 피해 구제 절차 마련을 의무화하고 있다.

국내에서도 국가 AI 윤리 기준의 '책임성' 원칙을 통해 AI 시스템 도입·운영 과정에서 발생하는 오류·피해에 대해 개발자·운영자·사용자 간 책임 분담을 명시하도록 권고하며, 교육 분야 AI 윤리 원칙 역시 책임 범위와 신속한 구제 절차 마련을 규정하고 있다.

따라서 교육 현장에서는 AI 사용자의 책임 인식과 윤리 교육 강화, 올바른 활용 가이드라인 마련이 필수적으로 요구된다. AI 오남용이 실제로 개인정보 유출, 프라이버시 침해, 학습 성과 저하 등 다양한 부작용으로 이어질 수 있기 때문이다. AI가 교육에 미치는 영향이 커질수록, 학생과 교사가 AI의 한계와 위험성을 명확히 이해하고 윤리적 기준에 따라 신중하게 활용하는 문화가 정착되어야 할 것이다.

2 AI와 개인정보 보호

AI 기술을 활용한 교육은 학습자의 데이터를 기반으로 맞춤형 피드백과 진단을 제공함으로써 학습의 효율성과 개별화 가능성을 높인다. 그러나 이 과정에서 개인정보의 과도한 수집, 불투명한 활용, 제3자 제공 및 유출과 같은 윤리적 문제가 지속적으로 제기되고 있다. 특히 디지털 플랫폼에 익숙한 학습자들은 자신도 모르는 사이에 민감한 정보를 입력하고 공유하는 경우가 많으며, 교수자 역시 이러한 위험성을 충분히 인식하고 책임 있게 대응할 필요가 있다.

2.1 개인정보 보호의 개념과 중요성

개인정보란 개인을 식별할 수 있는 모든 정보를 의미하며, 여기에는 성명, 생년월일, 영상 등 전통적인 신상 정보뿐만 아니라 학습자의 행동, 감정, 발화 내용과 같은 비정형 데이터도 포함된다. 대한민국「개인정보 보호법」제2조에 따르면, 개인정보란 "살아 있는 개인에 관한 정보로서 성명, 주민등록번호 및 영상 등을 통하여 개인을 알아볼 수 있는 정보(다른 정보와 결합하여 식별 가능한 정보 포함)"를 말한다.

「개인정보 보호법」에 제시된 개인정보 정의문

1. "개인정보"란 살아 있는 개인에 관한 정보로서 다음 각 목의 어느 하나에 해당하는 정보를 말한다.
   가. 성명, 주민등록번호 및 영상 등을 통하여 개인을 알아볼 수 있는 정보
   나. 해당 정보만으로는 특정 개인을 알아볼 수 없더라도 다른 정보와 쉽게 결합하여 알아볼 수 있는 정보. 이 경우 쉽게 결합할 수 있는지 여부는 다른 정보의 입수 가능성 등 개인을 알아보는 데 소요되는 시간, 비용, 기술 등을 합리적으로 고려하여야 한다.
   다. 가목 또는 나목을 제1호의2에 따라 가명처리함으로써 원래의 상태로 복원하기 위한 추가 정보의 사용 · 결합 없이는 특정 개인을 알아볼 수 없는 정보(이하 "가명정보"라 한다)

개인정보보호위원회는 다음 〈표 11-3〉과 같이 개인정보의 범위를 인적사항을 넘어 사회적·경제적 상태, 교육, 건강, 재산, 문화 활동, 정치적 성향 등 개인의 내면에 이르는 광범위한 정보로 보고 있다. 서비스 가입 시 제공하는 정보뿐 아니라 이용 과정에서 생성되는 통화 내역, 로그 기록, 구매 내역, 위치정보, 기호나 취미 등 생활습관까지도 모두 개인정보에 포함될 수 있다. 특히 AI 기술을 통해 수집·분석 가능한 심리 상태, 감정 반응, 학습 선택 패턴 등 행동 기반 데이터 역시 특정 개인을 식별할 수 있는 경우 개인정보로 간주되며 교육 현장에서도 보호되어야 할 정보로 분류된다.

〈표 11-3〉 개인정보 유형

구분		내용
인적사항	일반정보	성명, 주민등록번호, 주소, 연락처, 생년월일, 출생지, 성별 등
	가족정보	가족관계 및 가족구성원 정보 등
신체적 정보	신체정보	얼굴, 홍채, 음성, 유전자, 지문, 키, 몸무게 등
	의료 및 건강정보	건강 상태, 진료 기록, 신체장애, 장애 등급, 병력, 혈액형, IQ, 약물 테스트 등의 신체검사정보 등
정신적 정보	기호 및 성향정보	도서·비디오 등 대여 기록, 잡지구독정보, 물품구매 내역, 웹사이트 검색 내역 등
	내면의 비밀정보	사상, 신조, 종교, 가치관, 정당·노조 가입 여부 및 활동 내역 등
사회적 정보	교육정보	학력, 성적, 출석 상황, 기술 자격증 및 전문 면허증 보유 내역, 상벌 기록, 생활 기록부, 건강 기록부 등
	병역정보	병역 여부, 군번 및 계급, 제대 유형, 근무 부대, 주특기 등
	근로정보	직장, 고용주, 근무처, 근로 경력, 상벌 기록, 직무 평가 기록 등
	법적정보	전과 및 범죄 기록, 재판 기록, 과태료 납부 내역 등
경제적 정보	소득정보	봉급액, 보너스 및 수수료, 이자소득, 사업소득 등
	신용정보	대출 및 담보설정 내역, 신용카드번호, 통장계좌번호, 신용평가정보 등
	부동산정보	소유주택, 토지, 자동차, 기타 소유차량, 상점 및 건물 등
	기타 수익정보	보험(건강, 생명 등), 가입 현황, 휴가, 병가 등
기타 정보	통신정보	이메일 주소, 전화통화 내역, 로그파일, 쿠키 등
	위치정보	GPS 및 휴대폰에 의한 개인의 위치정보 등
	습관 및 취미정보	흡연 여부, 음주량, 선호하는 스포츠 및 오락, 여가 활동, 도박성 성향 등

출처: 개인정보보호위원회(2025a).

이처럼 개인정보는 단지 고정된 신상정보의 개념을 넘어, 기술 발전과 사회 변화에 따라 그 범위와 중요성이 지속적으로 확대되고 있다. 산업 사회에서 주로 주민등록번호나 주소가 중심이 되었던 개인정보는 정보화 사회를 거쳐 제4차 산업혁명 시대에는 정보의 가치 자체를 보호받아야 할 권리로 인식되고 있다. 특히 AI, 사물인터넷(IoT), 빅데이터 등 신기술이 일상에 깊숙이 들어오면서 개인의 모든 디지털 흔적이 잠재적 개인정보가 될 수 있는 시대에 접어들었다.

개인정보는 전자상거래, 고객 관리, 금융거래, 교육 플랫폼 운영 등 사회의 다양한 분야에서 기능하고 있다. 하지만 개인정보가 유출되거나 악용될 경우, 이는 개인의 프라이버시 침해를 넘어 정신적·물질적 피해, 나아가 보이스피싱, 신용정보 도용, 계정 해킹 등 심각한 2차 범죄로 이어질 수 있다. 한번 유출된 개인정보는 사실상 회수가 불가능하다는 점에서, 그 피해는 단순한 정보 손실을 넘어 개인의 일상과 안전까지 위협할 수 있는 수준으로 확장된다.

AI 기반 교육 도구는 퀴즈 응답 패턴, 발화 속도, 학습 선택 경로, 정·오답 비율, 감정 반응 등 학습자의 정교한 행동 데이터를 실시간으로 수집·분석하여 개별화된 피드백을 제공할 수 있다. 이는 학습 효율성을 높이는 데 도움이 되지만, 동시에 학습자의 프라이버시와 정보 통제권을 위협할 수 있는 요소이기도 하다. 학습자의 의사와 무관하게 민감한 정보가 수집되거나 제3자에게 전달되는 경우, 학생은 자신이 분석 대상이 되었음을 인지하지 못한 채 디지털 환경에 노출될 수 있다.

따라서 개인정보 보호는 단순히 법적 요건을 충족하는 문제를 넘어, 학습자의 존엄성과 자율성을 존중하는 교육적 책무로 인식되어야 한다. 교수자는 AI 기술이 수업에 통합될수록 학습자의 데이터를 어떻게 수집하고, 관리하며, 설명할 것인지에 대해 분명한 기준을 갖추고 교육 현장에서 개인정보 보호 수칙을 실천적으로 적용할 책임이 있다.

2.2 「개인정보 보호법」과 개인정보 보호 수칙

「개인정보 보호법」은 공공과 민간을 불문하고 모든 영역에서 개인정보가 안전하게 처리되도록 규정한 법률로, 국민의 권리와 프라이버시 보호, 개인정보의 오·남용 방지를 그 목적으로 한다. 특히 교육 현장에서는 학습자의 이름, 학번, 출결 정보뿐 아니라 AI 기반 도구를 통해 생성되는 학습 이력, 응답 패턴, 감정 데이터 등도 개인정보 보호의 대상이 되며, 교수자와 교육기관의 신중한 관리가 요구된다.

이 법에 따르면, 개인정보는 수집 시 명확한 목적을 제시하고 정보 주체(학생 등)의 동의를 받아야 하며, 최소한의 범위 내에서 수집·이용되어야 한다(「개인정보 보호법」 제15조, 제17조). 수업 중 학생 활동 데이터를 수집할 때는 목적, 보관 기간, 활용 방법 등을 학습자에게 충분히 설명하고 동의를 받는 것이 필수적이다. 또한 사상적·정치적 견해, 건강 정보 등 민감정보(「개인정보 보호법」 제23조)는 원칙적으로 처리할 수 없으며, LMS나 AI 도구 사용 시에도 이 기준을 반드시 준수해야 한다.

개인정보 유출 시 교육기관은 관련 사실을 즉시 학습자에게 통보하고, 필요한 경우 개인정보보호위원회 등 관계 기관에 신고해야 한다(「개인정보 보호법」 제27조의3). 실제로 LMS 서버 오류나 교육용 플랫폼 해킹 등으로 학습자의 개인정보가 유출된 사례가 있으며, 이는 학습자의 신뢰를 심각하게 훼손할 수 있다.

이러한 개인정보 보호 수칙 체크리스트는 개인정보보호위원회가 공식적으로 제시한 '개인정보 보호 실천 수칙'을 참고하여 구성된 것으로, 일상생활과 온라인 환경에서 개인정보를 안전하게 관리하고 유출·침해 위험을 예방하기 위한 기본 지침이다. 특히 디지털 기반 학습 환경에서는 교수자와 학습자 모두가 다음과 같은 실천 수칙을 체크리스트로 삼아 반복적으로 점검하고 실천하는 것이 바람직하다.

개인정보 보호 수칙 체크리스트

- ☐ 개인정보 처리 방침과 이용약관을 가입 전 꼼꼼히 확인한다.
- ☐ 타인이 유추하기 어려운 비밀번호를 사용하고 주기적으로 변경한다.
- ☐ 주민등록번호 대신 안전한 본인 확인 수단을 이용한다.
- ☐ 명의도용 확인 서비스를 통해 가입 정보를 수시로 점검한다.
- ☐ 친구나 지인에게도 자신의 개인정보를 함부로 공유하지 않는다.
- ☐ 공용 컴퓨터나 P2P 폴더에 개인정보를 저장하지 않는다.
- ☐ PC방 등 공공장소에서는 금융거래나 로그인을 하지 않는다.
- ☐ 출처가 불분명한 이메일, 파일, URL은 열람하거나 다운로드하지 않는다.
- ☐ 메신저나 채팅을 통해 개인정보를 요구받을 경우 반드시 본인 확인 후 응답한다.
- ☐ 개인정보 침해나 유출이 의심될 경우 즉시 신고하고 비밀번호를 변경한다.

출처: 개인정보보호위원회(2025d).

3 디지털 시민성 실천

AI 기술이 일상 속 학습 환경에 깊이 스며들면서, 교수자와 학습자는 단순한 디지털 도구 활용을 넘어 디지털 사회의 구성원으로서 바람직한 태도와 책임 있는 행동을 실천해야 한다. 특히 온라인 공간은 익명성과 정보의 확산 속도가 결합되어 실제 생활보다 더 높은 윤리적 판단과 사회적 책임을 요구한다. 디지털 시민성은 이러한 변화에 능동적으로 대응하고 안전하고 책임 있는 디지털 학습 환경을 조성하기 위한 핵심 개념으로 주목받고 있다.

3.1 디지털 시민성의 개념과 중요성

디지털 시민성이란 디지털 환경에서 타인과 더불어 살아가는 시민으로서 갖추어야 할 윤리적 태도, 책임 있는 행동, 비판적 사고, 법과 규범의 준수, 인권과 민주적 가치의 실천을 포괄하는 개념이다.

유럽평의회(Council of Europe)는 디지털 시민성을 "디지털 기술을 활용해 지역·국가·글로벌 공동체에 적극적이고 책임감 있게 참여하며, 평생학습과 인권 존중, 민주적 가치 실천을 지속적으로 추구하는 역량과 태도"로 정의한다. 2025년 '유럽 디지털 시민성 교육의 해'를 선포하며, 유럽평의회는 디지털 기술 변화에 따른 시민의 역량 강화, 다양성 존중, 책임 있는 정보 활용과 사회적 연대 등을 디지털 시민성 교육의 핵심 목표로 제시하고 있다.

유네스코 역시 디지털 시민성 교육이란 "학습자가 디지털 사회에서 정보를 비판적으로 분석하고, 타인을 존중하며, 디지털 도구를 공익을 위해 활용하는 역량을 기르는 것"이라고 강조한다.

디지털 시민성은 인지적 영역(미디어 정보 리터러시, 비판적 사고), 정의적 영역(성찰과 책임, 존중과 공감), 행동적 영역(디지털 사회 참여, 책임 있는 실천) 등 복합적인 역량을 포함하며, 이는 디지털 기술 활용이 일상화된 교육 현장에서 더욱 강조되는 요소이다.

유럽평의회는 디지털 시민성을 보다 구체적이고 실천 가능한 교육 영역으로 체계화하기 위해, [그림 11-4]와 같이 세 영역에 포함된 10대 핵심 역량을 제시한다.

[그림 11-4] 디지털 시민성 10대 핵심 역량

출처: Council of Europe (2025b).

이 구조는 디지털 환경 속에서 학습자와 시민이 갖추어야 할 기술적·윤리적·사회적 책임 역량을 통합적으로 제시하는 틀이며, 시각적으로도 세 영역이 상호연결되어 순환하고 있음을 보여 준다.

다음 〈표 11-4〉는 이 세 영역에 포함된 10대 핵심 역량과 그 주요 내용을 정리한 것으로 교육 현장에서 교수자가 디지털 시민성 교육을 설계하고 실행하는 데 실질적인 기준이 될 수 있다.

〈표 11-4〉 디지털 시민성 영역별 핵심 역량

영역	핵심 역량	내용
온라인에서의 존재와 활동	접근과 포용	다양한 디지털 자원에 접근하고 디지털 격차 없이 모두가 참여할 수 있는 역량
	학습과 창의성	디지털 기술을 활용하여 창의적으로 표현하고 자기 주도적으로 학습하는 역량
	미디어 및 정보 리터러시	디지털 정보와 미디어를 비판적으로 평가하고 허위·조작 정보를 식별하는 역량
온라인에서의 웰빙	윤리성과 공감 능력	디지털 환경에서 타인을 존중하고 배려하며 윤리적으로 소통하는 역량
	건강과 웰빙	디지털 중독, 사이버 괴롭힘 등 위험 요소를 인식하고 균형 있는 디지털 생활을 실천하는 역량
	디지털 정체성과 소통	온라인에서 자아를 인식하고 타인과 적절히 소통하는 역량
온라인에서의 권리	디지털 참여	온라인 공간에서 민주적 가치에 기반한 공익적 활동에 참여하는 역량
	권리와 책임	디지털 권리를 인식하고 책임 있는 행동을 실천하는 역량
	프라이버시와 보안	개인정보를 보호하고 디지털 보안 수칙을 실천하는 역량
	디지털 소비자 의식	디지털 서비스 이용 시 계약, 광고, 데이터 활용 등에 대해 비판적으로 사고하는 합리적으로 소비하는 역량

출처: Council of Europe (2025b).

AI 기반 학습 플랫폼, 커뮤니티 기반 학습, 온라인 토의 등 다양한 디지털 활동이 교실에 통합되면서 교수자는 학습자의 기술 활용 능력뿐 아니라 디지털 시민으로서의 책임감, 윤리의식, 비판적 사고, 공감 능력, 인권 감수성까지 함께 교육해야 할 필요성이 커지고 있다.

이러한 역량은 단순한 도구 사용을 넘어서 학습자가 디지털 사회 속에서 타인과 더불어 살아가는 시민으로서 윤리적 판단과 사회적 책임을 실천할 수 있도록 이끄는 핵심 교육 기준이 되어야 한다.

3.2 디지털 시민성 실천

오늘날 누구나 디지털 공간에서 정보를 검색하고, 의견을 표현하며, 다양한 콘텐츠를 생산하고 공유하는 활동을 수행하고 있다. 이러한 온라인 활동은 단순한 정보 소비를 넘어 타인과의 상호작용, 공동체 참여, 사회적 책임을 수반하는 행동으로 이어진다. 디지털 시민성은 이러한 디지털 환경 속에서 타인을 존중하고, 책임 있는 태도를 실천하는 행동 양식이라 할 수 있다.

예를 들어, 온라인 커뮤니티에서는 악의적 댓글이나 혐오 표현이 사회 문제로 대두되고 있다. 악성 댓글은 다음 〈표 11-5〉와 같이 분류되며, 온라인 공간에 게재된 타인의 게시물에 외설 또는 폭력적 언어, 혐오 표현, 허위 사실 유포 등을 게재하여 타인의 권리를 해치거나, 이용자들의 댓글을 통한 자유로운 소통을 방해할 목적으로 게시하는 댓글을 의미한다.

〈표 11-5〉 악성 댓글의 분류와 특징

대분류	세부분류	주요 특징
권리 침해성 댓글	프라이버시 침해, 모욕, 욕설과 비방 등이 포함된 명예 훼손 댓글	공언성, 특정성, 사회적 평가 저하
반사회적 표현 댓글	반사회적 표현, 대상이 특정되지 않은 욕설이나 혐오 표현 등	불특정성, 일반성, 파괴성
의도적 방해 댓글	게시물과 무관한 스팸 댓글(광고 및 상업적 정보), 도배, 선동, 사칭 댓글 등	기만성, 교란성, 반복성

출처: 방송통신위원회(2024).

최근 국내외 대학생 커뮤니티, SNS, 유튜브 등에서 악성 댓글과 사이버 명예 훼손, 모욕 범죄가 꾸준히 증가하고 있으며, 실제로 악플로 인해 정신적 고통을 겪거나 극단적 선택에 이르는 사례도 발생하고 있다. 건전한 디지털 시민은 의견을 표현할 때 상대방의 감정과 인격을 고려하고, 부적절한 게시물이나 행위에 대해서는 방관하기보다 공동체의 건강한 소통 문화를 지키기 위한 대응을 고민해야 한다.

또한 딥페이크 기술과 같은 신기술의 오남용은 사회적으로도 큰 위험 요인이 된다. 딥

〈표 11-6〉 딥페이크 피해 유형

구분	내용	대표 사례
심리적 피해	개인의 명예 훼손, 성적 대상화, 정신적 고통 등	청소년 대상 조작 콘텐츠, 딥페이크 성적 영상으로 인한 사회적 낙인
재정적 피해	기업·기관의 금전적 손실, 내부 시스템 교란 등	합성된 경영진 영상이나 음성으로 위장한 지시를 통한 기업 자금 송금 사건
사회적 피해	허위 사실 유포, 여론 조작, 선거 개입, 사회적 신뢰 붕괴, 가짜 뉴스 확산 등	조작된 정치인 음성 메시지, SNS 내 허위 선거 영상 확산

출처: 미디인(2025. 4.).

페이크는 AI 기반의 딥러닝 기술을 활용해 실제 인물의 얼굴, 음성, 행동을 정교하게 합성하는 조작 콘텐츠로, 그 악용 가능성이 빠르게 확산되고 있다.

딥페이크로 인한 피해를 세 가지 측면으로 제시하면 〈표 11-6〉과 같다.

첫째, 심리적 피해가 발생할 수 있다. 딥페이크 기술로 제작된 허위 영상이나 음성은 피해자의 명예와 인격을 심각하게 훼손할 수 있다. 특히 성 착취물이나 음란물에 피해자의 얼굴이 합성되어 유포되는 경우, 피해자는 극심한 수치심과 정신적 충격, 사회적 낙인 등 2차 피해까지 겪게 된다. 최근에는 학교 내 학생을 표적으로 한 딥페이크 영상이 유포되어 또래 괴롭힘과 따돌림, 심각한 정서적 상처로 이어지는 사례가 국내외에서 잇따르고 있다.

둘째, 재정적 피해로 이어질 수 있다. 딥페이크는 기업이나 조직을 대상으로 한 신종 금융사기, 보이스피싱, 신원 도용 범죄에도 악용된다. 실제로 고위 임원의 얼굴과 음성을 합성한 화상회의 영상을 통해 거액의 자금을 송금하도록 속인 사건, 가족이나 지인을 사칭한 딥페이크 보이스피싱 등은 기업과 개인 모두에게 심각한 금전적 손실과 신뢰 훼손을 초래하고 있다.

셋째, 사회적 피해가 확산되고 있다. 딥페이크 기술은 정치인과 사회적 지도층의 연설이나 인터뷰를 조작해 허위 사실을 퍼뜨리거나, 선거 기간 중 가짜 뉴스·조작 영상을 확산시켜 여론을 왜곡하는 데 악용된다. 실제로 해외에서는 대통령의 항복을 선언하는 가짜 영상이 유포되어 사회적 혼란을 일으킨 사례가 있으며, 국내에서도 정치적·사회적 이슈에 딥페이크가 개입하는 사례가 증가하고 있다. 이러한 현상은 미디어의 신뢰도를 저하시키고 사회 전반의 불신과 갈등을 증폭시키는 요인으로 작용한다.

딥페이크 기술은 개인의 프라이버시 침해를 넘어, 사회 전체의 안전과 신뢰에 중대한 영향을 미칠 수 있다. 따라서 디지털 시민은 콘텐츠의 진위를 비판적으로 판별하고, 조작된 정보의 확산에 경계심을 갖는 태도를 길러야 하며, 교육 현장에서는 딥페이크의 위험성과 미디어 리터러시, 정보 윤리 교육을 반드시 병행해야 한다.

디지털 공간에서 자신이 남긴 기록에 대한 통제권 역시 중요한 문제로 떠오르고 있다. '지우개 권리(잊힐 권리)'는 과거의 게시물이나 정보가 원치 않는 방식으로 계속 노출되지 않도록 요구할 수 있는 권리로, 이는 디지털 사회에서 개인의 자율성과 존엄성을 지키기 위한 중요한 실천 중 하나이다. 실제로 개인정보보호위원회는 만 24세 이하 국민을 대상으로 온라인에 남긴 개인정보가 포함된 게시물의 삭제 또는 비공개를 지원하는 '지우개 서비스' 시범사업을 운영하고 있으며, 이 서비스는 정보 주체가 스스로 자신의 디지털 흔적을 관리하고 통제할 수 있도록 돕는 대표적인 제도적 장치로 평가받고 있다. 특히 개인정보보호위원회 공식 안내에 따르면, '지우개 서비스'는 청소년과 청년이 온라인상에 남긴 게시글, 댓글, 사진, 영상 등에서 개인정보가 포함된 경우, 본인이 직접 삭제를 요청하거나 비공개 처리를 지원받을 수 있는 제도이다.

이와 같은 사례들은 디지털 공간에서도 시민으로서의 권리와 책임을 인식하고 실천하는 태도가 필요함을 보여 준다. 디지털 시민성은 단순히 기술을 활용하는 능력에 그치지 않고, 자신과 타인의 권리를 존중하며 사회적 책임을 다하는 성숙한 태도를 포함한다. 조작된 정보에 대한 비판적 사고력, 타인을 배려하는 온라인 소통 방식, 개인정보 보호에 대한 민감성 등은 모두 디지털 시민으로서 갖추어야 할 핵심 역량이다. 교수자와 학습자는 이러한 가치와 행동 기준을 교육과 실천을 통해 함께 공유하고 강화해 나가야 할 것이다.

부록 AI 디지털 도구 활용 가이드

AI Watch Project

15쪽

AI 역사 타임라인
https://ai-watch.ec.europa.eu/tools/ai-history-timeline_en

- 유럽연합의 AI Watch 프로젝트: AI 관련 정책, 기술, 산업 발전을 종합적으로 모니터링하고 분석하는 공식 플랫폼
- AI의 역사를 한눈에 볼 수 있도록 타임라인을 시각화한 자료 제공

Boardmix

201쪽

온라인 토론과 AI 피드백
https://boardmix.com/kr/

① 보드믹스 웹사이트에 접속하여 로그인 또는 가입
② 온라인 보드를 생성하고 주제, 질문, 자료 등을 자유롭게 배치
③ 학습자가 보드에 메모, 이미지, 도형 등으로 의견 표현
④ AI 도우미를 활용해 요약, 정리, 확장 질문 등 피드백 제공
⑤ 온라인 토론, 협업 아이디어 정리, 학습 활동 피드백에 활용 가능

Book Creator

173쪽

디지털 교재 제작
https://bookcreator.com/

① 북크리에이터 웹사이트에 접속하여 로그인 또는 가입
② 새 책 만들기를 선택하고 표지 및 페이지 구성 시작
③ 텍스트, 이미지, 음성, 영상 등을 페이지에 삽입하여 콘텐츠 제작
④ 공동 편집 기능을 통해 학습자와 협업 가능
⑤ 프로젝트 결과물 정리, 디지털 교재 제작, 학습 포트폴리오 구성에 활용 가능

Brisk Teaching

103쪽

프레젠테이션 자료 생성 크롬 웹스토어(https://chromewebstore.google.com/)에서 '브리스크티칭' 검색

① 크롬 웹스토어에서 '브리스크티칭' 검색 후 확장 프로그램 추가
② 구글문서, 구글슬라이드, 유튜브 등에서 브리스크티칭 아이콘 클릭 → AI 기능 실행
③ 학습자 수준(초·중등, 대학)에 따라 맞춤형 프레젠테이션 자료 자동 생성
④ 영상 요약, 질문 추출, 퀴즈 생성 등 다양한 수업 자료에 활용 가능

Brisk Teaching

144쪽

AI 챗봇과의 토론 크롬 웹스토어(https://chromewebstore.google.com/)에서 '브리스크티칭' 검색

① 크롬 웹스토어에서 '브리스크티칭' 검색 후 확장 프로그램 추가
② 구글문서, 구글슬라이드, 유튜브 등에서 브리스크티칭 아이콘 클릭 → 'Boost 학생 활동' 선택
③ 활동 유형 중 '토론' 선택 후 주제와 가이드라인 입력
④ 학생에게 토론 참여 링크를 공유하여 실시간 토론 참여 유도
⑤ 교수자는 '활동 모니터링' 기능을 통해 학생의 참여 현황과 응답 내용을 실시간 확인 가능

ChatGPT

61쪽

생성형 AI
https://openai.com/

① 오픈AI 웹사이트에 접속하여 로그인 또는 가입
② 챗GPT 메뉴를 선택하여 대화형 AI 사용 시작
③ 질문이나 요청을 입력하면 실시간으로 응답 제공
④ 맞춤형 응답, 실시간 피드백, 문맥 기반 응답 등의 특성을 바탕으로 교육 활동에 활용 가능

DALL · E

114쪽

이미지 자동 생성
https://openai.com/index/dall-e-3/

① 달리 웹사이트에 접속하여 로그인 또는 가입
② 원하는 이미지의 특징이나 장면을 텍스트로 입력
③ 입력한 설명을 바탕으로 AI가 이미지 자동 생성
④ 생성된 이미지는 다운로드하거나 편집 가능
⑤ 시각 자료 제작, 수업 삽화 구성, 발표용 이미지 생성에 활용 가능

Diffit

강의자료 및 평가 설계
https://web.diffit.me/

① 디핏 웹사이트에 접속하여 로그인 또는 가입
② 텍스트 또는 주제를 입력하여 학습 자료 생성
③ 학습 수준에 맞는 질문, 요약, 핵심어 등을 자동 생성
④ 생성된 콘텐츠를 편집하거나 다운로드 가능
⑤ 강의자료 제작, 수준별 문항 개발, 형성 평가 설계에 활용 가능

87쪽

Edpuzzle

동영상·퀴즈 통합 콘텐츠 제작
https://edpuzzle.com/

① 에드퍼즐 웹사이트에 접속하여 로그인 또는 가입
② 유튜브 등에서 동영상을 불러오거나 직접 업로드
③ 동영상 중간에 퀴즈, 객관식, 주관식, 설명 삽입
④ 학습자의 응답 결과를 실시간으로 확인 가능
⑤ 플립러닝, 블렌디드러닝 수업에서 동영상 콘텐츠 제작, 개별 학습 확인, 형성 평가에 활용 가능

130쪽

Figjam

브레인스토밍과 AI 주제 분류
https://www.figma.com/ko-kr/figjam/

① 피그잼 웹사이트에 접속하여 로그인 또는 가입
② 빈 보드를 생성하고 포스트잇 형태의 메모, 도형, 화살표 등으로 아이디어 구성
③ 학습자와 함께 실시간 브레인스토밍 진행
④ AI 기능을 활용해 메모 내용 자동 분류 및 요약
⑤ 주제 탐색, 아이디어 회의, 문제 해결 활동 등에 활용 가능

199쪽

Gamma

프레젠테이션 자동 생성
https://gamma.app/ko

① 감마 웹사이트에 접속하여 로그인 또는 가입
② 프롬프트 또는 키워드를 입력하여 슬라이드 자동 생성
③ 제공된 템플릿과 디자인을 선택하여 편집
④ 이미지, 도표, 링크, 퀴즈 등 다양한 자료 삽입 가능
⑤ 발표용 강의자료, 수업 콘텐츠, 퀴즈 자료 제작 등에 활용 가능

95쪽

Google Apps Script

77, 139쪽

구글 도구 자동화 생성
https://script.google.com/home

① 구글 계정으로 로그인 후 구글앱스크립트 접속
② '새 프로젝트 만들기' 클릭 후 코드 입력(챗GPT 활용해 코드 자동 생성 가능)
③ 구글폼, 구글시트, 구글문서와 연동하여 자동 작업 구성
④ 설문조사, 퀴즈 개발 및 피드백, 메일 발송 등 수업 지원 업무 자동화에 활용 가능

Google Classroom

35쪽

온라인 강의실
https://classroom.google.com/

① 구글클래스룸 접속 및 로그인
② 화면 우측 상단 '+' → '수업 만들기' 클릭
③ 수업명, 설명, 과목 등 입력
④ 수업 개설 완료
⑤ 수업 코드 안내 또는 이메일 초대로 학생 참여 유도

Google Docs

41쪽

구글문서 공동작업
https://docs.google.com/document/

① 구글문서 접속 및 로그인
② '새 문서 만들기' 클릭 후 문서 작성
③ 화면 우측 상단 '공유' 버튼 클릭
④ '링크가 있는 모든 사용자'로 공유 범위 설정
⑤ 권한(편집자, 댓글 작성자, 보기 전용) 선택
⑥ '파일' → '버전 기록' → '버전 기록 보기'로 변경 이력 확인 및 복원

Google Forms

44쪽

온라인 설문조사
https://docs.google.com/forms/

① 구글폼 접속 및 로그인
② '새 설문지 만들기' 클릭 후 질문 작성
③ 질문 유형, 필수 여부, 응답 옵션 등을 설정
④ 화면 우측 상단 '보내기' 버튼 클릭
⑤ '링크 아이콘' 선택 후 설문 URL 복사하여 공유
⑥ 응답 탭에서 결과 확인 및 구글시트로 연동 가능

Google Slides

43쪽

구글슬라이드 공유
https://docs.google.com/presentation/

① 구글슬라이드 접속 및 로그인
② '새 프레젠테이션 만들기' 클릭 후 슬라이드 작성
③ 화면 우측 상단 '공유' 버튼 클릭
④ '링크가 있는 모든 사용자'로 공유 범위 설정
⑤ 권한(편집자, 댓글 작성자, 보기 전용) 선택
⑥ 공동 편집을 통해 실시간 협업 작업 및 강의자료 공유 가능

Mapify

166쪽

마인드맵 자동 생성
https://mapify.so/ko

① 맵피파이 웹사이트에 접속하여 로그인 또는 가입
② 주제 또는 핵심 개념을 입력하면 마인드맵 자동 생성
③ 생성된 마인드맵을 편집하거나 항목을 추가하여 확장 가능
④ 텍스트, 이미지, 링크 등을 노드에 삽입하여 시각적으로 정리
⑤ 아이디어 정리, 개념 구조화, 발표 자료 구성 등에 활용 가능

Mentimeter

172쪽

실시간 설문 및 참여형 피드백
https://www.mentimeter.com/

① 멘티미터 웹사이트에 접속하여 로그인 또는 가입
② 새 프레젠테이션을 만들고 질문 유형 선택(객관식, OX, 순위, 워드 클라우드 등)
③ 질문을 입력한 뒤 참여 코드 또는 QR 코드로 학습자에게 공유
④ 학습자의 응답 결과가 슬라이드에 실시간으로 반영
⑤ 수업 중 설문, 즉각적 피드백, 이해도 점검 활동에 활용 가능

Napkin

109쪽

다이어그램 자동 생성
https://www.napkin.ai/

① 냅킨 웹사이트에 접속하여 로그인 또는 가입
② 아이디어나 주제를 입력하여 개념 간 관계 시각화
③ 입력된 내용을 바탕으로 다이어그램 자동 생성
④ 생성된 다이어그램은 편집, 저장, 공유 가능
⑤ 개념 정리, 수업 흐름 구성, 발표 자료 설계에 활용 가능

Padlet

46쪽

협업 수업 공간
https://padlet.com/

① 패들렛 웹사이트에 접속하여 로그인 또는 가입
② 보드 유형을 선택한 후 게시판을 생성
③ 텍스트, 이미지, 링크, 파일 등을 추가하여 콘텐츠 구성
④ 보드 공유 링크를 통해 학습자와 실시간 협업
⑤ 강의자료 제공, 토론 활동, 댓글 평가, 프로젝트 아이디어 정리, 공동 과제 제출 등에 활용 가능

Perplexity

67쪽

AI 기반 검색
https://www.perplexity.ai/

① 퍼플렉시티 웹사이트에 접속하여 로그인 또는 가입
② 검색창에 질문이나 주제를 입력하여 AI 정보 탐색 시작
③ 최신 웹 문서와 출처 기반의 요약 응답 제공
④ 정확한 정보 제공, 출처 명시, 대화형 검색 등으로 교육 활동에 활용 가능

Recraft

115쪽

이미지 자동 생성 및 편집
https://www.recraft.ai/

① 리크래프트 웹사이트에 접속하여 로그인 또는 가입
② 텍스트로 원하는 이미지 스타일과 내용을 입력
③ AI가 일러스트, 아이콘, 벡터 등 다양한 형식으로 이미지 자동 생성
④ 생성된 이미지를 실시간으로 편집하거나 배경 제거, 색상 변경 가능
⑤ 시각 자료 디자인, 수업 콘텐츠 제작, 발표용 이미지 편집에 활용 가능

Slido add-in

99쪽

파워포인트 슬라이드 내 슬라이도 퀴즈 통합
https://www.slido.com/powerpoint-polling

① 슬라이도 웹사이트에 접속하여 로그인 또는 가입
② 파워포인트에 슬라이도 애드인 설치
③ 슬라이드에 실시간 투표, 개방형 질문, 워드클라우드, 경쟁형 퀴즈 등 다양한 유형 삽입
④ 실시간 응답 결과를 슬라이드에 바로 반영
⑤ 수업 중 참여 유도, 퀴즈 활동, 실시간 피드백에 활용 가능

Snorkl

멀티모달형 학습과 AI 피드백
https://snorkl.app/

151쪽

① 스노클 웹사이트에 접속하여 로그인 또는 가입
② 교수자: 질문, 텍스트, 이미지 등을 포함한 학습 활동지를 등록하고 AI 피드백 설정
③ 학습자: 손글씨, 음성, 텍스트 등 다양한 방식으로 문제에 응답
④ 응답 내용에 대해 AI가 자동으로 개별 피드백 제공
⑤ 수학 문제 풀이, 도식화, 개념 설명 등 시각적·청각적 학습 활동에 유용

Spot

메타버스 강의실
https://www.spotvirtual.com/ko

197쪽

① 스팟 접속 및 로그인
② 새로운 공간 만들기 또는 템플릿 선택하여 가상 강의실 생성
③ 아바타를 선택하고 가상 공간 내 위치 설정
④ 참가자 초대 링크를 복사하여 공유
⑤ 음성 대화, 화면 공유, 화이트보드, 패들렛 및 구글폼 등 외부 도구를 연동하여 수업 진행
⑥ 설정 메뉴에서 출입 권한, 음성 범위, 배경 등을 조정 가능

SUNO

배경음악 및 노래 자동 생성
https://suno.com/home

117쪽

① 수노 웹사이트에 접속하여 로그인 또는 가입
② 원하는 분위기, 장르, 가사 등을 입력
③ AI가 배경음악 또는 노래를 자동 생성
④ 생성된 음악은 다운로드하거나 영상 등에 삽입 가능
⑤ 수업 도입, 프로젝트 발표, 자기소개 콘텐츠 등에 활용 가능

Typecast

AI 오디오 콘텐츠 제작
https://typecast.ai/kr

125쪽

① 타입캐스트 웹사이트에 접속하여 로그인 또는 가입
② 텍스트를 입력하고 AI 목소리 유형 선택
③ 입력한 텍스트를 자연스러운 음성으로 변환
④ 음성의 속도, 감정, 억양 등을 세부 조정 가능
⑤ 오디오 안내, 영상 내레이션, 발표 자료 음성 구성에 활용 가능

Vrew

127쪽

동영상 콘텐츠 제작 및 편집
https://vrew.ai/ko/

① 브루 웹사이트에 접속하여 로그인 또는 가입
② 동영상을 업로드하거나 새로 녹화하여 불러오기
③ 자동 자막 생성 및 텍스트 기반 영상 편집 가능
④ 자막 스타일, 영상 분할, 음성 편집 등 다양한 기능 제공
⑤ 강의 영상 제작, 학습 영상 편집, 발표 콘텐츠 구성에 활용 가능

Wrtn

82쪽

강의계획서 초안 작성
https://wrtn.ai/

① 뤼튼 웹사이트에 접속하여 로그인 또는 가입
② 새 문서를 생성하고 주제 또는 목적 입력
③ AI가 제안하는 문장 초안을 선택하거나 수정
④ 강의계획서, 설명문, 요약문 등 다양한 형식의 글 작성 가능
⑤ 빠른 초안 작성과 문장 다듬기에 활용 가능

참고문헌

강의선, 이정미(2022). 컴퓨터 비전공자를 위한 인공지능 교양 교육과정 설계. **디지털콘텐츠학회 논문지, 23**(1), 57-66. https://doi.org/10.9728/dcs.2022.23.1.57

개인정보보호위원회(2025a). 개인정보의 종류. https://www.privacy.go.kr/front/contents/cntntsView.do?contsNo=35

개인정보보호위원회(2025b). 개인정보보호법. https://www.privacy.go.kr/front/contents/cntntsView.do?contsNo=36

개인정보보호위원회(2025c). 지우개 서비스. https://www.privacy.go.kr/front/contents/cntntsView.do?contsNo=260

개인정보보호위원회(2025d). 개인정보 보호 수칙. https://www.privacy.go.kr/front/contents/cntntsView.do?contsNo=110

과학기술정보통신부(2020). 인공지능(AI) 윤리기준 마련. 과학기술정보통신부. https://www.msit.go.kr/bbs/view.do?mId=113&bbsSeqNo=94&nttSeqNo=3179742

교육부(2022a). 2022 개정 교육과정 총론 해설. 교육부. http://ncic.go.kr/dwn/ogf/inventory.cs

교육부(2022b). 교육분야 인공지능 윤리원칙. 교육부. https://www.moe.go.kr/boardCnts/viewRenew.do?boardID=294&boardSeq=92297&lev=0&statusYN=W&s=moe&m=020402&opType=N

교육부(2023a). 중학교 정보과 교육과정 성취기준 자료집. 교육부. http://ncic.re.kr/board/B0024.cs?act=read&bwrId=2034

교육부(2023b). 고등학교 정보과 및 사회과 교육과정 해설서. 교육부. http://ncic.go.kr/dwn/ogf/inventory.cs

교육부(2024). 2025년, 교실에서 마주할 인공지능(AI) 디지털교과서, 모두를 위한 맞춤 교육을 실현. 교육부. https://www.moe.go.kr/boardCnts/viewRenew.do?boardID=294&boardSeq=101774&lev=0&searchType=null&statusYN=W&page=1&s=moe&m=020402&opType=N

교육부(2025). 교육부 개인정보처리방침. 교육부. https://www.moe.go.kr/sub/infoRenew.do?m=070102&page=070102&s=moe

국가법령정보센터(n.d.). 개인정보 보호법[시행 2025. 3. 13.] [법률 제19234호, 2023. 3. 14., 일

부개정]. https://www.law.go.kr/법령/개인정보보호법

미디인(2025. 4.). 딥페이크 규제 주요 국가별 정책 및 법제 현황. https://www.mediin.or.kr/upload/raonkeditordata/2025/04/20250421_132604704_77469.pdf

방송통신위원회(2024). 온라인 악성댓글 예방 안내서. 방송통신위원회. https://kcc.go.kr/download.do?fileSeq=61159

백혜진, 이철승(2024). AI 시대 대학 교양교육에 필요한 디지털 리터러시 연구. **한국전자통신학회 논문지, 19**(3), 539-544. https://doi.org/10.13067/JKIECS.2024.19.3.539

서울신문(2024. 2. 29.). AI가 만든 포스터, 창작인가 모방인가… 공익광고 대상 수상 논란. https://www.seoul.co.kr/news/society/2024/02/29/20240229002002

서울신문(2025. 4. 11.). '지브리풍 프사'AI 놀이터, 개인정보 유출 회색지대. https://www.seoul.co.kr/news/society/accident/2025/04/11/20250411012009

송선영(2024). 국내 대학 교양교육 체계에서 인공지능 교육의 특징과 과제. **교양교육연구, 18**(5), 51-63.

연합뉴스TV(2025. 5. 19.). 과제 직접 썼는데, AI 시켰다고?...표절 탐지 오류로 '억울'. https://m.yonhapnewstv.co.kr/news/AKR20250519143844028

한국교육학술정보원(2023). AI 디지털교과서 개발 가이드라인. 한국교육학술정보원. https://www.keris.or.kr/main/ad/pblcte/selectPblcteETCInfo.do?mi=1142&pblcteSeq=13722

AI Times. (2024. 12. 29.). 국내 생성 AI 영화 '저작권 첫 인정'...세계 2번째 사례. https://www.aitimes.com/news/articleView.html?idxno=156286

BBC News. (2015. 7. 1.). Google apologises for Photos app's racist blunder. https://www.bbc.com/news/technology-33347866

Biometric Update. (2025. 3. 31.). Facewatch, Met police face lawsuits after facial recognition misidentification. https://www.biometricupdate.com/202405/facewatch-met-police-face-lawsuits-after-facial-recognition-misidentification

CBC News. (2025. 5. 22.). Family sues AI chatbot over teen's suicide in Florida. https://www.cbc.ca/news/world/ai-lawsuit-teen-suicide-1.7540986

Council of Europe. (2025a). European Year of Digital Citizenship Education 2025. https://www.coe.int/en/web/education/european-year-of-digital-citizenship-education-2025

Council of Europe. (2025b). DCE Concept - Digital Citizenship Education. https://www.coe.int/en/web/education/dce-concept

European Commission. (2025). AI Act. https://digital-strategy.ec.europa.eu/en/policies/

regulatory-framework-ai

European Commission AI Watch. (2025). AI History Timeline. https://ai-watch.ec.europa.eu/tools/ai-history-timeline_en

European Commission, Joint Research Centre. (2022). DigComp 2.2: The Digital competence framework for citizens (JRC128415). Publications Office of the European Union. https://publications.jrc.ec.europa.eu/repository/handle/JRC128415

Fraillon, J., & Duckworth, D. (2025). *An international perspective on digital literacy: Results from IEA's ICILS 2023*. IEA. https://www.iea.nl/publications/ICILS-2023-international-report

GeeksforGeeks. (n.d.). How does artificial intelligence work? https://www.geeksforgeeks.org/how-does-artificial-intelligence-work/

Intellectual Data. (2025. 2. 17.). 2024년 데이터 유출사건 top5와 시사점. https://www.intellectualdata.com/post/339

Landsteiner, N. (2005). *ELIZA chatbot interface*. https://www.masswerk.at/elizabot/eliza_test.html

Little, C., Elliot, M., Allmendinger, R., & Samani, S. S. (2021). *Generative adversarial networks for synthetic data generation: A comparative study*. arXiv preprint arXiv:2112.01925. https://doi.org/10.48550/arXiv.2112.01925

Long, D., & Magerko, B. (2020). What is AI literacy? Competencies and design considerations. *Nature Humanities and Social Sciences Communications,* 7, Article 9.

Makarova, E., Shmeleva, E., & Shmelyov, S. (2023). Digital transformation and digital literacy in higher education institutions. Humanities and Social Sciences Communications, 10, Article 18.

Metro Seoul. (2025. 1.). 'AI가 커리어를 결정한다?'…효율성 앞세운 'AI 면접관', 투명성은. https://www.metroseoul.co.kr/article/20250121500177

NewsPim. (2025. 4. 4.). 지브리풍 AI 이미지 저작권 논란…국내 AI 업계도 '혼돈'. https://www.newspim.com/news/view/20250404000075

OECD. (2019, updated 2024). OECD AI Principles. https://www.oecd.org/en/topics/ai-principles.html

Reuters. (2018. 10. 11.). Amazon scraps secret AI recruiting tool that showed bias against women. https://www.reuters.com/article/us-amazon-com-jobs-automation-insight-idUSKCN1MK08G

UNESCO. (2024). Global citizenship education in a digital age: Teacher guidelines. https://www.unesco.org/en/articles/qa-why-digital-global-citizenship-education-essential

UNESCO. (2025a). AI competency framework for students. https://www.unesco.org/en/articles/ai-competency-framework-students

UNESCO. (2025b). AI competency framework for teachers. https://www.unesco.org/en/articles/ai-competency-framework-teachers

Vaswani, A., Shazeer, N., Parmar, N., Uszkoreit, J., Jones, L., Gomez, A. N., Kaiser, L., & Polosukhin, I. (2017). Attention is all you need. *Advances in Neural Information Processing Systems, 30*, 5998–6008. https://papers.nips.cc/paper/7181-attention-is-all-you-need.pdf

저자 소개

최명숙(Choi, Myoungsook)

Texas A&M University 교육공학 박사

전 계명대학교 교수학습개발센터장, 교육성과관리센터장, 교육혁신처장, 한국교육정보미디어학회 부회장

현 계명대학교 교육학과 교수

이애화(Lee, Aehwa)

계명대학교 교육공학 박사

현 계명대학교 의과대학 교수

AI 디지털 활용 상호작용 교수법

Interactive Teaching Methods Using AI Based Digital Tools

2025년 9월 5일 1판 1쇄 인쇄
2025년 9월 10일 1판 1쇄 발행

지은이 • 최명숙 · 이애화
펴낸이 • 김진환
펴낸곳 • (주) 학지사
04031 서울특별시 마포구 양화로 15길 20 마인드월드빌딩
대표전화 • 02)330-5114 팩스 • 02)324-2345
등록번호 • 제313-2006-000265호

홈페이지 • http://www.hakjisa.co.kr
인스타그램 • https://www.instagram.com/hakjisabook/

ISBN 978-89-997-3523-3 93370

정가 18,000원

저자와의 협약으로 인지는 생략합니다.
파본은 구입처에서 교환해 드립니다.